高等职业教育旅游及餐饮管理类专业系列教材

旅 游 沟 通 技 巧

主　编　梁金兰

副主编　郭双宙

参　编　葛学峰　卢小丽　张　丽

机 械 工 业 出 版 社

本书的内容分为两部分：原理篇和应用篇。原理篇对沟通过程中诸如沟通主体、信息和反馈、沟通语言和非语言等各要素的特征和作用进行分析，向学习者提供有效沟通的基本原理和规律。应用篇以导游工作任务为导向，将内容分为 8 个项目。针对不同的项目，分别设有若干任务，在任务中兼顾全陪和领队的工作职责，突出旅游接待工作协作的特点。另外，每一项目均设置了理论准备、任务情境、任务描述、任务分析等环节。本书融知识、理论、实践为一体，引导学生积极思考、参与实践，激发学生学习热情，培养学生旅游沟通能力。

本书可作为高等职业院校旅游类专业教材，也可作为导游人员业务培训教材，还可作为广大旅游从业人员自学参考书。

为方便教学，本书配备了电子课件等教学资源。凡选用本书作为教材的教师均可登录机械工业出版社教材服务网 www.cmpedu.com 免费下载。如有问题请致信 cmpgaozhi@sina.com，或致电 010-88379375 联系营销人员。

图书在版编目（CIP）数据

旅游沟通技巧/梁金兰主编．—北京：机械工业出版社，2014.8（2024.1 重印）
高等职业教育旅游及餐饮管理类专业系列教材
ISBN 978-7-111-47680-1

Ⅰ．①旅…　Ⅱ．①梁…　Ⅲ．①旅游服务—高等职业教育—教材　Ⅳ．①F590.63

中国版本图书馆 CIP 数据核字（2014）第 185668 号

机械工业出版社（北京市百万庄大街 22 号　邮政编码 100037）
策划编辑：徐春涛　　责任编辑：乔　晨
责任校对：乔　晨　　责任印制：单爱军

北京虎彩文化传播有限公司印刷

2024 年 1 月第 1 版第 9 次印刷
184mm×260mm · 13.75 印张 · 330 千字
标准书号：ISBN 978-7-111-47680-1
定价：39.00 元

电话服务　　　　　　　网络服务
客服电话：010-88361066　机　工　官　网：www.cmpbook.com
　　　　　010-88379833　机　工　官　博：weibo.com/cmp1952
　　　　　010-68326294　金　书　网：www.golden-book.com
封底无防伪标均为盗版　机工教育服务网：www.cmpedu.com

前　　言

项目化课程是指以工作过程为导向选择课程内容，以学生参与完成工作任务为主要学习方式的课程模式，这已成为我国高职教育课程改革的一个发展方向。近年来国内许多高职院校开始对课程进行项目化改革，成效显著。

"旅游沟通技巧"作为旅游专业核心课程，符合项目化课程改革的要求，根据旅游者的旅游流程，合理设置课程项目和教学环节。本教材突破了传统教材的学科体例，突出了旅游专业的沟通实践的重要性，将所需理论与实践融为一体，主要特色如下：

1. 以旅游行业实践为依据

导游是旅游行业最具有代表性的职业，导游的沟通能力在其服务中至关重要。本教材充分考虑行业实践，在对导游所需沟通知识进行梳理总结的基础上构建教学内容，并通过案例分析、课堂沟通游戏等形式提供更加丰富的行业资讯。

2. 以工作任务为导向设计课程项目

导游有地陪、全陪、领队之分，三者共同构成了导游服务集体。出入境中，领队是客源地组团社委派的代表，全陪是旅游目的地组团旅行社委派的导游，地陪则是旅游目的地地接社委派的导游。在实际旅游接待中，三者具有共同的服务对象，其基本服务环节相同。因此本教材中将三者统称导游。本教材围绕导游沟通服务工作过程来设计项目。

3. 以知识和能力标准评价学习效果

每一章和每一项目都有明确知识目标和技能目标，为课程总体教学目标的实现提供了支撑。通过课堂上每一项任务完成的情况，教师可对学生的学习效果有一个准确的把握。

另外，本书的编写者均有丰富的实践和课堂经验，在充分考虑课程内容选取的基础上，设置了理论准备、任务情境、任务描述、任务分析等主要教学环节。

（1）理论准备：鉴于前部的原理篇，本部分主要是针对旅游行业实践，在本项目中需要的理论知识进行简明扼要的介绍。

（2）任务情境：针对工作任务，设计工作情景，包括时间、地点、人物、事件等因素。教师在教学时可以根据情况适当变通。

（3）任务描述：针对任务情境需要学生完成的沟通任务。

（4）任务分析：学生完成任务时给出的提示性分析。

全书由梁金兰担任主编，负责总体设计和统纂。具体分工如下：在原理篇中，第一至四章由梁金兰编写，第五章由郭双宙编写；在应用篇中，项目一由葛学峰编写，项目二由卢小丽编写，项目三由张丽编写，项目四至八由梁金兰编写。

在本教材编写过程中，各位参编者付出了辛苦的劳动，参阅了大量的文献资料及有关网站信息，在此谨向所有的参编者和有关资料、信息的作者表示衷心感谢。

由于水平有限，加之时间仓促，本教材当中难免存在疏漏或不妥之处，敬请广大专家和读者批评指正。

梁金兰

目　　录

- 沟通与管理沟通
- 倾听和反馈
- 口头表达
- 非语言沟通
- 书面沟通

原理篇

使沟通更有效的知识

第 ① 章

沟通与管理沟通

【知识目标】

掌握沟通的基本内涵。

理解沟通的过程及构成要素。

掌握沟通的基本原则。

了解沟通的基本类型。

掌握正式沟通与非正式沟通的渠道。

【技能目标】

把握沟通障碍产生的环节和原因。

采取正确的对策克服沟通障碍。

正确运用管理沟通的基本方法。

掌握管理沟通的有效策略和技巧。

>>> 第一节　沟通的基本内涵、过程、要素和基本原则

一、沟通的基本内涵

沟通是各种技能中最富有人性化的一种技能。社会就是由人互相沟通所形成的网络。沟通渗透于人们的一切活动之中，是流注人类全部历史的水流，不断延伸人们的感觉和人们的信息渠道。人们已经习惯于沟通的生活，很难想象，要是没有沟通，人们该怎样生活。但至于什么是沟通，可谓众说纷纭，有关沟通的定义多达 100 多种。沟通的含义是相当丰富而复杂的，但如果从最一般的意义来说，所谓沟通，就是发送者与接收者之间为了一定目的、运用一定符号，所进行的信息传递与交流的过程。

从沟通的定义可以看出，沟通过程涉及沟通主体（发送者和接收者）和沟通客体（信息）的关系以及信息发送者为影响接收者而使用的语言或非语言的行为。在沟通过程中，

信息以怎样的方式被传送，又如何传递给接收者，接收者如何解读信息，信息最终以怎样的方式被理解，这都与沟通过程中沟通主体的语言行为息息相关。具体来说，要正确理解沟通的含义，可以从下述几点来把握。

（一）沟通首先是信息的传递与交流

如果信息和想法没有传递到接收者，那么也就没有沟通的发生。沟通中传递的信息包罗万象，不仅包括一般事实，而且还包括思想、情感、价值观、意见和观点等。沟通过程中，发送者把要传送的信息"编码"成符号传递给接收者，接收者则在收到后进行相反的"解码"过程。传递信息要完整，既要传递事实又要传递发送者的价值观及个人态度，只有这样才能达到有效的沟通。

（二）沟通成功的关键在于信息被充分理解

有效的沟通，意味着信息不仅被传递，而且还要被理解。我们知道，无论多么伟大的思想，如果不传递给他人或被他人理解，都是毫无意义的。最理想的沟通应该是信息经过传递后，接收者所感知的信息与发送者发出的信息完全一致。但是在现实生活中，由于信息是一种无形的东西，是一些符号，每个人对同一符号的理解和认识不同，由此导致了不少沟通问题和障碍。而在沟通过程中，只有传递的信息被充分理解，才能达到沟通的目的。

（三）有效的沟通在于双方能准确理解彼此的意图

在现实生活中，不少人认为有效的沟通就是让别人接受自己的观点。实际上，沟通并不一定要使对方完全接受自己的观点，但一定要使对方完全明白你的观点。也就是说，你可以只是准确地理解对方所说的意思而不同意对方的看法。沟通双方能否达成一致意见，对方是否接受你的观点，并不仅仅取决于沟通是否有效，它还涉及双方根本利益是否一致、价值观念是否相似等其他关键因素。只要沟通过程中双方能准确理解彼此的意图，就是有效沟通。

（四）沟通是一个双向动态的反馈过程

每天我们都在与他人进行各种各样的沟通，但并不能说每个人都是成功的沟通者，也并不是每一次沟通都能成功。这是因为沟通不是一个纯粹单向的活动。有时你已经告诉对方你所要表达的信息，但这并不意味着对方已经与你沟通了，如果接收者并未对你发出的信息作出反馈，那么就没有达成沟通。所以，有效的沟通必然是一个双向互动的反馈过程，这种反馈并非一定要通过语言表现出来，接收者也可以通过表情或目光、身体姿势这些形式将信息反馈给发送者，从而使发送者得知接收者是否接收与理解其所发出的信息，并了解接收者的感受。

二、沟通的过程和要素

（一）沟通的过程

沟通的过程就是发送者将信息通过一定的渠道传递给接收者的过程，涉及发送者与接收者、通道与噪音、反馈等要素，并包括两个黑箱操作子过程：一个是发送者对信息的编码过程，另一个则是接收者对信息的理解过程。这两个子过程之所以被视为黑箱过程，是因为我们无法检测而且难以控制这两个过程，它们是人脑的思维和理解过程。前者是反映事实、事件数据和信息如何经过发送者的大脑处理、理解并加工成双方共知的语言的过程；而后者是接受者如何运用已有的知识，将其还原成事实、事件的过程。

沟通的具体步骤如下：

1）发送者获得某些观点或事实（即信息），并且有传送出去的意向。

2）发送者将其观点、事实以言辞来描述或以行动来表示（即编码），力求不使信息失真。

3）信息通过某种通道传递。

4）接收者由通道接收到信息符号。

5）接收者将获得的信息解码，转化为其主观理解的意思。

6）接收者根据他理解的意思加以判断，以采取不同的反应行为。

由此可见，一个看起来简单的沟通过程实际上包含着许多环节，这些环节都有可能产生沟通的障碍，从而影响沟通目的的实现。现在可以理解，为什么每天我们都有可能遇到一些因沟通而出现的误解、尴尬甚至是矛盾和冲突。

（二）沟通的要素

1．发送者与接收者

沟通的主体是人，任何形式的信息交流都需要有两个或两个以上的人参加。由于人与人之间的信息交流是一种双向的互动过程，所以把一个人定义为发送者而把另一人定义为接收者，这只是相对而言，这两种身份可能发生转换。在信息交流过程中，发送者的功能是产生、提供用于交流的信息，是沟通的初始者，处于主动地位。而接收者则被告知事实、观点或被迫改变自己的立场、行为等，所以处于被动的位置。发送者和接收者这种地位对比特点对于信息交流的过程有着重要影响。

2．编码与解码

编码是发送者将信息转换成可以传输的信号或符号的过程。这些信号或符号可以是文字、数字、图画、声音或身体语言。编码是信息交流过程中极其关键的一环。若此环节出现问题，那么整个信息交流过程就会变得混乱不堪。如果编码的信号不清楚，将会影响接收者对信息的理解。毫无疑问，人们所拥有的语言水平、表达能力和知识结构，对于将自己的思想、观点、感情等进行编码的能力，起着至关重要的作用。评价发送者的编码能力有3个标准：①认知，即"对不对"的问题；②逻辑，即"通不通"的问题；③修辞，即"美不美"的问题。

解码就是接收者将获得的信号或符号翻译、还原为原来的含义。它可能是将信息由一种语言翻译为另一种语言，也可能是理解他人点点头或眨眨眼的意思。在解码过程中，接收者需要利用自己具备的知识、经验以及文化背景，使获得的信号转换为正确的信息。如果解码错误，信息将会被误解或曲解。沟通的目的就是希望接收者对发送者所发出的信息作出真实的反应及采取正确的行动，如果达不到这个目的，就说明沟通不灵，产生了沟通障碍。

编码和解码的两个过程是沟通成败的关键。最理想的沟通，应该是经过编码与解码两个过程后接收者形成的信息与发送者发送的信息完全吻合，也就是说，编码与解码完全"对称"。"对称"的前提条件是双方拥有类似的知识、经验、态度、情绪和感情等。如果双方对信息符号及信息内容缺乏共同经验，则容易缺乏共同的语言，那么就无法达到共鸣，从而使编码、解码过程不可避免地出现误差和障碍。

3．信息

如果说发送者和接收者是沟通活动的主体，那么信息就是沟通活动的客体。接收者并不能直接探知发送者内心的思想和观点，他只有通过接收发送者传递的信息来理解对方真正的意图。而在沟通过程中，人们只有通过"符号—信息"的联系才能理解信息的真正含义，由于不同的人往往有着不同的"符号—信息"系统，因而接收者的理解有可能与发送者的意图存在偏差。

4．通道

通道是发送者把信息传递到接收者那里所借助的媒介物。口头交流的通道是声波，书面交流的通道是纸张，网上交流的通道是互联网，面对面交流的通道是口头语言与身体语言的共同表现。在管理活动中，对通道的选择必须尽可能符合信息的性质。例如：传达政府工作报告，就不宜通过口头形式而应采用正式文件作为通道；邀请朋友吃饭，宜采用备忘录，如果采用正式通知的形式就显得不伦不类；而员工绩效评估结果的公布，如采用口头表达的形式就会失去其严肃性与权威性，这时宜用书面形式。正确选用恰当的通道对有效的沟通十分重要。然而，在各种通道中影响力最大的仍是面对面的原始沟通方式。因为它可以最直接地发出及感受到彼此对信息的态度与情感，因而，即使是在通信技术高度发达的美国，总统大选的时候，候选人也总是不辞辛苦地四处奔波去选民面前演讲。

5．背景

背景就是指沟通所面临的总体环境，这种环境可以是物质环境，也可以是非物质环境。任何形式的沟通都必然受到各种环境因素的影响。沟通的背景通常包括以下几个方面：

（1）心理背景。心理背景是指沟通双方的情绪和态度。它包括两方面内容：①沟通者的心情和情绪。沟通者处于兴奋、激动状态时与处于悲伤、焦虑状态时的沟通意愿和行为是截然不同的，后者往往沟通意愿不强烈，思维处于抑制或混乱状态，编码、解码过程也会受到干扰。②沟通双方的态度。如果沟通双方彼此敌视或关系淡漠，则其沟通常常会由于偏见而出现误差，双方都较难准确理解对方的意思。

（2）社会背景。社会背景是指沟通双方的社会角色及其相互关系。不同的社会角色关系有着不同的沟通模式。上级可以拍拍你的肩头，告诉你要勤奋敬业，但你绝不能拍拍他的肩头，告诉他要乐于奉献。因为对于每一种社会角色关系，无论是上下级关系，还是朋友关系，人们都有一种特定的沟通方式，只有采取与社会角色关系相适应的沟通方式，才能得到人们的接纳。但是，这种社会角色关系也往往成为沟通的障碍，如下级往往对上级投其所好、报喜不报忧等，这就要求上级能主动改变、消除这种角色预期带来的负面影响。

（3）文化背景。文化背景是指沟通者的价值取向、思维模式、心理结构的总和。通常人们体会不到文化背景对沟通的影响。实际上，文化背景影响着每一个人的沟通过程，影响着沟通的每一个环节。当不同文化发生碰撞、交融时，人们往往能较明显地发现这种影响。例如，由于文化背景的不同，东西方在沟通方式上存在着较大的差异：东方重礼仪、多委婉，西方重独立、多坦率；东方多自我交流、重心领神会，西方少自我交流、重言谈沟通；东方认为和谐重于说服，西方认为说服重于和谐。这种文化差异使得不同文化背景下的管理人员在沟通时遇到不少困难。

（4）物理背景。物理背景指沟通发生的场所。特定的物理背景往往造成特定的沟通气氛。例如，在能容纳千人的大礼堂进行演讲与在自己的办公室高谈阔论，其气氛和沟通过程是大相径庭的。而在嘈杂的市场听到一则小道消息与接到一个电话特意告知你一则小道消息，给你的感受也是截然不同的，前者显示出的是随意性，而后者体现的却是神秘性。

6. 噪音

噪音就是沟通过程中对信息传递和理解产生干扰的一切因素。噪音存在于沟通过程的各个环节，如难以辨认的字迹、模棱两可的语言、不正确的标点符号、电话中的静电干扰、生产场所中设备的轰鸣声，以及接收者固有的成见、身体的不适、对对方的反感等，都可以成为沟通过程中的噪音。根据噪音的来源，噪声可分为 3 种形式：外部噪音、内部噪音和语义噪音。外部噪音来源于环境，它阻碍人们听到和理解信息。最常见的外部噪音就是谈话中其他声音的干扰，如机器的轰鸣声、小商贩的喊叫声、装修房子的声音等。不过这里所说的外部噪音并不单纯指声音，它也可能指刺眼的光线、过冷或过热的环境。有时在组织中人们之间不太友好的关系、过于强调等级和地位的组织文化等也是影响有效沟通的"外部噪音"。内部噪音发生在沟通主体身上，比如注意力分散、存在某些信念和偏见等。语义噪音是由人们对词语情感上的拒绝反应引起的，如许多人不喜欢听带有亵渎语言的讲话，因为他们认为这些词语是对他们的冒犯。

7. 反馈

反馈就是将信息返回给发送者，并对信息是否被接受和理解进行核实，是沟通过程的最后一个环节。通过反馈，双方才能真正把握沟通的有效性。在没有得到反馈之前，发送者无法确认信息是否已经得到有效的编码、传递和解码。如果反馈显示接受者接收到并理解了信息的内容，这种反馈就称为正反馈，反之则称为负反馈。通过反馈，信息交流变成一种双向的动态过程。由于反馈能让沟通的主体参与并了解信息是否按他们预计的方式发送和接收、是否得到分享，所以它对沟通效果的好坏是至关重要的。在沟通过程中，反馈可以是有意的，也可以是无意的。例如，课堂上教与学的过程是个沟通的过程，学生可以用喝倒彩的方式有意识地反馈出他们对教师讲授内容及教学方式的不满；学生也可以在课堂上显得疲惫、精神不集中，用这种无意间的神情与表情的流露反馈出他们对教师所授内容及教学方式不感兴趣。一个经验丰富的教师善于视学生的不同反馈对教学过程加以及时调整。

反馈可以检验信息传递的程度、速度和质量。获得反馈的方式有很多种，如直接向接收者提问，或者观察接收者的面部表情，都可获得其对传递信息的反馈。但只借助观察来获得反馈还不能确保沟通的效果，将观察接收者与直接向接收者提问相结合才能够获得更为可靠完整的反馈信息。

三、沟通的基本原则

（一）尊重性原则

美国心理学家马斯洛（Maslow）把人的需求划分为 5 个层次，即生理的需求、安全的需求、社会的需求、受人尊重的需求以及自我价值实现的需求。可以说，凡是神志健全的人都有自尊心，都有受人尊重的需求，都期望得到别人的认可、注意和欣赏。这种需求的满足会增强人的自信心和上进心；反之则会使人失去自信，产生自卑感，甚至影响其人际交往。因此，在沟通中首先要遵循相互尊重的原则。尊重性原则要求沟通者讲究言行举止的礼貌，尊重对方的人格和自尊心，尊重对方的思想感情和言行方式。这里既包括要善于运用相应的礼貌用语，如称呼语、迎候语、致谢语、致歉语、告别语、介绍语等；也包括遣词造句的谦恭得体、恰如其分，如多用委婉征询的语气；还包括平易近人、亲切自然的态度。当然，对对方的尊重不仅仅表现在沟通形式上，更表现在沟通中所交流的信息和思想观念上，即要把对方放在平等的地位上，以诚相待，摈弃偏见，要讲真话，正如古人所说，"以诚感人者，人亦诚而应"。

（二）简洁性原则

良好的沟通追求简洁，即用最少的文字传递大量的信息。无论对谁，沟通简洁都是一个基本点。每一个人的时间和精力都是有价值的，没有人喜欢不必要的烦琐交谈、没完没了又毫无结果的会议。管理沟通中要针对简洁性原则作具体规定，以求达到良好的沟通效果，如宝洁公司对简洁作了规定，交高级经理审阅的文件每份不得超过两页。当然，简洁并不意味着绝对地采用短句子，或者为了简洁而省略重要信息，而是指沟通者的语言运用要重点突出、字字有力。

（三）理解性原则

由于人们在社会上所处的地位不同，其思想观念、性格爱好、心理需要、行为方式、利益关系等也各有差异，所以在沟通中人们对同一事物常会表现出不同的看法、情感和态度，尤其在涉及自身利益的问题上，更会反映出从特定地位和立场出发的价值观念与利益追求，因而必定会给沟通造成许多复杂的矛盾和冲突。如果双方缺乏必要的相互理解，各执一端，互不相让，不仅会导致沟通失败，还会影响双方的感情，一切合作与互助就无从谈起了。理解性原则就是要求沟通者要善于换位思考，要站在对方的处境上设身处地地考虑，体会对方的心理状态与感受，这样才能产生与对方趋向一致的共同语言。同时还要耐心、仔细地倾听对方的意见，准确领会对方的观点、依据、意图和要求，这既可以表现出对对方的尊重和重视，也可更加深入地理解对方。

（四）赞美性原则

不吝啬赞美和鼓励，你会得到更多的朋友。人们除吃饱穿暖和必要的安全保障外，渴望被人重视，通过赞美和鼓励，人们能获得这方面的满足。

被赞美和鼓励是每个人所向往的。人们在选择职业的时候除了要看薪水外，还要看工作本身是否可以给他带来成就感。成就感是一种自我肯定和自我满足的美好感受，我们能从表扬和赞美中获得这种感觉。无论是谁，你都可以找到他的某些值得称赞的特点。我们可以通过赞美使人感到快乐，并且不给自己造成任何损失，既然如此，我们为什么不这么做呢？富兰克林始终遵循一个处世原则："不说别人的坏话，只说大家的好处。"

赞美和鼓励，目的是帮助别人发现自身的价值，获得一种成就感。它与讨好、献媚"貌似神异"。稍微细心一点，就可以分辨出来什么是真诚的赞美，什么是虚伪的奉承。有效的赞美应注意以下几点：

1．赞美必须出自真诚

有些人知道赞美对于人际沟通有好的作用，于是遇到任何人，不管是不是值得赞美，一开口就是一大堆风马牛不相及的夸赞之辞。这种赞美纯粹是一种俗套，没有一点儿内在的真诚。被赞美的人听到这样的赞美，不但没有一点愉快的感觉，反而会头皮发麻，浑身不自在。言不由衷的夸奖，一般会给人留下虚伪的印象，只会增加对方的戒备心理。

2．赞美应该有独到之处

有一些赞美是人们常用的，如看起来比实际年龄显得更年轻，外表长得漂亮潇洒，有领导能力等。这类习惯性的赞辞，虽然也可以用，但用得多了效果反而不好。有时甚至会感到说话的人只不过是完成一个习惯性的交往程序，其实对自己并没有真正了解。所以，要想使赞美真正起作用，就应该尽量使自己的赞美新颖一些，与对方有可能经常听到的赞美有所不同，因为新鲜的东西更能引起人的重视。要想做到这一点，就必须对你要赞美的人细心观察，发现他不易为常人发现的优点。

3．赞美要找准时机

当有很多学生在场时候，你如果赞美一位年轻的教师活泼好学的话，肯定会让对方感到尴尬。当对方的上司在场的时候，你如果夸奖他具有领导才能的话，不但会使被赞美者无所适从，而且有可能引起对方上司的不快。赞美要选准时机，否则，即使你很有诚意，也可能造成负面的效果。一定要眼观六路，耳听八方，在最合适的场合表达你由衷的赞美。

（五）包容性原则

在沟通中难免会发生意见分歧，引起争论，有的还会牵涉到个人、团体或组织的利益，如果事无大小，动辄怒气冲冲，双方的心理距离就会越拉越大，正常的沟通就会转化为失去理智的口角，这种后果显然是与沟通的目的相悖的。因此，沟通双方要心胸开阔、宽宏大量，把原则性和灵活性结合起来，只要不是原则性的重大问题，应力求以谦恭容忍、豁达超然的风度来对待各种分歧、误会和矛盾，以诙谐幽默、委婉劝导等与人为善的方式，来缓解紧张气氛、消除隔阂。事实证明，沟通中心胸开阔、态度宽容、谦让得体、诱导得法，会使沟通更加顺畅并赢得对方的配合与尊重。

（六）准确性原则

良好的沟通是以准确为基础的。所谓准确，是指沟通所用的符号和传递方式能被接收者正确理解。在沟通中典型的不准确信息有数据不足、资料解释错误、对关键因素无知、存在没有意识到的偏见、对信息的夸张等。如果传递的信息不准确、不真实，不仅会给沟通造成极大的障碍，而且还会失去对方的信任和理解。因此，为了保证沟通的准确性，在信息收集过程中应注意选择可靠的信息来源，用准确的语言或精确的数字客观地记录原始信息；在信息加工过程中，应采用科学的方法，尽可能排除人为因素（如加工者的主观偏见、智力或技术水平的不足）对信息内容及其价值的客观性的干扰。

（七）及时性原则

任何信息都是在一定的时空背景下产生的，都有其特定的使用范围；离开特定的时间和控制限制，原本非常重要的信息就可能变得毫无价值。坚持沟通的及时性原则，就是要求在信息传递和交流过程中一定要注意信息的时效性，既要注重传递信息的主要内容，又要注意传递信息产生与发挥作用的时间范围及条件，做到信息及时传递、及时反馈，这样才能使信息不因时间问题而失真。

>>> 第二节　沟通的类型

一、正式沟通与非正式沟通

（一）正式沟通

所谓正式沟通，就是按照组织结构所规定的路线和程序进行的信息传递与交流，如组织间的公函来往、组织内部的文件传达、汇报制度、例会制度等。正式沟通的优点是沟通效果好，有较强的约束力，可使内部各项工作保持一定的权威性。重要的信息和文件、组织的决策等一般都采用正式沟通的方式传递。其缺点是信息层层传递，沟通速度慢，缺乏灵活性。

（二）非正式沟通

所谓非正式沟通，就是运用组织结构以外的渠道所进行的信息传递与交流，如员工之间的私下交谈、朋友聚会时的议论以及小道消息等。非正式沟通的优点是沟通方便，沟通速度快，能够提供一些正式沟通中难以获得的"内幕新闻"。其缺点是沟通难以控制，传递信息不确切，容易失真，而且还有可能导致小集团、小圈子的滋生，影响组织凝聚力和人心稳定。

二、语言沟通与非语言沟通

（一）语言沟通

语言沟通是利用语言、文字、图画、表格等形式进行的信息传递与交流。它建立在语言文字的基础上，可细分为书面沟通和口头沟通两种形式。研究结果表明，口头与书面混合沟通的效果最好，口头沟通次之，书面沟通最差。

1. 口头沟通

口头沟通就是运用口头语言进行的信息交流活动，如谈话、演讲、讨论、电话联系等。它是所有沟通形式中最直接的方式。口头沟通的优点是沟通方式灵活多样，简便易行，具有亲切感，信息可以在最短时间内被传送，并能在最短时间内得到对方回复。如果接收者对信息有疑问，信息的迅速反馈可使发送者及时反省所发信息中不够明确的地方并进行改正，有助于双方对问题的了解。其缺点是：口说无凭，沟通范围有限，随机性强；口头沟通时所采取的面对面方式会增加沟通双方的心理压力，造成心理紧张，影响沟通效果；在口头传递信息过程中，每个人都以自己的偏好增删信息，从而使信息存在着失真的可能性。

2．书面沟通

书面沟通是指运用书面形式所进行的信息传递和交流，如书信、通知、文件、报刊、备忘录等。其优点是：①传播内容不易被歪曲，有利于长期保存，有据可查。一般情况下，发送者与接收者双方都拥有沟通记录，沟通的信息可以长期保存下去，便于事后查询。②书面沟通对信息的组织更周密，逻辑性强，条理清楚。书面语言在正式发表之前能够反复修改，直至作者满意，想表达的信息能被充分、完整地表达出来，其他因素对信息传达的影响大大减少。③书面沟通的内容易于复制，有利于大规模传播。其缺点是耗费时间较长，不能及时提供信息反馈，沟通效果受文化修养的影响较大，对情况变化的适应性较差等。

（二）非语言沟通

非语言沟通是指借助非正式语言符号即语言及文字以外的符号系统所进行的信息传递与交流。一般而言，非语言沟通与语言沟通相互补充，在某种程度上强化了语言沟通的效果，不仅能使沟通双方正确估计到对方要表达的思想和情感，而且往往能了解到对方更多信息。美国心理学家艾伯特·梅拉比安（Albert Mehrabian）经过研究认为：人们在沟通中所发送的全部信息仅有 7% 是通过语言来表达的，而 93% 的信息则是通过非语言来表达的。非语言沟通的内涵十分丰富，包括身体语言沟通、副语言沟通、物体的操纵以及空间距离等多种形式。

1．身体语言沟通

身体语言沟通是通过动态无声的目光、表情、手势语言等身体运动或者是静态无声的身体姿态、衣着打扮等形式来实现的。一个动作、一个表情、一个姿势都可以向对方传递某种信息。人们可以借由面部表情、手部动作等身体姿态来传达诸如攻击、恐怖、腼腆、傲慢、愉快、愤怒等情绪或意图。比如欢乐时手舞足蹈，悔恨时顿足捶胸，惧怕时手足无措等。

2．副语言沟通

副语言沟通是通过非语词的声音、语调、语速的变化来实现的信息传递与交流。语言表达方式的变化，尤其是语调的变化，可以使字面相同的一句话具有完全不同的含义。一句话的含义往往不仅取决于其字面的意义，而且取决于它的弦外之音。比如一句简单的口头语——"讨厌"，当音调较低、语气委婉时，"讨厌"表达的是一种撒娇；而当音调升高、语气生硬时，"讨厌"则表达了一种反感和憎恶。

3．物体的操纵

物体的操纵是指人们通过物体的运用和环境布置等手段进行的非语言沟通。日常生活中，客人常常通过观察主人的办公室或住所的房间布置、装饰等，来获得对其性格、爱好等方面的初步认识。另外，人与人之间的空间位置关系也直接影响个人之间的沟通过程。国外有关研究证实，学生对课堂讨论的参与度直接受到学生座位的影响，以教师讲台为中心，座位越近中心位置的学生对于课堂讨论的参与度也就越大。

三、单向沟通与双向沟通

(一)单向沟通

单向沟通是指信息接收者只接收信息而不向发送者反馈信息的沟通,如发布指示、下达命令、作报告、书面通知等。其优点是信息传递速度快,信息发送者不会受到信息接收者的影响。其缺点是:信息发送者与接收者之间没有交流,接收者无论理解还是不理解都必须执行,容易使接收者产生挫折感和抗拒对立情绪;信息的准确性较差;沟通形式比较严肃、呆板。

(二)双向沟通

双向沟通是指发送者与接收者之间所进行的双向信息传递与交流,如讨论、座谈、协商、交谈、面谈等。在双向沟通中,发送者和接收者之间的角色不断交换,信息发送者不仅要发出信息,而且还需要听取信息接收者的反馈意见,必要时双方还要进行多次交流,直到双方理解一致为止。双向沟通的优点是:沟通信息准确性较高;接收者有反馈意见的机会,容易产生平等感和参与感,增加了其自信心和责任心;有助于增进双方的理解和信任。其缺点是信息传递速度慢,易受干扰,缺乏条理性,沟通时信息发送者随时会受到接收者的质询、批评和挑剔,因而有较大的心理压力。

在管理过程中,双向沟通和单向沟通各有不同的作用。一般情况下,在要求接受者准确无误地接收信息时,或处理重大问题时,或作出重要决策时,适合采用双向沟通。而在强调工作速度和工作秩序时,或者执行例行公务时,适合采用单向沟通。

与单向沟通相比,双向沟通在处理人际关系和加强双方紧密合作方面有着重要的作用。因为双向沟通更能激发员工参与管理的热情,有利于组织的发展,因而现代组织的沟通也越来越多地从单向沟通转变为双向沟通。

四、上行沟通、下行沟通、平行沟通和跨文化沟通

(一)上行沟通

上行沟通是指下级向上级反映意见,即自下而上的沟通。只有上行沟通渠道畅通,上级才能掌握全面情况,作出符合实际的决策。上行沟通有 2 种形式:一是层层传递,即依据一定的组织原则和组织程序逐级向上反映;二是越级反映,即减少中间层次,让一般员工与最高决策者直接沟通。

(二)下行沟通

下行沟通是指上级对下级进行的自上而下的信息传递和交流,如发布规章制度、下达各种任务、对一些具体问题提出处理意见等。这是领导者向被领导者发布命令和指示的过程。有关专家认为,这种沟通方式有如下目的:向下属明确组织的目标;传达工作方面的有关指示;加强下属对工作任务的了解;向下属提供工作所需的资料;向下属反馈其工作绩效。

（三）平行沟通

平行沟通是指组织中各平行部门之间的信息传递与交流。在组织运行过程中，经常会遇到部门之间发生矛盾和冲突的情况。部门之间沟通不力是造成这一现象的重要原因之一。因此，保证部门之间沟通渠道畅通，是减少部门之间冲突的一个重要途径。

（四）跨文化沟通

跨文化沟通是指发生在不同文化背景下的人们之间的信息和情感的相互传递过程。它是同文化沟通的变体。相对于同文化沟通而言，跨文化沟通要逾越更多的障碍。

≫≫ 第三节　沟通的障碍及其克服的技巧

从信息发送者到接收者的沟通过程并非都是畅通无阻的，沟通过程中经常存在这样或那样的障碍，从而导致沟通失败或无法实现沟通的目的。沟通中的障碍是指导致信息在传递过程中出现的失真、错误或丢失的各种因素，其中既有发送者与接收者的问题，也有编码与解码的问题，还有渠道、噪音及反馈的问题。可以说，沟通障碍存在于沟通过程的各个环节，也正因为如此，才导致了沟通障碍的普遍存在。就一般情况而言，对沟通过程产生重要影响的是发送者的障碍与接收者的障碍。

一、发送者的障碍

发送者在把信息传递给接收者之前首先必须整理信息，将之变成双方都能理解的信号，也就是说，把要传达的信息表达出来，并表达得十分清楚。而这方面容易出现的障碍如下所述：

（一）目的不明确，导致信息内容的不确定

即发送者对自己要交流的目的不明确，不知道自己到底要向对方说些什么、怎么去说，也不知道接收者想听些什么。这使信息沟通遇到无法逾越的障碍。因此，发送者在传递信息之前必须有一个明确的目的和清楚的概念，即"我要通过什么通道、向谁传递什么信息、达到什么目的"。

（二）表达不清，导致信息传递失真

无论是口头交流或书面沟通，都要求发送者必须清晰地表达自己的意思或意图。如果发送者含糊其辞、语无伦次、口齿不清，或字迹模糊、文理不通、词不达意，都会造成信息失真，使接收者无法了解发送者所要传递的真实信息。

（三）选择失误，导致信息误解的可能性增大

对传送信息的时机把握不准，缺乏审时度势的能力，会大大降低信息交流的价值，时

间上的耽搁与拖延会使信息过时而无用；信息沟通通道选择失误，则会使信息传递受阻，或延误传递的时机；沟通对象选择错误，无疑会造成"对牛弹琴"或自讨没趣的局面，直接影响信息交流的效果。

（四）形式不当，导致信息失效

当人们使用语言和非语言形式表达同样的信息时，一定要相互协调，否则会使人"丈二和尚摸不着头脑"。比如，当我们传递一些十万火急的信息时，若不采用电话、传真或互联网等现代的快速通道，而是仍通过邮递寄信的方式，那么接收者收到的信息往往会由于时过境迁而毫无价值。

二、接收者的障碍

在沟通过程中，接收者接收信息符号后要对之进行解码，从而理解信息。在这一过程中，经常出现的障碍主要有下述内容：

（一）过度加工，导致信息的模糊或失真

在信息交流过程中，接收者有时会按照自己的主观意愿对信息进行"过滤"和"添加"。现实生活中许多沟通失败的主要原因是接收者对信息做了过多的加工。我们常可以看到，由下级向上级所进行的上行沟通中，某些部下"投其所好"，报喜不报忧，所传递的信息经过层层"过滤"后或变得片面，或变得完美无缺，使上司难以了解到实际情况；而上级向下级所进行的下行沟通中，所传递的信息经过逐级领会而"添枝加叶"，或断章取义，变得面目全非，从而导致信息的模糊或失真。

（二）知觉的选择性，导致对信息理解的偏差

由于人们的个性特点、认知水平、价值标准、权力地位、社会阶层、文化修养、智商情商等方面的不同，在信息交流过程中总习惯于以自己为准则来选择接受哪些信息，一般来说接受的往往是自己感兴趣的内容、与自己利益紧密相连的事情等；对于不利于自己的信息，要么视而不见，要么熟视无睹，甚至颠倒黑白，以达到防御的目的。例如，某公司广告大力宣传他们制造的鸟枪如何优良，可是许多环境保护主义者完全不接受这则信息，因为这则信息不符合他们的价值观。

（三）心理定势，导致对信息的理解片面和极端

接收者若在人际沟通或信息交流过程中曾经受到过伤害，有过不良的情感体验，造成"一朝被蛇咬，十年怕井绳"的思维惯性和心理定势，对发送者心存疑虑、怀有敌意，或内心恐惧、忐忑不安，就会拒绝接收所传递的信息，甚至抵制参与信息交流。

（四）思想差异，导致对信息交流的困难和中断

由于接收者与发送者在知识水平、社会阅历、性别、年龄等方面有所不同，因而往往会出现发送者用心良苦而仅仅换来"对牛弹琴"的局面，或者造成二者思想上的隔阂与误

解，甚至引发冲突，导致信息交流的中断以及人际关系的破裂。

（五）文化差异，导致对同一信息有不同的理解和认识

文化差异对人际交流产生重要影响。例如，在世界上大部分国家里，点头表示"同意"，摇头表示"不同意"，而在印度的一些地区却截然相反，点头表示"不同意"，摇头表示"同意"。再如，企业研发部门人员多具有长期意识，注重未来，而生产部门管理者更关心装配流水线的运行现状，关心每日生产指标的完成情况，这种文化差异也会影响沟通的效率和效果。

（六）忽视反馈，导致信息传递受阻和重复

反馈的实质是接收者给发送者一个信息，告知已收到发送者所发的信息，以及理解信息的程度。在沟通过程中，如果沟通双方不能及时反馈信息，可能产生以下问题：一是导致发送者再次发出信息。由于发送者没有收到反馈信息，他不知道接收者是否接受或理解了信息，因此会导致信息的重复发送，影响了信息传递的时效性。二是导致接收者可能按不正确的信息行动。如果接收者对信息的理解不正确，那么后果有可能不堪设想。

三、克服沟通障碍的策略与技巧

尽管在沟通过程中可能会遇到各种各样的障碍，但只要人们树立正确的沟通理念，采取科学的沟通渠道和方法，仍然能够克服沟通中的障碍，实现有效沟通。具体来说，克服沟通障碍的策略与技巧主要表现在下述几个方面：

（一）明确沟通的目的

沟通双方在沟通之前必须弄清楚沟通的真正目的是什么，动机是什么，要对方理解什么。确定了沟通的目标，沟通的内容就容易规划了。因为从本质上讲，沟通意味着目标、价值、态度和兴趣的共识，如果缺乏共同的目标和感受，而只是一味地去尝试沟通，不仅失去了沟通的意义，更无法实现有效沟通。因此，在沟通前必须确定沟通的目标，然后对要沟通的信息进行详尽的准备，并根据具体的情景选择合适的沟通形式来实现这个目标；另外，不仅要分析接收者的特点，学会"换位思考"，而且还要善于激发接收者的兴趣，这样才能达到有效沟通的目的。

（二）尊重别人的意见和观点

在沟通过程中，要试着去适应别人的思维架构，并体会他的看法。也就是说，不只是"替他着想"，更要能够想象他的思路，体会他的世界，感受他的感觉。因此，无论自己是否同意对方的意见和观点，都要学会尊重对方，给对方说出意见的权利，同时将自己的观点更有效地与对方进行交流。需要注意的是，有效的沟通不是斗勇斗智，更不是辩论比赛。对接收者而言，沟通中的发送者所扮演的角色是仆人，而不是主人。如果发送者发觉接收者心不在焉或不以为然时，他就必须改变他的沟通方式。接收者握有"要不要听"和"要不要谈"的决定权。作为发送者，你或许可以强制对方进行沟通，但是却没有办法指挥对方的反应和态

度。因此，在沟通中沟通双方都不能把自己的观点强加到对方身上，更不能因不同意对方的观点而对其横加指责。沟通的真正的目的在于了解他人，而不是同意或不同意他人。

（三）考虑沟通对象的差异

发送者必须充分考虑接收者的心理特征、知识背景等状况，依此调整自己的谈话方式、措辞或是服饰、仪态，要避免以自己的职务、地位、身份为基础去进行沟通。例如，上级在车间与一线工人沟通，如果穿得西装革履，且又咬文嚼字，势必给工人造成一道心理上的鸿沟。技术人员在与其他员工沟通时，也要尽量避免使用过多的专业词汇，否则不仅达不到应有的沟通效果，反而可能会弄巧成拙。

（四）充分利用反馈机制

许多沟通的问题都是由于接收者未能够准确把握发送者的意思造成的，为减少这些问题的发生，沟通双方应该在沟通中积极反馈。只有通过反馈，确认接收者接收并理解了发送者所发送的信息，沟通过程才算完成；发送者要检验沟通是否达到目标，也只有通过获得接收者的反馈才能确定。因此，建立并充分利用反馈机制，无疑是实现有效沟通的重要环节。当然，反馈的方式多种多样，发送者可以通过提问、聆听的方式来获得反馈信息，也可以通过观察、感受等方式来获得反馈信息。

（五）学会积极倾听

积极倾听就是要求沟通双方能站在对方的立场上，运用对方的思维架构去理解信息。一般说来，要做到积极倾听，需要遵守以下四项基本原则：专心、移情、客观、完整。专心就是要认真倾听对方所要表达的内容及其细节。移情就是在情绪和理智上都能与对方感同身受。客观就是要切实把握沟通的真实内容，而不是迅速地加以价值评判。完整就是要对沟通的内容有一个完整的了解，而不是断章取义。

（六）注意非语言信息

非语言信息往往比语言信息更能打动人。因此，如果你是发送者，你必须确保所发出的非语言信息具有强化语言的作用。如果你是接收者，你则要密切注意对方的非语言提示，从而全面理解对方的思想、情感。高明的接收者精于察言观色，窥一斑而见全豹。

（七）避免一味说教

有效沟通是一种心灵的交流，美国著名管理学家彼德·圣吉在《第五项修炼》中称之为"深度会谈"，即敞开心扉，彼此进行心与心的交流。这就要求沟通双方必须撇开个人职务、学历和地位的影响，以开放的心态、平等的视野进行沟通。如果信息发送者总是居高临下，采取教育或教训的口吻与人交流，那么，即使发送者传递的信息非常重要，也会因引起接收者的不满和反感而不被接收者正确接收。

（八）保持积极健康的心态

人的情绪、心态等对沟通过程和结果具有巨大影响，过于兴奋、失望等情绪一方面易造成对信息的误解，另一方面也易造成过激的反应。因而，沟通双方在沟通前应主动调整各自的心态和情绪，明确自己的角色位置，只有做到心平气和，才能对人、对事、对物作出客观公正的评价。

≫≫　练习与思考

1. 什么是沟通？怎样才能正确理解沟通的基本内涵？
2. 简述沟通的基本要素。
3. 沟通的主要类型有哪些？
4. 简述沟通的障碍及克服对策。

≫≫　课堂活动

沟通能力测评

请阅读下面情境性问题，选出你认为最合适的处理方法。请尽快回答，不要遗漏。

1. 你的一位上司邀请你共进午餐。餐后你回到办公室，发现你的另一位上司对此颇为好奇，此时你会（　　）。
   A. 告诉他详细内容
   B. 不透露蛛丝马迹
   C. 粗略描述，淡化内容的重要性

2. 你正在主持会议，有一位下属一直以不相干的问题干扰会议，此时你会（　　）。
   A. 要求所有的下属先别提出问题，直到你把正题讲完
   B. 纵容该下属提问
   C. 告诉该下属在预定的议程完成之前先别提出问题

3. 你跟上司正在讨论事情，有人打来长途电话找你，此时你会（　　）。
   A. 告诉对方你在开会，待会再回电话
   B. 请上司的秘书代接并说你不在
   C. 接电话，而且该说多久就说多久

4. 有位下属连续四次在周末向你要求他想提早下班，此时你会说（　　）。
   A. 你对我们相当重要，我需要你的帮助，特别是在周末
   B. 今天不行，下午四点我要开个会
   C. 我不能再容许你早退了，你要顾及他人的想法

5. 你刚被聘为某部门主管，你知道还有几个人关注着这个职位，上班的第一天，你会（　　）。
   A. 把问题记在心上，但立即投入工作，并开始认识每一个人
   B. 忽略这个问题，并认为情绪的波动很快会过去
   C. 个别找人谈话以确认哪几个人有意竞争职位

6. 你有位下属对你说："有件事我本不应该告诉你的，但你有没有听到……"你会说
（　　　）。

    A. 跟公司有关的事我才有兴趣听

    B. 我不想听办公室的流言

    C. 谢谢你告诉我怎么回事，让我知道详情

评分标准：A=1　B=0　C=0

结果评价：

如果你的得分在 0～2 分之间，表明你的沟通能力较低，沟通存在较大的障碍，你急需加强沟通技能的学习和训练。

如果你的得分在 3～4 分之间，说明你的沟通能力较为一般，如果你能够进一步加强沟通能力的学习和训练，将会使你受益匪浅。

如果你的得分在 5～6 分之间，表明你具有较强的沟通能力，能够与人进行有效沟通。

▷▷▷ 案例分析

一场不该发生的空难事故

仅仅几句话能否决定生与死的命运？1990 年 1 月 25 日恰恰发生了这种事件。那一天，由于阿维安卡 52 航班（Avianca Flight 52）飞行员与纽约肯尼迪机场航空交通管理员之间的沟通障碍，导致了一场空难事故，机上 73 名人员全部遇难。

1990 年 1 月 25 日晚 7:40，阿维安卡 52 航班飞行在南新泽西海岸上空 37000 英尺的高空，机上的油量可以维持近 2 个小时的航程。在正常情况下飞机降落至纽约肯尼迪机场仅需不到半小时的时间，这一缓冲保护措施可以说十分安全。然而，此后发生了一系列耽搁。首先，8:00，肯尼迪机场管理人员通知 52 航班由于严重的交通问题他们必须在机场上空盘旋待命。8:45，52 航班的副驾驶员向肯尼迪机场报告他们的"燃料快用完了"。管理员收到了这一信息，但在 9:24 之前没有批准飞机降落。在此期间，阿维安卡 52 航班机组成员再没有向肯尼迪机场传递任何情况十分危急的信息，但飞机座舱中的机组成员却相互紧张地通知他们的燃料供给出现了危机。

9:24，52 航班第一次试降失败。由于飞行高度太低以及能见度太差，因而无法保证安全着陆。当肯尼迪机场指示 52 航班进行第二次试降时，机组人员再次提到他们的燃料将要用尽，但飞行员却告诉管理员新分配的飞行跑道"可行"。9:32，飞机的两个引擎停止工作，1 分钟后，另两个引擎也停止了工作，耗尽燃料的飞机于 9:34 坠毁于长岛。

当调查人员考察了飞机座舱中的磁带并与当事的管理员交谈之后，他们发现导致这场悲剧的原因是沟通的障碍。为什么一个简单的信息既未被清楚地传递又未被充分地接受呢？针对这一事件作出以下分析：

首先，飞行员一直说他们"燃料不足"，交通管理员告诉调查者这是飞行员们经常使用的一句话。当被延误时，管理员认为每架飞机都存在燃料问题。但是，如果飞行员发出"燃料危急"的呼声，管理员有义务优先为其导航，并尽可能迅速地安排其着陆。一位管理员

指出，如果飞行员"表明情况十分危急，那么所有的规则程序都可以不顾，我们会尽可能以最快的速度引导其降落的"。遗憾的是，52航班的飞行员从未说过"情况紧急"，所以肯尼迪机场的管理员一直未能理解到飞行员所面对的真正困境。

其次，52航班飞行员的语调也并未向管理员传递燃料紧急的严重信息。许多管理员接受过专门训练，可以在这种情境下捕捉到飞行员声音中极细微的语调变化。尽管52航班的机组成员相互之间表现出对燃料问题的极大忧虑，但他们向肯尼迪机场传达信息的语调却是冷静而职业化的。

最后，飞行员的文化和传统以及机场的职权也使52航班的飞行员不愿意声明情况紧急。正式报告紧急情况之后，飞行员需要写出大量的书面汇报。另外，如果发现飞行员在计算飞行过程需要多少油量方面疏忽大意，联邦飞行管理局就会吊销其驾驶执照。这些消极因素极大阻碍了飞行员发出紧急呼救的信息。在这种情况下，飞行员的专业技能和荣誉感可能变成赌注。

讨论：

1. 你认为造成52航班失事的主要原因是什么？飞行员与机场管理员之间在沟通上存在什么问题？产生这些问题的原因是什么？

2. 从这个案例中，我们能够得到什么启发和借鉴？

第 二 章

倾听和反馈

【知识目标】

掌握倾听的意义和作用。

理解倾听的过程和类型。

了解倾听障碍的主要表现。

掌握提问与反馈的类型。

【技能目标】

掌握克服倾听障碍的对策。

学会有效的倾听。

灵活运用倾听的技巧。

有效地提问与反馈。

>>> 第一节　倾听的认识与培养

一、倾听的含义

很多人认为，倾听技能是每个人都具有的一种与生俱来的能力，不需要训练，所以，一谈到沟通，人们自然想到的是说，很少有人想到听。其实恰恰相反，人们在沟通过程中产生的许多问题往往是由于不善于倾听导致的，也就是说，不善于倾听所导致的失误要比不善于表达所产生的问题多得多。这也正验证了俗话所说的"会说的不如会听的"。可以说，每个人都具有天生的表达才能，却不具有天生的倾听技巧。更为遗憾的是，人们在听的方面所花费的工夫太少。理论与实践都告诉我们，是否善于倾听是衡量一个管理者管理水平高低的重要标志。成功的管理者，大多是善于倾听的人。美国企业家亚科卡曾对管理者的倾听有过精辟的论述："我只盼望找到一所能够教导人们怎样听别人讲话的学院。毕竟，一位优秀的管理人员需要听到的至少与他所需要说的一样多，许多人不能理解沟通是双方面的。"他认为管理者必须鼓励人们积极贡献，使他们发挥最大干劲，虽然你不可能接受每一项建议，但你必须对每一项建议作出反应，否则，你将听不到任何好的想法。他总结说："假如你要发动人们为你工作，你就一定要好好听别人讲话。一家蹩脚的公司和一家高明的公司之间的区别就在于此。作为一名管理人员，使我感到最满足的莫过于看到某个企业内被公认为一般的或平庸的人，因为管理者倾听了他遇到的问题而发挥出了他应有的作用。"从这些经验之谈中我们可以了解，倾听是管理者成功的首要条件。

　　一位有效的管理者必须花费相当多的时间与下属、上司及同事沟通，而在沟通过程中最常用到的能力是洗耳恭听的能力和能说善道的能力。所谓洗耳恭听，就是在听的态度上要做到用耳朵去听、用脑去思考、用心灵去感受，它强调的是倾听的能力范围。所谓能说会道，就是在沟通中善于言辞、以理服人，它强调的是语言表达的能力。但人们在实践中往往重视语言表达能力的训练而忽视倾听能力的提升，结果是说的多、听的少。其实站起来发言需要勇气，而坐下来倾听也需要勇气，沟通的最大困难不是如何把自己的意见、观点说出来，而在于如何听出别人的心声。因此相对于语言表达能力而言，倾听的能力则更为关键。

　　对于大多数人来说，倾听是从听到别人讲话的声音开始的，但听与倾听却是有着根本区别的："听"是人体用感觉器官来接受声音，是人的感觉器官对声音的生理反应，只要耳朵能够听到别人说话，就表明在"听"别人；而倾听虽然也以听到声音为前提，但更重要的是人们对声音必须有所反馈。也就是说，倾听必须是人主动参与的过程，在这个过程中，人必须思考、接收、理解说话者传递的信息，并作出必要的反馈。同时，倾听的对象不仅仅局限于声音，还包括更广泛的内容，如表情、手势、体态等。可见，倾听不仅要接受、理解别人所说的话，而且也要接受、理解别人的手势、体态和面部表情，不仅要从中得到信息，而且还要抓住说话人的思想和感情。因此，我们可以把倾听定义为：倾听就是通过听觉、视觉等媒介进行信息、思想和情感交流的过程。通过倾听，人们不仅听到对方所说的话语，而且能听到不同的重音、声调、音量、停顿等内容，这些也是倾听过程中不可忽视的因素。例如，说话人适当的停顿，会给人一种谨慎、仔细的印象，而过多的停顿则会给人一种急躁不安、缺乏自信或不可靠的感觉；同时，人们也能从说话的音调、音量中区别出愤怒、吃惊、轻视和怀疑等态度。此外，当谈话双方面对面交流时，视觉接收到的信息也属于倾听的内容。事实上，人们有时仅仅从一些话语中很难断定说话者的意思，只有将这些话语与特定的场合以及说话者的口气、表情等结合起来，才能明确了解说话者的真正思想和意图。例如，听到一位女孩对你说"讨厌"，如果她神色娇羞，那你一定会欣喜若狂；如果她横眉冷目，那你最好还是躲开。因此，管理者在管理过程中，千万不要把倾听当作被迫要完成的任务，而应积极主动地投入其中，这样你会发现倾听能够给你带来许多益处。

二、倾听的意义和作用

　　倾听是通向心灵的道路，是管理成功的基石。倾听能够使人们与周围的人保持接触，失去倾听能力也就意味着失去与他人共同工作、生活、休闲的可能。一般来讲，人们很少只为消遣而倾听，而是为了以下目标而倾听，即：获得事实、数据或别人的想法；理解他人的思想、情感和信仰；对听到的内容进行选择；肯定说话人的价值。有人说："会倾听的人到处都受欢迎。"对于管理者来说，倾听有着十分重要的意义和作用，这是由管理工作的特点决定的。

复杂多变的管理环境使个人难以作出正确的判断，从而无法制订出有效的决策方案。一位擅长倾听的管理者将通过倾听，从上级、同事、下属、顾客那里及时获得信息并对其进行思考和评估，不断提升管理水平，并使管理更加有效。概括起来，倾听的意义和作用主要表现在以下几个方面：

（一）倾听能够产生激励作用

管理的过程就是调动人的积极性的过程。善于倾听的人能及时发现他人的长处，并使其发挥作用。倾听本身也是一种激励方式，能提高说话者的自信心和自尊心，加深彼此之间的理解和感情，因而也就激发了对方的工作热情与负责精神。美国企业家玛丽·凯·阿什要求自己的管理者记住倾听员工的诉说是最优先的事，她本人专门抽出时间来聆听下属的讲述，并进行仔细的记录。她对下属们提出的建议和意见十分重视，在规定的时间内给予答复。这样做的好处就是沟通了彼此的感情，倾诉者要求被重视的自尊心得到了满足。在很多情况下，倾诉者的目的就是倾诉，"一吐为快"，并没有更多的要求，甚至有些时候，只要你倾听了倾诉者的倾诉，问题也就解决了。日本、英美一些企业的管理人员常常在工作之余与下属一起喝咖啡，其目的也正在于给下属一个自由倾诉的机会。

（二）倾听是获得信息的重要渠道

倾听可以得到最新的信息。通过倾听，不仅可以了解对方要传达的消息，感受到对方的感情，同时还能够据此推断对方的性格、目的和诚恳程度。事实上，交谈中包含着很多有价值的消息，有时它们常常是说话人一时的灵感，而其自己又没意识到，对听者来说却有启发。"听君一席话，胜读十年书"，一个随时都在认真倾听他人讲话的人，在与别人的交谈中就可能成为一个信息的富翁。不仅如此，通过耐心地倾听，还可以减少对方防范意识，得到对方的认同，甚至使对方产生找到同伴和知音的感觉，从而加深彼此之间的了解。

（三）倾听能够给人留下良好的印象

一般来说，人们都喜欢发表自己的意见，如果你愿意给他们一个机会，他们会觉得你和蔼可亲、值得信赖。作为一名管理者，倾听顾客、上司还有下属的想法，可消除他们的不满和愤懑，获取他们的信任。戴尔·卡内基（Dale Carnegie）曾举过一个例子：在一个宴会上，他坐在一位植物学家旁边，专注地听着植物学家跟他谈论各种有关植物的趣事，几乎没有说什么话，但分手时那位植物学家却对别人说，卡内基先生是一个最有意思的谈话家。可见，学会倾听，实际上已踏上了成功之路。

（四）倾听可以掩盖自身的弱点和不足

俗话说"沉默是金""言多必失"，沉默可以帮助人们掩盖自身的弱点和不足。如果你对别人谈论的话题一无所知，或未曾考虑，或对别人提出的问题不便于直接回答，这时最好的办法是认真倾听，并保持沉默。对缺乏经验的管理者来说，倾听还可以弥补自己的不足，当自己对某些问题了解不多或难以作出决定时，最好先倾听一下别人的意见和想法，并通过对别人意见的归纳和总结来提出自己的看法，这样不仅可以弥补自身的不足，而且还能够让别人产生受到尊重和重视的感觉。

（五）倾听能激发对方的谈话欲望

谈话是人与人之间沟通的重要途径，它能帮助人们解决问题、创造新点子、发现新方向；让人们觉得不再孤单、比较有自信、比较受赏识、比较有价值。因此，在谈话过程中，如果一方能够主动倾听，让对方觉得自己的话有价值，就能让他说出更多更有用的信息。并且，倾听不仅能够激发对方的谈话欲望，而且能够启迪对方产生更多或更深入的见解，从而使谈话双方均受益匪浅。

（六）倾听是说服对方的关键

如果你沟通的目的是为了说服别人，交谈中多听他的意见会有助于你的说服。因为通过倾听你能从中发现他的出发点和弱点，即是什么让他坚持己见，这就为你说服对方提供了契机。同时，你又向别人传递了一种信息，即你的意见已充分考虑了他的需要和见解，这样他们会更愿意接受。

三、倾听的过程

倾听是一个能动性的过程，是一个对感知到的信息经过加工处理后能动地反映自己思想的过程，这个过程大致可分为感知、选择、组织、解释或理解四个阶段。这四个阶段相互联系、相互影响，任何一个阶段出现问题，倾听都可能是无效的。

（一）感知信息

对方发出声音，声音通过声波传入人们的内耳中，产生信号刺激，成为人们所获得的信息。当人们只是听时，听到的只是声波信号，而在倾听时，人们则要作出更多的反应。也就是说，听只是一种涉及听觉系统的生理过程，而倾听是涉及对他人整体的更加复杂的知觉过程，需要同时理解口头语言和非口头语言所传达出的信息。人们的言语信息来自听觉，但倾听效果却是各种因素的综合。假如听到有人叫你"滚开"，而你发现这话出自一位满脸怒气的壮汉之口，与此同时他还举着拳头向你扑来，这足以令你逃之夭夭了；反之，若你看到这话出自一个妙龄女子之口，而她说这话时满含微笑，一副娇嗔的模样，你虽听到了"滚开"却是无论如何也不会走开半步的。

（二）选择信息

并不是任何信息都为人们所接受，人们总是对一部分信息表示特别的关注和兴趣，同时又忽视另外一些信息。例如，在喧哗的场合，大家都在交谈，突然从背后传来叫你朋友名字的声音，你这时会回头去看，这就是人们接受信息的选择性。一般来说，人们经常把注意力集中在某种特定的刺激物上。例如，你可能在房间里听到各种声音——说话声、电视中传出的声音、开门和关门声等，然而当激光唱盘放出你喜爱的歌曲时，你就会全神贯注去听，似乎这首歌曲消除了周围其他的声音。

虽然人们能按某种特定的方式集中注意力，但注意力集中的范围是有限的。通常情况下，人们对 20 秒钟以内的信息能完全集中注意力，之后注意力将非常容易分散，当然，人们也能很快重新把注意力集中在相应的信息上。事实上，注意力的集中能力是与是否容易厌烦紧密联系的。因此，在课堂上容易厌烦的学生就必须在集中注意力上特别努力。

（三）组织信息

在倾听过程中，当你决定注意某些信息时，接下来的步骤就是对信息进行组织加工，包括识别、记忆、赋予信息含义等一系列过程。人们把杂乱无章的信息分门别类，集中储藏起来，把那些过于简略的信息加以扩充，过于冗长的信息进行浓缩，使它们成为自己拥有的知识和经验的一部分。虽然人们不可能记住所有的语言信息和非语言信息，但对于那些重要的信息，人们会想方设法将其存储在自己的大脑里，而通常采取的方法之一就是记笔记。

（四）解释或理解信息

对于收集、过滤后的信息，人们会调动大脑储存的知识和经验，通过判断、推理，获得正确的解释或理解。在这一阶段，人们对信息进行评价，用自己的知识和经验来衡量对方所说的话，或者质疑说话者的动机和观点。在理解说话者所表达的词语的同时，人们也赋予说话者的腔调、手势、表情一定的含义。

这 4 个过程是一次倾听活动的全部过程，说起来复杂，但人们都是本能地以惊人的速度完成的，其具体过程并非泾渭分明、按部就班，它们之间常常是互相重叠的。

四、倾听的类型

倾听实质上是说话者与听话者的一种互动过程，它不仅包括说话者的语言表达，而且包含着倾听者的主动参与。在倾听过程中，倾听者要调动自己的知识和经验对听到的话语进行理解、筛选和加工，并采取不同类型的倾听对所听到的内容进行处理。倾听的基本类型如下所述：

（一）按照倾听的目的分类

按照倾听的目的不同，可以把倾听分为获取信息式、质疑式、情感移入式和享乐式 4 种倾听类型，每一种类型都包含不同的技巧。

1. 获取信息式倾听

获取信息式倾听是指倾听者为了了解某种知识、技能或就某一问题征求别人意见的学习过程。例如，学生在课堂上、企业在进行市场调查时，经常采用的就是获取信息式倾听。获取信息式倾听的着眼点首先是识别中心思想，这是贯穿于整个内容的基本思想，然后倾听加强中心思想的主要观点，最后倾听支持主要观点的材料。因为所有的主要观点都与中心思想相关联，因此只有抓住了中心思想，才能理解那些可能不相关联的主要观点。倾听时要设法在头脑中形成框架，识别中心思想之后再倾听主要观点。另外，在倾听时，由于思维速度比语言快，倾听者会有很充分的时间考虑文字及一些问题。如果自己不能回答这些问题，向说话者提问是很有必要的。即使是对问题有自己的回答，倾听者可能还是要问，以便通过说话者的回答来检验自己的理解。

2．质疑式倾听

质疑式倾听是指倾听者对获取的信息进行分辨、明晰、筛选、加工、整理的过程。质疑式倾听除了要识别中心思想、抓住主要观点外，还应该对所听到的内容进行估量和质疑。在质疑式倾听中，我们首先要弄清对方的动机。例如，当一个朋友劝说我们停下学习去购物时，我们必须问一些问题：他（或她）的动机是什么？结果可能是什么？当我们处于被劝说的情景之中时，质问劝说者的动机是一种正常和恰当的反应。质疑的目的在于验证观点是否合理、合法，信息来源是否准确、可靠。在质疑时需要注意的是，事实是可以被验证的某种事情，它永远是真实的，而观点是人们的信念。作为倾听者，我们听到更多的是观点而不是事实。所以，倾听者应具备区分事实与观点的能力，以及辨别正确的、权威的或可信度高的观点的能力。

3．情感移入式倾听

情感移入式倾听是指倾听者设法从他人的观点中理解他人的感受并作出相应反应的过程。人们的倾听能力总会不同程度地受到感情因素的影响。在情感移入式倾听中，要求倾听者在倾听说话人说的内容时把自己的感情放在一边，投入到对方的情感中去。有时仅仅倾听他人的情感并让他们作出一些解释就可以在很大程度上解决问题。一个人倾吐了自己的烦恼之后，就会感觉舒畅一些。情感移入式倾听的关键在于投入情感、识别情感。通常识别情感是最困难的。要识别情感，就要了解说话者的意图、愿望、观点、价值观等。这里并不需要同意或接受说话者，只是要尽力去理解说话者。理解之后，再通过复述的方式来证实倾听者的猜测，向说话者暗示倾听者正在努力理解他的话语，至此情感移入式倾听即告完成。

4．享乐式倾听

享乐式倾听是指倾听在一种轻松、愉快的形式下进行，使得严肃的倾听变成了愉悦的沟通方式。人们在看电视或者听音乐时，都会轻松、愉快地听。通常情况下，人们认为享乐式倾听是很随意、放松的，但事实上，享乐式倾听也有简单和复杂之分。如果人们的倾听仅仅为了放松一下高度紧张的神经，或者为了营造一种氛围，而不愿意也没有必要去领会和理解所听的内容和意境，那么这种倾听将是简单随意的，人们日常生活中大量的倾听均属于这种情况。如果人们的倾听是为了一种专业享受，那么这种倾听就成为了一种更加复杂的过程，比如听音乐会，必须在听的过程中试图理解音乐的主题、识别曲子的节奏、听出曲子的情绪等。

（二）按照倾听的专心程度分类

按照倾听的专心程度，可以把倾听分为投入型倾听、字面理解型倾听、随意型倾听、假专心型倾听和心不在焉型倾听5种类型。

1．投入型倾听

投入型倾听者在倾听过程中，思想高度集中，全神贯注，不仅能够用耳朵去倾听全部的内容和信息，而且能够用脑去思考、用心灵感受所倾听的内容和信息。也就是说，投入型倾听能够用全部身心进入对方的话语境界，既注重听懂对方的"话内音"，又注重听懂对方的"话外音"，不仅要倾听信息的主要内容和细节，而且要把复杂纷乱的内容变得有逻辑。

可以说，投入型倾听是一种最积极、最有效的倾听。由于投入型倾听需要耗费大量的脑力、精力和体力，所以倾听者很难在任何场合对任何内容都做到全身心的投入，只有当倾听内容非常重要、倾听者十分关注时，倾听者才会采用这种倾听方式，如企业员工倾听工资分配方案、重大问题决策、财务信息等。

2．字面理解型倾听

字面理解型倾听者在倾听过程中，对方怎么说，自己就怎么听，也不问其内在的隐含意义是什么，始终处于被动地位。这类倾听者通常只能听到表面意思，不能深刻体会到说话者实际要表达的想法。因此，在日常的人际沟通中，这类倾听者往往给人一种不得要领、迟钝的感觉。

3．随意型倾听

随意型倾听相当普遍，可以说，人们日常生活中的大量倾听均属于这种类型。一般来说，随意型倾听并不刻意追求倾听到全部信息，只是倾听信息的大致内容或梗概，目的在于把握信息的主题和中心思想，甚至是为了愉悦，或者是为了消磨时间。由于随意型倾听不需要耗费大量脑力和精力，也不需要倾听者对倾听的内容进行分析和评价，所以这类倾听常常是比较轻松的，如听体育新闻、音乐等。

4．假专心型倾听

在许多情况下，人们都是假装在听，虽然他们的眼睛也一直在注视着对方，甚至脸上还露出微笑，或不时点头示意，给人以倾听的印象，但事实上他们的思绪却可能在无目的地漫游，甚至早已跑到了千里之外。这种倾听者在听的过程中不做任何努力，虽然也能够听到说话者在说什么，但对说话者说了些什么知之甚少，所获得的信息毫无价值。

5．心不在焉型倾听

这类倾听者在倾听时总是心神不定、局促不安，甚至东张西望、左顾右盼，有时还会走来走去，或者不时地看表，好像很着急的样子。也有的倾听者在倾听时毫无表情，不管听到的内容是好是坏、是对是错，一概持漠不关心的态度。一般来说，当倾听者身体不适，或对倾听内容不太感兴趣，或有急事要做时，就可能对倾听内容表现出心不在焉的样子。若不是这样，那就需要倾听者必须认真反思一下自己，是否养成了不良的倾听习惯。

>>> 第二节 倾听的障碍及克服

一、倾听的障碍

人们似乎更倾向于彼此进行语言交流，而不是彼此去倾听。在倾听过程中，由于受到语言、环境、情感等众多因素的影响，倾听往往难以达到应有的效果。一般来说，倾听的障碍主要表现在下述几个方面：

（一）语言因素引起的障碍

语言在不同层次上影响着倾听过程：

（1）语言层次。语言是说话者表达观点和想法所使用的基本工具。使用不同的语言工具以及不同的语言背景和习惯，都会影响倾听的效果。

（2）声音层次。这是人们利用听觉器官接收说话者信号的层次，不同的音量、音调、语调等传递着不同的内容。

（3）语法层次。不同的语言表达方式、表达习惯会使同样的语言产生不同的表达效果，甚至意思完全相反。

（4）语意层次。这是说话者所要表达的原意层次。语意表达不明会给倾听带来障碍。

可以说，绝大多数倾听的障碍都与语言因素有关。例如，口头语言与身体语言不相符，当你说"3"时，却伸出了5个手指，如果倾听者注意到你的动作，必然会产生迷惑。又如，不恰当地使用专业术语，可能使不懂行的人完全丧失理解能力，如对大多数人来讲，"氯化钠"可能比较陌生，但一提到"食盐"则几乎人人皆知。

（二）倾听者引起的障碍

倾听者在整个交流过程中具有举足轻重的作用。不仅倾听者本人的知识水平、文化素质、职业特点、理解信息的能力直接影响倾听效果，倾听者对说话者个人的态度也会影响倾听效果。一般来说，来自倾听者本身的障碍主要表现在下述方面：

1．假装倾听

假装倾听即倾听者做出认真听的样子，时不时点头表示赞同，皱皱眉头表示反对，甚至也会说些类似"我知道""真有意思""是吗"的短评，但实际上他们并没有把注意力放在说话者那里。

2．急于发言

急于发言即倾听者迫不及待地打断对方以发表自己的想法，或者口里没说心里早已不耐烦了，这样往往不能把对方的意思听懂、听全。于是我们就经常会听到别人这样说："你听我把话讲完，好不好？"这正说明急于发言并不利于双方的沟通。其实许多时候只要认真听完别人的讲话，就会发现心中的疑问也已经消除了，不需发言了。

3．忙于记要点

忙于记要点即倾听者觉得应记下说话者所说的每一个字，于是在听的时候忙于记笔记，不幸的是，在说话者说到第三点时，他才给第一点画上句号，以致忽略了完整的倾听。

4．吹毛求疵

吹毛求疵即倾听者并不关注讲话者所讲的内容，而是专门挑剔讲话者的毛病，讲话者的口音、用字、主题、观点都可能成为倾听者挑剔的对象，倾听者甚至抓住某个细微错误而贬低说话者的风格和观点。这种个人的偏颇观念时常导致敌对情绪的产生，从而影响倾听。

5．缺乏耐心

缺乏耐心即倾听者过于心急，经常在说话者暂停或者喘口气时插话，帮助说话人结束句子，而往往忽略了说话者正要说的话题。

6．以自我为中心

以自我为中心即倾听者表现出过于自我的心态，对说话者的每个话题他都有意无意地以自己生活中的事件作回应。比如他会说："那让我想起，我……"这便打断了说话者的思路，甚至引开了话题。

　　7. 忙于私活

　　忙于私活即倾听者从倾听开始就没有停下手中的事情。他可能在谈话中拆信、接电话或整理办公桌，见此情景，说话者通常都会尽快结束谈话并离开。

（三）感情过滤引起的障碍

　　人人都爱听奉承，好听的话即使说得言过其实，也不会引起听者的反感，难听的话即使说得恰如其分，也不会给听者以满足。每个人都是选择自己喜欢听的来听，当某人说到一些自己想听的话时，我们会"竖"起耳朵，接收所有的信息，不管是真理、部分真理，还是谎言和谬误；相反，遇到所不想听到的内容时，会本能地排斥，也不管这些内容对自己是否有用。可以说，在倾听过程中，情感起到了听觉过滤器的作用，有时它会导致盲目倾听，而有时它排除了所有倾听的障碍——你会很满足从别人口中证实了自己的思想，并由此感到快乐。但要注意，运用感情过滤信息，有可能无法正确地倾听并理解说话者所讲内容的意义。

（四）心理定势引起的障碍

　　每个人都有自己的好恶，都有根深蒂固的心理定势和成见，与自己不喜欢或不信任的人交流时很难以客观、冷静的态度接收说话者的信息。比如，当一个自己讨厌的人在台上讲得手舞足蹈时，你会认为他太虚伪，是乱吹一气，因此不屑于听他讲话，甚至会东张西望，或用手不停敲打桌面，向对方发出"你有完没完，我已经不想听了"的信号。再比如，当一个平时比较啰唆的人要求与你谈话时，你会有心无心地听他讲，因为你会觉得他讲的许多都是废话，而这样会错过一些有用的信息。

（五）心智时间差引起的障碍

　　正常人大脑的运转速度极高，每分钟它能处理 500 个字词以上，而普通人的说话速度是每分钟 140 个字左右，这便产生了听者的心智时间差问题。为了填补这一段时间的空白，在听的同时，你的大脑很自然地会游走到其他的想法上去，但是当你回过神来时会发现这段时间你走神走得太远了而遗漏了许多重要的内容。应该说，这是正常心理反应的结果，但为了更好地倾听，这一过程还是应该控制的。

（六）性别差异引起的障碍

　　研究表明，男性和女性倾听的态度和方式是不同的。女性之间在谈话时常常是面对面坐、向前倾、有丰富的面部表情、给予直接的目光接触和鼓励性的声音。而男性之间在谈话时以有角度的方式坐着、姿态比较随和、保持较少的目光接触和面部表情，他们通常期待对方安静地倾听。于是，当男性和女性交谈时就有可能产生困难。如果女性在听时发出鼓励性的声音，男性会认为她真的同意他所说的话；事实上，女性只是表示自己在听而已。而在交谈中，女性如果发现男性没有口头或肢体语言的表示，则认为他们根本没有在听；事实上，男性认为他们的沉默正表示他们的专心。因此，男性和女性在交谈时，双方必须了解这种差异所造成的障碍。

（七）环境因素引起的障碍

任何沟通都是在一定的环境中进行的，环境因素是影响倾听效果最重要的因素之一。环境因素不仅包括客观环境因素，如谈话场所选择、环境布置、噪音大小、光照强弱、温度高低、气候状况、座位安排等，而且包括主观环境因素，如交谈双方的心情、性格、衣着及谈话人数、话题等。环境因素主要从 2 个方面影响倾听的效果：①干扰信息传递的过程，消减、歪曲信号；②影响沟通双方的心境。这正是人们为什么在沟通时很注重挑选环境的原因。比如，上级在会议厅里向下属征询建议，下属会十分认真地发言，但若是换在餐桌上，下级可能会随心所欲地谈自己的看法，甚至谈一些自认为不成熟的想法。上司在咖啡厅里随口问问下属西装的样式，下属会轻松地聊上几句，但若上司特地走到下属的办公室里发问，下属多半会惊恐地想这套衣服是否有违公司仪容规范。出现这种差别是由于不同场合人们的心理压力和情绪以及交谈氛围都大不相同所导致的。另外，说话者和倾听者在人数上的差异也影响倾听的效果。在交谈中，是一个人说话一个人倾听，还是一个人说话多个人倾听，或者多人说话多人倾听，这种不同的对应关系也会产生不同的倾听效果。当一个人说话一个人倾听时（如两人促膝谈心），会使倾听者感到自己角色的重要性，注意力自然集中；当一个人讲话多个人倾听时（如听课、听报告），会使倾听者感到压力较小，所以经常开小差；而当倾听者只有一位，说话者为数众多时（如多家记者向新闻发言人提问），那么倾听者将是全神贯注，丝毫不敢懈怠。

此外，由于倾听是感知的一部分，它的效果受听觉器官、视觉器官的限制，如果生理有缺陷，必然会影响倾听的效果。

二、克服倾听障碍的对策

尽管导致倾听障碍的因素多种多样，来源十分广泛，但就其对倾听效果的影响程度而言，倾听环境、倾听者、说话者无疑是最重要的 3 个因素。因此，克服倾听的障碍也应该从这 3 个方面做起。

（一）创造良好的倾听环境

倾听环境对倾听的质量和效果具有重要的影响，交谈双方如果能够选择并营造一个良好的环境，就能够在很大程度上改善倾听的效果。一般来说，良好的倾听环境包括以下内容：

1. 适宜的时间

如果有可能，可根据沟通的需要，慎重选择有助于倾听的时间和地点。某些人工作效率最高的时间是早晨，于是他们会把重要的汇报安排在早晨。对多数人来说，一天中心智最差的时间是在午餐后和下班前，因为在饱食后很容易疲倦，而人们在下班前不愿被过多的耽搁。因此，应尽量避免在这些时间里安排重要的倾听内容。另外，在时间长度上要尽量避免时间限制，如果你只有几分钟的时间，而这个谈话又很重要或很复杂，需要更多的时间，那么最好把它定在另一个时间段。这样做时你可向对方解释，说明你需要足够的时间深入地与他探讨，对方一般会很乐意与你重新确定谈话的时间表。

2．适当的地点

谈话地点的选择也很重要。选择的谈话地点必须保证交谈时不受打扰或干扰，要尽量排除所有分心的事，告诉秘书代为接听你的所有电话，或者摘下电话听筒，或者在门上挂一块免扰牌。另外，还要适当安排办公室的家具及座位，要使家具安放的位置不致妨碍行走，坐椅的摆放能够使交谈双方直接看到对方的眼睛，这样不仅能够集中交谈双方的注意力，而且易于观察对方的非语言表现。

3．平等的氛围

要根据交谈内容来营造氛围。讨论工作上重要的事情时，应该营造一个严肃、庄重的氛围；而在联欢晚会上，则要营造一个轻松的、愉快的气氛。要知道，同样的一句话在不同的氛围下传到倾听者耳朵里的效果是不同的。但不管哪种氛围的营造，都要遵循平等、信任、协调的原则，这样才能使谈话的氛围成为有利的条件，而不至于变成沟通的障碍。

（二）提高倾听者的倾听技能

倾听者是倾听过程的主体，倾听者的知识水平、理解能力、倾听态度以及精神状态等直接影响倾听的效果。因此，克服倾听的障碍，关键在于提高倾听者的倾听技能，可从下述方面入手：

1．完整、准确地接收信息

在交谈中，倾听者仔细聆听说话者说出的话是重要的，因为它告诉我们说话者在想什么。但是，好的倾听者不仅要倾听说话者说出来的信息，还要能够听出言外之意，即不仅要听说出的事情，而且要倾听某事是如何说出的。许多时候，人们的非语言行为透露了人们真实的意图，所以倾听时尤其要注意观察与语言表述相抵触的那些非语言行为。这样才能避免接受信息的偏颇和遗漏。为了完整、准确地接收信息，作为倾听者应该注意以下几点：①精心准备，要求倾听者在谈话前列出自己要解决的问题，以便于在谈话过程中注意倾听对方对这些问题的回答；②摘录要点，对于谈话中涉及的一些关键问题要一一记下来，可以适当重复对方的话来验证所获得的信息，也可以换个角度说明对方的信息，这既可以帮助你获得正确的事实，同时也是对说话者的一种反馈；③会后确认，在会谈接近尾声时，与对方核实自己的理解是否正确，尤其是关于下一步该怎么做的安排，这有利于自己按照对方的要求正确地采取下一步行动。

2．正确地理解信息

交谈双方文化水平、社会环境的差异常造成双方对同一事件的不同理解。产生误解的一大原因就是习惯思维。一个人在对问题的理解上总是先调动自己以往的经验，然后推测将来的发展趋势。因此，要防止误解的产生，倾听者要尽量做到以下几点：①从对方角度出发，考虑他的背景和经历，想想他为什么要这么说，他希望我听完之后有什么样的感受。倾听者要试着让自己掌握说话者的真正意图，而不是让说话者觉得谈话索然无味。②消除成见，克服思维定势的影响，客观地理解信息。一个人总会被自己的好恶感左右，喜欢某个人，只要那个人讲句话，不管对与错，都认为他讲的就是正确的；讨厌某个人，连见见面都觉得难受，更别说坐下来耐心听他讲话了。其实，这种倾听方式对双方的沟通会造成很大影响，容易使信息失真。③不要自作主张地将自己认为不重要的信息忽略，最好与信息发出者核对一下，看看自己对信息的理解是否存在偏差。可以说，有相当多的沟通问题都是由于倾听者个人对信息的任意理解而造成的。

3．适时适度的提问

虽然作为一个倾听者的主要任务是了解他人所说的话，但如果你能以开放的方式询问所听到的事，成为谈话的主动参与者，不仅有利于把自己没有倾听到的或没有倾听清楚的事情彻底掌握，同时也有利于讲话人更有重点地陈述、表达。

4．及时地给予反馈

说话者会根据倾听者的反馈作出适当调整，这样会更加有利于倾听，因此在倾听时对说话者的信息作出反馈是十分必要的。反馈可以是语言上的，也可以是非语言上的，但注意反馈应清晰，易于为人所了解、所接受。比如，问问题、查验信息，或以其他感觉和反应形式表达，都是较适当的反馈方式。当倾听者作出反馈时，说话者能根据倾听者的反应来检查自己行为的结果，从而知道自己所说的是否被准确接收、正确理解，由此决定接下来如何说和做。非语言性的反馈是由身体姿态、动作、表情来传达的，当你站、坐、皱眉、微笑，或者看起来心事重重时，都是在反馈给对方某些信息。

5．防止分散注意力

注意力分散是有效倾听的最大障碍之一。在倾听时使人分散注意力的因素很多，一定的生理疲劳会使人们感到厌倦，而其他的新异刺激也将人们的注意力转移到其他人或事上。除了周围噪音，演讲者的口音和方言也可能让倾听者分心；不感兴趣的主题或组织得不好的演讲，也会很快让倾听者失去热情而将注意力分散到其他事情上。但是，好的倾听者会排除干扰，并努力倾听说话者信息中的要点，可采用良好的坐姿，使自己保持在兴奋状态，帮助自己在倾听时克服分心。另外，适当记笔记也是保持注意力集中的好方法。

（三）改善讲话者的讲话技巧

一切沟通的技巧从本质上说只为两个目的服务，即让别人懂得你和让你懂得别人。如果你的谈话方式阻碍了其中任何一个目的的达到，你就步入了危险的沟通雷区。

讲话者常犯的毛病主要有四：①说话速度太快。高频率的长篇大论只会给人以喋喋不休的感觉，听众没有时间完全理解讲话者要表达的东西。②太注重细节。在说明一个问题的时候，总想把所有的细节都解释清楚，可是到了最后往往连自己也不知道要讲的中心问题是什么了。③过于紧张。有些人觉得在很多人面前发言是一件很可怕的事，并且因为紧张连发言也莫名其妙地颠三倒四起来。④对人不对事。"每次和同事有争执的时候，我都会觉得脑袋里的血呼地一下就往上涌了，然后我说出来的话就不那么理智，有点儿意气用事的味道了。"这也是人们经常会遇到的问题。

讲话者这些毛病和缺点的存在，直接影响着倾听的质量和效果，因此，作为谈话中的引导者，讲话者应该克服这些毛病，引导倾听者的兴趣，使他提高倾听效率。

三、有效倾听的技巧

有效的倾听既是一种技巧，又是一种极富警觉性与极费心思的历程。在面对面沟通的场合里，倾听不仅要做到"耳到"，还要做到"眼到""心到"与"脑到"。所谓"眼到"，就是要用眼睛去观察对方的表情、眼睛、手势、体态与穿着等，以判断他的口头语言的真正含义。所谓"心到"，就是要以换位思考的态度站在沟通对方的立场与角度，去体会他的处境与感受。所谓"脑到"，就是要运用大脑去分析对方的动机，以便了解他的口头语言是否话中有话、弦外有音。

听是一种生理反应和行为，倾听则是一种艺术，有效的倾听能够使人不需要出声就达到沟通的目的，正所谓"此时无声胜有声"。然而，真正懂得倾听的人不及 25%，人们对于那些真正应该关心的信息，常常不是漏了，就是扭曲或误解了。因此，掌握倾听的方法和技巧，就成为培养和提高倾听技能的重点和关键。

（一）努力培养倾听的兴趣

在倾听时，倾听者既要保持良好的精神状态，又要以开放的心胸和积极的态度去倾听，这样不仅能够倾听到谈话的主要内容和观点，而且能够很容易地跟上说话者的节奏。即使自己对说话者所说的话感到失望，也要努力试着倾听正面的及有趣的信息。一个高效的倾听者，常常会在倾听过程中思考以下问题：说话者谈论的主要内容和观点是什么？采取了什么样的表达方式？哪些内容和观点对自己具有借鉴价值？从说话者身上自己能够学到什么？这些问题不仅能够帮助倾听者培养倾听的兴趣，而且能够让倾听者从倾听过程中学到很多东西，这正是所谓的"从听中学"。但遗憾的是，人们在倾听时总是以自己的好恶进行取舍，只愿意听自己感兴趣的，而对自己不感兴趣的往往是充耳不闻。事实上，在交谈过程中，"没有无趣的主题，只有无趣的人"，关键在于自己能否培养出兴趣。

（二）注视对方的眼睛

眼睛是心灵的窗户。一位细心、敏感的倾听者会适当注视对方的眼睛，保持与说话者的目光接触，而不是看窗外、看天花板，或者看对方肩膀后面。如果直视他人的眼睛很困难的话，也可以用弥漫性的目光注视对方的眼睛周围，如发际、嘴、前额、颈部等。目光接触是一种非语言信息，表示"我在全神贯注听你讲话"。试想一下，如果你在说话时对方却不看你，你的感觉如何？很可能认为对方冷漠或不感兴趣，即使有重要的话题也不愿意再继续下去。

（三）了解对方的看法

倾听时可以不同意对方的看法，但至少要认真接纳对方的话语，点头并不时说"原来如此""我本来不知道"，鼓励对方继续说下去。说不定他说的是正确的，或许也可以从中获益。如果你不给对方机会，就永远也不知道对不对了。

（四）使用开放性的动作

人的身体姿势会暗示出对谈话的态度和兴趣。自然开放性的姿态代表着接受、容纳、尊重与信任。调查研究发现，攻击的、恳求的、不悦的声调以及弯腰驼背、手臂交叠、翘脚、眼神不定等肢体语言，都代表并传递着负面的信息，并影响沟通的效果。所以，在倾听过程中，使用感兴趣的、真诚的、高昂的声调会使人自信十足；恰当的肢体语言，如用手托着下巴等，也会显示出倾听者的态度诚恳，这些都能让说话者感受到倾听者的支持和信任。

（五）及时用动作和表情给予呼应

高效的倾听者不仅会对听到的信息表现出兴趣，而且能够用各种对方能理解的动作与表情及时给予呼应和反馈。例如：用赞许性的点头、恰当的面部表情，与积极的目光接触相配合，向说话者表明你在认真倾听；利用皱眉、迷惑不解等表情，给说话者提供准确的反馈信息以利于其及时调整。

（六）学会复述

复述是指用自己的话来重新表达说话者所说的内容。高效的倾听者常常使用这样的语言："我听你说是……""你是否是这个意思？""就像你刚才所说……"之所以要重新表达说话者所说的话，是因为：①它是核查你是否认真倾听的最佳监控手段。如果你的思想在走神或在思考你接下来要说的内容，你肯定不能准确复述完整的内容。②它是精确性的控制机制。用自己的语言复述说话者所说的内容并将其反馈给说话的人，可以检验自己理解的准确性。③复述对方说过的话，既表示了对说话者的尊重，同时又能够用对方的观点来说出自己的想法。这样，倾听者不仅能够赢得说话者的信任，而且还能够找到沟通语言，从而拉近彼此之间的距离。但是，需要注意的是，复述如果运用不当往往会被看作是对说话者的一种不信任。可见，复述需要掌握一些技巧，如运用表情、体态来说明你并非怀疑，而只是想证实一下自己倾听到的与说话者所要表达的是否相符合。

（七）适时适度的提问

作为一个倾听者，尽管其主要任务在于倾听他人所说。但是，如果倾听者能以开放的方式询问所听到的事，成为谈话的主动参与者，就会增进彼此间的交流和理解。可以说，提问既是对说话者的一种鼓励，表明你在认真倾听，同时也是控制和引导谈论话题的重要途径。提问既有利于倾听者把自己没有倾听到的或没有倾听清楚的事情彻底掌握，同时也有利于讲话人更加有重点地陈述、表达。但需要注意的是，提问必须做到适时适度，要多听少问，如果倾听者满脑子考虑的是如何问问题，或提问像连珠炮似的，问起来没完没了，那么这种提问就失去了应有的价值，还会引起说话者的反感和不满。

（八）抑制争论的念头

沟通中难免会出现不同的认识和看法，当自己的意见和看法与别人不一致的时候，倾听者一定要学会控制自己的情绪，尽量抑制内心争论的冲动，要有耐心，放松心情，一定要等对方把话说完，再来表达自己的看法和见解。高效的倾听者绝不会随意打断对方的谈话，更不会轻易动怒或争论。要记住，倾听的关键是"多给别人耳朵，少给声音"，倾听的目的是了解而不是反对或争论。

四、倾听中应注意的问题

倾听是一项最值得重视的沟通技巧。但是，很多人却不愿意在如何有效地倾听上下工夫，出现这种状况的原因之一是多数人对自己听的能力都有较强的自信。事实上，实际情况可能正好相反，原因就在于人们对倾听能力的培养存在错误想法，认为倾听能力是先天的，大多数人很难相信倾听能力是后天学习而来的。实际上，有效的倾听必须通过学习才能提高。然而，很少有人关注积极的倾听训练。以下是关于积极倾听的建议：

（一）不要多说

大多数人乐于畅谈自己的想法而不是聆听他人所说。很多人之所以倾听仅仅因为这是能让别人听自己说话的必要付出。尽管说话可能更有乐趣，而沉默使人不舒服，但我们不可能同时做到听和说。一个好听众知道这个道理，能够做到多听少说甚至不说。你一旦说话就无法倾听。

（二）不要轻易下结论

对说话者的肢体语言、面部表情或音调所传递的信息，如果自己心存疑惑，最好开口问问，如果不好意思问的话，也可以用非语言方式表达出自己的想法。不能凭借自己听到的只言片语轻易下结论，一定要把说话者的真正目的和意图了解清楚后再作出判断。

（三）不要心存偏见

人们在与别人沟通交流之前，总是以自己的主观印象或思维定式来推测对方的动机，戴着有色眼镜和偏见去看待别人，结果是对方还没有开口说话，自己就表现出了不想听、不耐烦或不感兴趣，从而错过了倾听一些有用的或重要的信息。因此，倾听时应尽量不心存偏见，要诚实地面对、承认自己的偏见，并且倾听对方的观点，容忍对方的偏见。

（四）不要臆测

臆测是指倾听者在倾听过程中凭着自己的主观臆断对说话者的话进行推测或猜测。臆测是沟通的障碍，它常常会使人产生曲解或误解。所以，倾听者要尽力避免对别人进行臆测。虽然有时候臆测可能是正确的，但是也应尽可能避免臆测。

（五）避免分心的举动或手势

在倾听时，注意不要进行下面这类活动：看表，心不在焉地翻阅文件，拿着笔乱写乱画等。这会使说话者认为你很厌烦或不感兴趣。更重要的是，这也表明你并未集中精力，因而很可能会遗漏一些说话者想传递的重要信息。

（六）不要中途打断说话者

打断别人的话表示你要说的比对方的还重要。即使对方在反复说那几件相同的事，奉劝你还是要耐心等候，这样做的收获会比插嘴说话的收获要多得多。倾听者一定要让说话者讲完自己的想法，当他说完时你就会知道他说的是否真的没有价值。

>>> **第三节 倾听中的提问与反馈**

一、倾听中的提问

提问能使倾听更具有含金量。在倾听过程中，恰当地提出问题，与对方交流思想、意见，往往有助于人们相互沟通。沟通的目的是为了获得信息，是为了知道彼此在想什么、要做什么。适时适度的提问，不仅能够促进、鼓励说话者继续谈话，从对方谈话的内容、方式、态度、情绪等方面获得更多的信息，而且能够促进双方和谐关系的建立，因为这样的提问往往有尊重对方的意味。

（一）提问的类型

从不同的角度，按照不同的标准，可将提问划分为多种类型。例如：从回答问题的角度，可将提问划分为开放式与封闭式提问；从提问内容的角度，可将提问划分为明确性提问、相关性提问、选择性提问等；从提问功能的角度，又可以将提问分为激励性提问、证实性提问等。某一种提问，既可能是开放式提问，也可能是相关性提问。为了简单起见，我们在此将提问大致归纳为以下类型：

1. 开放式提问

开放式提问是指被提问者在回答提问时，不能用简单的"是"或"不是"、"对"或"错"来回答，必须经过思考并展开来加以解释。这种提问方式能够帮助提问者了解更多的情况和事实，同时回答者也有更多、更自由的发挥空间。开放式提问常采用 "什么""谁""如何""什么地方""什么时间""为什么"这样的特殊疑问词，如"你对这个有什么看法""公司今年的销售业绩如何"等，对这些问题，回答者显然不能用"是"或"不是""对"或"错"来回答，只能展开来加以解释。一般来说，开放式提问可分为2种类型：①阐述性问题，即要求回答者作出阐述性的回答，这类问题往往是一些积极的问题，通过提问与回答，沟通双方能加深相互的理解，更好地协调。例如："你知道今天报纸有什么消息吗？""那部电影对倾听者有什么影响？"②辩护性问题，即要求回答者为自己的观点辩解，具有挑战性，很可能使沟通双方建立完全对立的关系，站在相反的立场上。提问者在提出辩护性问题时，一定要注意语气语调，因为提问的目的在于鼓励对方进一步说下去，达到有效沟通，而不是使之成为对立面。例如："为什么不采取这种方式？""为什么说采用这种方式会对公司产生不利影响？"

开放式提问既有优点也有不足，开放式提问气氛缓和，可自由应答，可以作为谈话中的调节手段松弛一下神经。同时，开放式提问也可作为正式谈话的准备，如"最近怎样"，为后面开始实质问题的交谈作了铺垫。但开放式提问也有缺点，如果所提问的开放式问题范围较大，回答者在自由发挥的情况下有可能偏离谈话的主题，导致谈话效率降低。

2. 封闭式提问

封闭式提问是指被提问者在回答提问时能够用简洁的语言来回答，如"是"或者"不是"、"对"或者"不对"等，回答结果往往可控制，或者与预期结果相近。企业在进行市场调查和顾客访谈时，为了既了解更多的信息又减少被访谈对象回答问题所占用的时间，常常提问一些封闭式的问题，如"您是否消费过我们的商品？""您对我们的服务是否满意？""您打算下次购买吗？"对这些提问，顾客只要简单地给予回答，就能使企业了解或掌握相应的情况和信息。比较来说，封闭式提问使用机会较多，其优点是可以控制谈话及辩论的方向，同时可以引导和掌握对方的思路，但运用不当会使人为难，气氛容易紧张。因此，使用封闭式提问时一定要注意环境、场合、口气，尽量避免语气生硬，或过分锋芒毕露。

3．明确性提问

明确性提问是指提问的问题已经有了明确的答案，被提问者只需要按照事先已经明确规定的内容进行回答即可。例如，"请你把电视机的使用方法说明一下"，或"请你介绍一下该机器的基本原理"等，都属于明确性提问。由于明确性提问有规定的参考答案，不需要回答者自由发挥，因此回答这类提问相对来说比较简单。在管理沟通过程中，若需要了解某一方面的知识和信息，而这种知识和信息已经有了明确的规定或表述，则可以通过明确性提问的方式来获得。

4．相关性提问

相关性提问是指对两件事物间的相互联系性进行提问，如"最近发生的几件事情对本公司的声誉有何影响？""公司所采取的工资分配方案会在员工中产生什么反响？"相关性提问的目的在于探索事物之间的内在联系，使人们在思考或处理问题时能够从动态的观点、联系的观点出发，避免用静止、孤立的观点看问题。一般来说，为了使谈论的话题有所展开，或者对说话者的观点、看法给予引导，或者探讨事物之间的内在联系，经常使用相关性的提问。但如果相关性提问运用得不好，也可能使谈话偏离主题，最终失去交流的意义。

5．选择性提问

选择性提问是指提问者提出一系列相互关联的问题，供回答者有所选择地回答，如"最近公司员工纪律松懈，你认为主要原因是什么？工资偏低？制度不健全？工作压力太大？还是别的什么原因？"对这些问题，回答者可以全部回答，也可以就某一个问题提出自己的意见和看法。提问者所提的选择性问题，既可以是彼此独立的，也可以是相互关联的。在沟通过程中，运用选择性提问的主要目的在于鼓励被提问者多方面地考虑问题，通过其选择性的回答来获得更多的信息。

6．证实性提问

证实性提问是指提问者对说话者的一些讲话内容所进行的提问，如"你是说我们公司正在准备进行一场重大的变革？""你的意思是我们应该与顾客加强沟通？"运用证实性提问的目的在于向说话者传递这样的信息：①表明自己在认真倾听，听到了对方提供的信息；②检验自己所获得的信息是否准确、可靠；③表明自己对说话者提供的信息很感兴趣或非常重视；④显示自己对说话者的信任和尊重。在交谈过程中，恰当地运用证实性提问不仅能够给对方留下良好印象，而且能够使交流进一步深入。

7．激励性提问

激励性提问是指提问者运用激励性的语言来提出问题，其目的在于激励对方或给予对方勇气。根据激励的性质的不同，可以把激励分为正向激励和负向激励。所谓正向激励，就是通过表扬、鼓励、肯定性的语言来进行激励，如"领导认为你的工作能力很强，让你负责这项工作绝对没有问题，不知你的意见如何？"正向激励能够让被激励者感到心情愉快、舒畅。所谓负向激励，就是利用批评、惩罚、否定性的语言来进行激励，即利用激将法进行激励，如"就凭你的能力，领导不敢把这项工作任务交给你，担心你完不成这么重要的工作任务，你认为呢？"负向激励能够让被激励者感到鞭策和压力。值得注意的是，在谈话中应尽量多运用正向激励，少运用负向激励。负向激励如果运用得不好，很可能让人产生逆反心理，甚至适得其反。

8. 假设性提问

假设性提问是指提问者运用假设性的语言提出问题，让回答者回答，如"如果是你的话，你会怎样处理这件事情？"运用假设性提问的主要目的在于鼓励对方从不同的角度思考问题、处理问题，让对方换位思考，通过变换看问题的角度来进一步加深对问题的理解和认识。一般情况下，为了征求别人对某些问题的认识和看法，或者为了消除某些不正确的理解和认识，或者为了处理某些矛盾和分歧，通常会采取假设性提问的方式提出问题。

（二）提问的技巧

提问应掌握一些必要的技巧。恰当的提问能够给倾听的效果锦上添花，而不适宜的提问不仅使倾听的过程变得本末倒置，而且还有可能带来许多矛盾和问题，甚至引起别人的厌烦和不满。概括而言，要做到适时适度的提问，需要注意以下方法和技巧：

1. 提出的问题要明确

进行有效提问是沟通双方共同的责任，因为它可以使双方受益，即双方都能从提问和回答中获得对事物更深刻的认识。但不管谁来提问，提出的问题一定要做到明确具体。这里所说的明确具体，既包括表述问题的词义明确具体，便于理解，也包括问题的内容明确具体，便于回答。如果提出的问题含混不清或过于抽象，不仅回答者难以回答，还有可能造成曲解或误解。另外，在提问时还要尽量语言精练、观点明确、抓住重点。在很多情况下，人们在提问之前总愿意加上一些过渡性的语言来引出自己所提的问题，这里需要说明的是，过渡性的语言一定要精练、简短，不要过于啰唆，否则的话，回答者可能还没有听到你的提问就对问题或你本人产生了反感。

2. 提出的问题要少而精

恰当的提问有助于双方的交流，但太多的提问会打断说话者的思路，扰乱其情绪。至于提多少问题比较合适，不可一概而论，要根据谈话的内容、交谈双方的个人风格特点来考虑。如果你有爱问问题的习惯，在交谈时一定要控制自己提问的数量，最好做到少问或者不问问题；如果你从不愿意问问题，在与别人进行交流时最好预先设计一些问题，到时尽量把它提出来，以锻炼自己的胆量和勇气。但是，不管你具有什么样的个人风格和特点，在交谈时都必须牢记一点，那就是多听少问。

3. 提出的问题应紧扣主题

提问是为了获得某种信息，问什么问题要在倾听者总目标的控制掌握之下，要能通过提问把说话者的讲话引入自己需要的信息范围。这就要求提出的问题要紧紧围绕谈话的内容和主题，不应漫无边际地提一些随意而不相关的问题，因为这既浪费双方时间又会淡化谈话的主题。

4. 提问应注意把握时机

提问的时机十分重要，交谈中如果遇到某种问题未能理解，应在双方充分表达的基础上再提出问题。过早提问会打断对方思路，而且显得十分不礼貌；过晚提问会被认为精神不集中或未能理解，也会产生误解。一般情况下，在对方将某个观点阐述完毕后应及时提问。及时提问往往有利于问题的及时解决，但"及时提问"并不意味着反应越快越好，最佳的时机还需要倾听者灵活地捕捉。如果在不适当的时机提出问题，可能会带来意想不到的损失。

5．提问应采取委婉、礼貌的方式

提问要讲究方式，避免使用盘问式、审问式、命令式、通牒式等不友好、不礼貌的问话方式和语态语气。如果交谈的气氛较为紧张，有些人会对他人的行为、语调或话语产生防卫性反应。解决方法之一就是用开放性、友好的问句代替"为什么"型的问题。简单地问一问"为什么"易被看成是威胁性的。换句话说，为避免造成紧张的防卫气氛，我们最好不用"你为什么没准时到？"而说"你没能准时到场，以后如果再有类似情况，你事先通知我们一声好吗？"

此外，提问还应适应对方的年龄、民族、身份、文化素养、性格等特点。有的人率直热诚，你应坦诚直言，否则他会不喜欢你的狡猾、不坦率；相反，有的人生性狡黠多疑，你最好旁敲侧击，迂回进攻，否则很可能当即"碰钉子"。

二、有效反馈

每个人每天都在要求别人给予反馈，也都在对别人作出一定的反馈。反馈是有效倾听的一个重要组成部分，如果只是"倾听"而毫无反馈，对于信息提供者来说就好比是"对牛弹琴"。有效反馈是有效倾听的体现，在管理过程中，管理者通过倾听获得大量信息，并及时作出有效反馈，这对于激发员工的工作热情、提升工作绩效具有重要作用。不仅如此，反馈还能把谣言减少到最低限度，因为谣言的产生往往是由于不能及时得到准确消息。另外，有效反馈还能够建立领导和员工们之间的有力联系，更能防患于未然。

（一）反馈的类型

反馈的类型多种多样，可以从不同的角度或按照不同的标准对其进行划分。概括而言，常见的反馈大致包括回应、判断、分析、提问和复述等5种类型。

1．回应

回应就是对所获得的信息作出回答和反应。回应具有多种途径和形式，它可以是语言、非语言的，也可以是正式、非正式的。其中，语言形式的回应通常以口头或书面的方式对所获得的信息作出反应；非语言形式的回应通常由身体姿态、动作、表情来传达，站、坐、皱眉、微笑或者看起来心事重重，事实上都在回应某些信息。正式的回应通常以报告、会议的方式来表现；而非正式的回应则通常借助闲聊的方式作出反应。

2．判断

判断即对所获得的信息加以评价和判断，如："这样做很好！我赞成这种做法。""你的观点是错的，我不同意你的看法。"这些都属于判断。可以说，不管人们的知识水平、思想观点以及认识程度如何，在沟通过程中，人们都在利用自己的知识、经验及阅历对所获得的信息进行判断。由于人的情况千差万别，知识、经验各不相同，因此人们对同一问题的看法也会有很大的差别，这也是人们认识存在差异的主要原因。

3．分析

分析即对所获得的信息加以分析。在沟通过程中，所传递的信息是大量的，人们不可能也没有必要对所有的信息照单全收，而且也不是所有的信息都是有价值的。这就需要倾听者对接收的信息进行分析，去粗取精、去伪存真。只有这样，才能更好地利用信息，而不仅仅是倾听信息。

4．提问

提问是一种非常重要的反馈方式。在提问时，首先要明确有哪些提问方式，然后要了解通过这些提问方式会获得什么样的反应。这样才能以适当的提问方式去激发别人"倾诉"的热情，从而获得良好的倾听效果。

5．复述

复述即通过对有关信息的重复核实，来验证所获信息正确与否，这有助于向信息提供者表达自己的兴趣所在。需要注意的是，在利用复述的方式进行反馈时，一定要抓住重点，避免过多的复述，否则会给人留下语言啰唆、累赘的印象。

（二）反馈应注意的问题

在倾听过程中，有效反馈可以起到激励和调节的作用。但要做到有效反馈，不仅需要沟通双方努力创造良好的沟通氛围，建立起相互信任的关系，而且还要注意以下几点：

1．反馈语言要明确具体

反馈要使用具体明确、不笼统抽象和不带有成见的语言，如"你的任务完成得很好啊"就不如"这次会展的组织工作非常好，达到了我们预想的目的"，后者更明确具体。有时人们只顾把自己的结论反馈给对方，却忘记了有义务和责任提供更多的细节。如果人们接收到不明确的反馈，可以再对之反馈，以引导谈话向更有利于信息交流的方向发展。例如，当你听到对方的反馈为"你的任务完成得很好"这样不太明确的评价时，可以这样反馈："你认为这次任务成功在哪里？有什么需要注意的吗？"进行这样的有效反馈是双方共同的责任，也可使双方受益，能使双方共同获得对事物的更深认识。

2．反馈的态度应是支持性的和坦诚的

反馈的态度应是支持性的和坦诚的特点反映了反馈过程中人性化的一面，它有助于沟通双方建立起理解和信任的关系。反馈要明确具体，但不能不照顾对方的感受。真正的双向沟通和反馈，是一个分享信任、取得共识的过程，而不是其中一方试图主导交流或评审对方的过程。要达到沟通的目的，必须把对方置于与自己同等的地位，任何先入为主的、盛气凌人的做法都是不可能被接受的。例如，一位经理当着大家的面对一位下属的报告进行这样的反馈："你的报告提交得太晚了，不仅如此，字号还小得像蚂蚁一样。重新打印一份马上交给我！"反馈虽然具体明确，但却完全没有心理上的平等沟通，因而是无法与对方建立起信任和理解的关系的。

3．营造开放的氛围，避免引起防卫性的反馈

在沟通过程中，开放坦诚的氛围不仅有助于加深彼此之间的理解与交流，而且有助于调解矛盾和冲突。因为在建设性的、满意度较高的气氛中，尽管人们持有不同意见，但他们对事不对人，是在共同向需要解决的问题挑战。而防卫性气氛却没有积极作用，它往往

将人们导向批判的、对立的价值体系中去。

4. 把握适宜的反馈时机

一般情况下，应给予对方及时的反馈。及时反馈往往有利于问题的解决，否则矛盾逐渐积累，会越发不可收拾。但是及时反馈并不意味着立刻作出反应，还必须灵活地捕捉最佳时机。有时需要及时反馈，而有时反馈应在接受者准备接受时给予，如当一个人情绪激动、心烦意乱、对反馈持有抵触心理时，就应推迟反馈。反馈时机还与谈话者言语中所带的感情有关。善于反馈的人能识别对方言语中哪些是真情实感，哪些是表面情绪，而只对对方的真诚情感进行反馈。

5. 反馈必须适度

尽管反馈在沟通中十分重要，但反馈也必须适度，因为不适当的反馈会让对方感到窘迫，甚至产生反感。如果以判断方式作出反馈，这类判断最好保持中立态度，不要简单地评论，如"这简直是大错特错！"另外要记住的是，反馈只能是反馈，不能直接作为建议，除非对方有这样的要求。

≫ 练习与思考

1. 什么是倾听？它有哪些意义和作用？
2. 一般而言，倾听的过程包括哪些阶段？
3. 简述倾听的类型。
4. 倾听的障碍有哪些？怎样才能克服这些障碍？
5. 反馈应注意哪些问题？

≫ 课堂活动

倾听能力测评

对下面的问题，请选择一个最能表达你自己真实想法或做法的答案。

1. 努力回忆一下你最近一次倾听讲话或情况介绍时的情景，看看哪一点与你的情况最符合。（   ）

    A. 我拒绝浪费时间去倾听一次令人乏味的演讲。

    B. 我很善于倾听，即使是位乏味的人也能讲一些有价值的东西。

    C. 除非我觉得演讲实在不错，否则我将一边假装在听，一边去做些其他事。

    D. 我努力总结出说话者真正想说些什么，这样就迫使我认真听。

2. 你的下属或上司或者你的家人是如何评价你的倾听能力的？（   ）

    A. 我心不在焉。

    B. 我没有听。我总要人重复他们刚说的话。

    C. 我看起来没有听，实际上一个字也没听漏。

    D. 我专心致志。

3. 某人讲话口音很重，很难懂。你最可能怎么办？（　　　）
   A. 请他重复一下。
   B. 停止听讲。
   C. 努力去听懂一些话，然后将其余的猜出来。
   D. 非常仔细地听——也许做笔记或录音，因此我可以再听一遍。

4. 在一次谈话中，某人说了如下的一些话。你最可能接受哪一句？
   A. 我并不害怕在大庭广众之间说话。只是有几次该我站起来讲话的时候，我的嗓子哑了，运气真不好。
   B. 我想提升他是再合适不过了。如果我来决定的话，这就是我要提升的人。
   C. 我真的不知道怎样回答那个问题。我从来没有费心去考虑过。
   D. 你能用更简单的语言再将它解释一下吗?我对它了解不多。

5. 某人说话声音很低。很可能表明此人的什么情况？（　　　）
   A. 想努力掩饰他的一个错误。
   B. 害羞。
   C. 嗓门低。
   D. 和附近一位大声说话者形成对比——这迫使人们仔细听。

评分标准：

题目＼选项	A	B	C	D
1	1	3	2	4
2	1	2	3	4
3	2	1	3	4
4	1	2	3	4
5	3	2	1	4

结果评价：

如果你的得分在 16～20 分之间，表明你很注意倾听那些明显的要点，也很注重了解其中的含意。你是位很好的倾听者，具有较强的倾听能力。

如果你的得分在 10～15 分之间，则表明你的倾听能力一般。当下属告诉你一件事情时，你开始会显示出倾听的兴趣；但当你认为下属的讲话不重要时，你就有些心不在焉。

如果你的得分在 5～9 分之间，则表明你是个糟糕的倾听者，你必须加强倾听能力的培养和训练。

>>>

案例分析

人事处罚引起的矛盾

张先生是一位已有 5 年工龄的模具工，他工作勤奋，爱钻研。半年前，张先生利用业余时间自行设计制作了一套新型模具，受到设计部门的嘉奖。为了赞扬和鼓励张先生的这种敬业精神，当时的生产部主任王先生特别推荐他上夜校学习机械工程学。从那以后，张先生每周有三天必须提早 1 小时下班，以便准时赶到夜校。这也是经原生产部主任王先生特许的，王先生当时曾说过他会通知人事部门。

然而，上周上班时，张先生被叫到现任生产部主任鲁先生的办公室进行了一次面谈。鲁先生给了他一份处罚报告，指责他工作效率低，尤其批评他公然违反公司的规定，一周内三次早退，如果允许他在公司继续如此工作下去，将会影响其他员工。因此，鲁先生说要对张先生进行处罚，并警告说照这样下去他将被解雇。

张先生接到处罚报告后感到十分委屈。他曾试图向鲁先生解释缘由。然而，每次鲁先生都说太忙，没有时间同他交谈，只告诉他不许早退，并要求他提高工作效率。张先生觉得这位新上司太难相处，不禁感到万分沮丧。

讨论：

1. 张先生和鲁先生之间是否产生了倾听障碍？这是张先生的问题还是鲁先生的问题？或是前任上司或人事部门的问题？

2. 如果你是张先生，你会怎么办？

第 三 章

口头表达

【知识目标】

    掌握口头表达的含义及特点。

    理解口头表达的基本原则。

    掌握即兴发言的种类及使用场合。

    掌握交谈的话题、特点及基本礼节。

    理解演讲的目的和特点。

    了解演讲的基本过程及要求。

【技能目标】

    掌握并运用交谈的基本方法。

    把握交谈的禁忌与技巧。

    熟练运用演讲的方法和技巧。

>>> 第一节　口头表达概述

    口头表达是非常重要的沟通方式，也是最直接的沟通方式，大多数信息是通过口头表达传递的。所谓口头表达，就是为了实现沟通目标而运用口头语言进行表情达意的活动。

    作为一种重要的沟通形式，口头表达所涉及的对象非常广泛，可能是公司的雇员、社区居民、商业机构、专业组织，还可能是政府代表。其沟通方式也十分灵活多样，可以是单独发言、两人交谈、小组座谈，也可以与组织进行磋商、在群体中雄辩，还可以发表演讲；可以是非正式的聊天，也可以是即兴发言。

一、口头表达的特点

（一）有声性

    口头表达主要依靠声音，依靠每个字的字音和整句话的节奏快慢及各种特殊的语调来表情达意。因此，口头表达是由语音表现的音节、词、句构成的语言沟通系统。

（二）即时性

口头表达的即时性特点表现在 3 个方面：①口头表达的突发性较强，想说就说，对话语的组织往往缺少仔细考虑，因而句子短，结构简单甚至不太完整，有重复，有脱节，有补充，有冗余。②传递速度快，话语一旦说出就难以收回。③反馈及时。如果接收者对信息有疑问，可以进行迅速反馈，使说话者及时检查表达中不够明确的地方，并加以解释或更正。

（三）情景性

口头表达是面对面的交流，有其特定的情景性。在交流过程中，许多意思不仅可以言传，而且可以借助情景意会，有时说话者只要说出个别词语就能替代全句，甚至一种面部表情或沉默不语都能使接收者理解说话者的思想和感情。

（四）多变性

口头表达会受到环境、气氛、场合、心理等众多因素的影响，因此在对话、磋商以及演讲中常有可能出现意想不到的情况，这就要求讲话者必须善于随机应变。

（五）复合性

口头表达是一种同时使用语言因素和非语言因素的复合行为，说话者在表达中不但要借助手势、表情等非语言的帮助，还要察言观色，观察对方的动作和表情。对于接收者来说，倾听别人口头表达也是一种眼耳并用的复合行为。

（六）失真可能性

口头表达在传递信息的过程中存在着较大的失真可能性。每个人都以自己的偏好接收和理解信息，并以自己的方式解释信息，当信息传递到终点时其内容往往与初始时有了很大变化。可以说，口头传递信息经过的层次越多，信息失真的可能性也就越大。

二、口头表达的原则

口头表达主要使用语言进行沟通。人们使用语言将自己的思想、感情、信息发送给另外一个人或一些人。为了使口头表达达到应有的效果，口头表达必须遵循下述一些基本原则：

（一）充分准备

为了正确地表情达意，在口头表达之前必须做好充分的准备，主要有二：①把说话的内容在脑子里酝酿好，重要的内容要考虑得更加细致，对于哪些话先说、哪些话后说，说到什么程度，哪些话该说、哪些话不该说，采取什么方式进行表达，这些都应该做到心中有数；②做好运用非语言手段的准备，应根据表达内容和对象的不同将情绪调整到最佳状态，以更好地补充和完善口头表达的内容。

（二）主题明确

主题是语言表达的中心思想。写文章要有明确的主题，如果没有明确的主题而只有华丽的辞藻，这篇文章仍是失败的。不仅文章需要有明确的主题，开会、演讲、比较正规的交谈也应该有明确的主题。没有主题，交流就不能深入，接收者只感受到一大堆支离破碎的语言刺激，起不到沟通的效果。当然，在一些非正式沟通场合，思想可以放开一些，形式可以灵活一些，这有利于缩短沟通双方的距离，但主题仍是要明确的。

（三）语言简洁生动

口头表达对语言的要求是适合环境、准确、通畅、简洁、生动。语言必须适应内容、服务内容，要根据不同的内容采用不同的语言形式、表达风格、语气、语调和语态。口头表达是在特定的环境中与特定的对象的语言交流，交流的成败主要看听众是否听得懂、愿意听、受感动、有收益。因此，语言还必须适应听众。口头表达总是在一定的场合下进行的，因此应该针对不同的场合选用不同的语言，说话者要善于根据环境选用恰当的语言形式。为此，口头表达需要注意以下几点：①准确。遣词造句不要模棱两可，避免使用似是而非的语言、隐晦艰涩的词语、不恰当的比喻和不准确的概念。②简洁。切忌烦琐、拖拉和说闲话、废话、碎话，要把事物中最本质的东西提炼出来，用最简明的语言概括出来，使语言做到凝重有力、意味深长。③生动。口头表达要具有活力，能感动人，要善于汲取当时当地的语言，使语言风趣幽默，避免呆板、僵死、枯燥、凝固的语言，以及官话、老话、空话、套话等。

（四）注意语气和语调

同样一句话用不同的语调表达出来，不仅可以表达不同的意思，而且取得的效果也大相径庭。同样是一句赞美别人的话语，用平和而诚挚的语调说出来会使人感到高兴和自豪；而用阴阳怪气的语调说出来就会使人感到讽刺和挖苦。

（五）谨慎和留有余地

事物是复杂的、多变的，任何人都不可能将其完全了解清楚，所以在口头表达时就要采取谨慎的态度。有时即使做到了谨慎，说出的话与事物的实际还是有差距的。况且，说话是给别人听的，接收者情况各异，能否接受，接受多少，怎样理解，这些都需要说话者在说之前仔细考虑。所谓留有余地，是指不要把话说得太绝，要根据一定的场景和对象说话，点到为止。

（六）善于倾听

善于说话的人首先要善于倾听。与别人交谈，最重要的是先听清楚别人所说的话，然后再表达自己的意思。由于说话的方式多种多样，说话者可以将自己的思想明确地表达出来，也可以不明确地表达出来，而是将含义隐藏在话语中，所以交谈时必须先动脑筋弄懂对方说的每句话所包含的全部内容，这样才能有的放矢地表达出自己的意见。

三、口头表达的种类

（一）交谈

交谈是指两个或两个以上的人的谈话或对白。交谈的运用范围相当广泛，诸如交流思想、洽谈工作、探讨学问、调查访问、商讨方案等都要运用交谈，可以说这是一种最为寻常和普遍的口头表达方式。交谈有利于互通信息、沟通思想、开阔视野、增长知识和增进友谊。按照性质和目的的不同，可以将交谈划分为聊天、谈心、问答和洽谈4种类型。

1. 聊天

聊天是一种随意的、非正式的交谈。交谈双方无须进行任何准备，形式不拘，话题丰富，属于自由度较高的一种交谈方式。

2. 谈心

谈心是一种互相倾听心里话的交谈。谈心重在沟通感情，一般是针对双方某一思想问题进行交流。

3. 问答

问答是一种重在提问与回答的双向性交谈，其特点是问题明确，针对性强，一问一答配合紧密。

4. 洽谈

洽谈是一种与别人商量彼此相关的事项以达成协议的交谈。参与双方都有明确的目的，常常围绕一个中心话题阐述各自的观点，经过沟通、商讨逐渐统一认识。政治交往与经贸交易中的谈判就属于这种交谈。

（二）即兴发言

即兴发言是指在未做充分准备的情况下，在特定的场合，为实现自己的表达意愿或应现场需要而临时所作的发言。即兴发言一般有2种情形，一是没有外力邀请或督促的主动发言，二是在外力邀请或督促下的被动发言。即兴发言由于具有现场性、即兴性、灵活性的特点，因此被认为是口头表达的最高形式。即兴发言包括传递信息的发言、引荐发言、颁奖词、欢迎词、祝酒词和口头报告等。

1. 传递信息的发言

有许多场合需要发言者向听众传递信息。例如，向员工介绍新的规定或手续，向学生、社区居民或股东介绍自己的公司、经营活动、产品或组织结构，向顾客提供有关新产品或其销售折扣的信息。这种短时间讲话的主要目的是向听众提供他们原本不知或知之甚少的信息，因此发言者必须清楚听众对信息的了解程度，这样才不至于说得太多或太少。为了更清楚与直观地说明问题，在进行传递信息的发言时，经常需要一些道具，譬如一张曲线图、一幅草图、一个设备模型或一个图表，它们能在发言中起到辅助作用。

2. 引荐发言

引荐发言的目的是要激发听众去听发言者的讲话，而不是去听引荐人的讲话。因此，引荐发言应该短小、吸引人，要使发言者感到自在、受欢迎。如果引荐发言过于盛大、幽默或太长，反而会使发言者感到尴尬。引荐发言应该具体、有针对性，避免无效琐碎的信息。引荐发言可以强调发言者的成就，亦可谈谈发言者、话题与听众之间的关系。需要强调的是，做好引荐发言的关键是要了解发言者和听众，要善于把双方背景中令人感兴趣的因素提取出来，找到双方的共鸣点，并且要强调听众将如何得益于发言者的讲话。

3．颁奖词

有时候管理者要向某个个人或团队颁发奖品，这时管理者就要对领奖者的成就、所获荣誉以及颁奖的意义作出评价，这就是颁奖词。颁奖词的表达要注意以下 3 个方面的问题：①要言简意赅。要向领奖者表达诚挚的认可，但不必太长，以免让领奖者或听众感觉味同嚼蜡。②应介绍一下该项奖励或奖品，或读出该奖状，这可使听众对领奖者的成就有所了解。③恰当收尾。呈示奖品或奖状时及时做好总结。

4．欢迎词

当人们参观工厂、商号、学校或其他设施时，东道主应致简短而诚挚的欢迎词。在欢迎词中要认可参观者的成就或职务，表达出东道主的友善，并表示愿意提供必要的帮助。有时候欢迎词里还需包括一些有关安全的具体信息，譬如，在某些区域戴上安全帽，禁止拍照或打断工人的作业，在某个时间务必回到某指定地点。但表述这种规则时一定要以礼貌的方式进行，要让参观者感觉到你的建议是为他的利益和安全着想。多数情况下，致欢迎词应该做到 3 点：一是言简意赅；二是略带幽默感；三是表达出东道主的友善。

5．祝酒词

参加宴会的人员构成比较复杂，因此很难给出一个统一的模式来指导人们去如何做好这类发言。因为赴宴者的目的可能很不相同，因此有些人喜欢简洁而幽默的发言，而另有一些人则准备提一些敏感的问题，所以对发言者来说，事先弄清来客的期待是非常重要的。在祝酒词中，开场白应该轻松，话题的引出要自然，接下来的讲话不仅要体现敬重和感谢之情，还要简要地强调主题思想。一般说来，轻松型的祝酒词的主题应带有相当的幽默色彩，讲话内容要轻松诙谐，如果合适，可引用适合此类场景的名言警句或短诗，以便使人印象深刻。严肃型的祝酒词一般是要引入一个新概念，或者要确保赴宴者理解某事，因此，发言者不仅要明确表达必要的思想，而且要通过一个故事、一段小幽默、一个展示或几样道具来强化这些思想。无论是轻松型的还是严肃型的祝酒词，都应比较简明，并要谨慎措辞。

6．口头报告

口头报告是就一个论题向听众简要介绍一个计划好的或正在进行的项目或活动。它可以分为指示型口头报告、信息型口头报告和总结型口头报告 3 种类型。

指示型口头报告是为了让听众明确如何操作或执行某项任务，这种发言强调语言的通俗易懂，必要时要给听众当场操作的机会。

信息型口头报告旨在传递信息，在这种口头报告中使用一些浅显的术语、图表并在事先发放材料，有助于解释一个复杂的问题。

总结型口头报告是当一项计划或安排进行到一定阶段或结束后对这项计划或安排的执行情况作出总结，向有关方面汇报，其内容一般包括执行过程、取得的成绩、存在的问题及解决方案、以后的设想等方面。

除了个人经常要作口头报告之外，团队有时也需要汇报。譬如公司经营团队向董事会作汇报时，其中一个汇报公司财务，另一个汇报生产，还有一个汇报营销，最后一个汇报人事。每个汇报人各有分工，并有时间限制。汇报小组的带头人负责要掌握好开头和结尾。

（三）演讲

演讲是指演讲者在特定的时间、环境中，借助有声语言和体态语言，面对听众发表意见、抒发情感，从而感召听众的一种现实的、带有艺术性和技巧性的社会实践活动。根据演讲的目的，可以将演讲分成劝导型、告知型、交流型、比较型、分析型和激励型。

1. 劝导型

劝导型演讲是为说服一些持有反对意见或者态度冷漠的听众赞同或支持某种观点主张。因此，在这种演讲中，要运用感情感染力和逻辑感染力使听众同意演讲者的观点。譬如，一位公司经理向公司管理层作演讲，劝说他们同意购买一台新型的自动生产设备。在讲话中，这位经理不仅要介绍一下该设备，而且应分析该设备能给公司生产带来的效益，同时还要谈及资金安排问题，这样才能达到劝说购买的目的。

2. 告知型

告知型演讲是为传递信息，而不是为某个特定的观点进行辩护，演讲的主题应该是没有争议的，以避免与听众发生争议。例如，向委员会作的一些报告，演讲者的责任不是作出什么决定，而是向委员会提供信息材料，以便委员会作出决定。

3. 交流型

交流型演讲是为交流信息而做的演讲。譬如市场部经理向产品设计部经理和生产部经理演讲，解释潜在顾客需要什么、不需要什么，然后引导后者讲出生产中受到的技术限制。通过这种交流，双方可以探讨问题，并最终找到解决方案。

4. 比较型

当需要解释并讨论两个或两个以上的产品、概念、政策或活动时，就需要比较型演讲。比较型演讲是为了向听众提出所有相关事实，以便其更好地作决策。在这种演讲中，仔细列举事实和客观的数据分析是至关重要的。

5. 分析型

当需要了解企业生产经营某一方面的深入情况，以便于作出决策或采取措施时，就需要分析型演讲。例如，总会计师就收购一家小公司向公司财务委员会作报告，他要分析这家小公司目前的财务状况、增加销售的潜力、债务结构以及其他影响委员会决策的因素。要想使决策正确无误，必须对每一个问题作仔细分析。

6. 激励型

激励型演讲的目的在于鼓励人们采取行动，更加积极地去实施相关措施。公司管理人员在动员大会上的发言可归于这一类演讲。这类演讲常用激动人心的语言来激发人们的热情和干劲，使人们朝着一个共同的目标努力。

▶▶▶　第二节　交谈的方法与技巧

交谈是人们传递信息和情感、增进彼此了解和友谊的一种方式，但想在交谈中把话说好却不是一件轻而易举的事。要使交谈收到预期效果，你应该了解交谈的特点及基本礼节，并培养和提高自己的交谈技巧。

一、交谈的特点

（一）交谈是一种双向性的口头交流活动

交谈双方互为听众，互为发言者，围绕共同话题发表各自的意见。话题的提出、展开和完成的过程中，双方需要互相配合、激发和补充。因此，参与交谈的双方不仅要善于说，而且还要善于听。否则，若各说各的、互不相干，交谈就无法顺利进行。

（二）交谈具有更多的灵活性

与一般单向式的演讲与报告相比，交谈具有更多的灵活性。就交谈内容而言，双方随时都可以提出自己感兴趣的话题，正式的交谈可以从非正式的话题开始。非正式的交谈也可以从正式的话题开始，而且话题往往随着交谈的进行而自由转换。

（三）交谈的口语化色彩较浓

由于语言信息传递的速度非常快，说话者往往来不及对语言进行润色，因而交谈较少讲究语言的华美与工整，口语化色彩较浓。其表现有三：一是话语简洁明快，句式较短。二是常常带有方言、行话、流行语、俚语等口语词汇。三是连贯性差。这是由于双方处于共同的情景之中，交谈的目的与内容彼此都清楚，因此说话即使不周密、不连贯，甚至省略了某些内容，双方也能听得懂。

二、交谈的基本礼节

谈话的表情要自然大方，语气要和蔼亲切，表达要得体。说话时可适当做些手势，但动作不要过大，更不要手舞足蹈。

参加别人谈话要先打招呼。别人在个别谈话时不要凑前旁听。若要插话，应待别人说完一句话的间隙插话，不可中途打断别人。对中途参与谈话的第三者，应以握手、点头或微笑表示欢迎。谈话中遇有急事需要处理或离开时，应向谈话对方表示歉意。

交谈一般不要涉及疾病、死亡等事情，不谈一些荒诞离奇、耸人听闻、黄色淫秽的事情。一般不询问妇女的年龄、婚否，不直接询问对方履历、工资收入、家庭财产、衣饰价格等私人生活方面的问题。与妇女谈话不说对方长得胖、身体壮、保养得好之类的话。对方不愿回答的问题不要追问，问及对方反感的问题应表示歉意或立即转移话题。不批评长辈及身份高的人员，不议论东道国的内政。不讥笑、讽刺他人，也不要随便议论宗教问题。

谈话中要使用礼貌语言，如"您好""请""谢谢""对不起""打搅了""再见"等。一般见面时先说："早安！""晚安！""你好！""身体好吗？""夫人（先生）好吗？""孩子们都好吗？"对新结识的人常问："你这是第一次来我国吗？""到我国来多久了？""这是你在国外第一次任职吗？""你喜欢这里的风景吗？""你喜欢我们的城市吗？"分别时常说："很高兴与你相识，希望再有见面的机会。""再见，祝你周末愉快！""晚安，请向朋友们致意。""请代问全家好！"

三、交谈的基本方法

语言是人类沟通必不可少的工具。如果语言是一种完美的工具，一个人就可以通过它来洞悉另一个人的思想，使人们的交谈顺利达到一种近似完美的心灵感应的境界。不幸的是，事实恰恰相反，语言是一种很不完美的媒介——含糊、晦涩、模棱两可，常常引起他人的误解。我们不可能对他人所说的话一听则明，自己说出的话有时也让他人听不明白。即使是同一词语，在不同场合下对不同的说话对象以不同的口气说出，所表达的意思和效果往往也大不相同。因此，要成功地与人交谈，使交谈产生更多的裨益与乐趣，我们必须学习一些基本的交谈方法。

（一）选择恰当的时机和地点

为了保证交谈时间，集中交谈的注意力，在交谈时必须选择恰当的时间和地点。不同性质和内容的交谈应该选择不同的场合下进行。当人们闲谈聊天时，应该找一个轻松愉快的环境。当人们进行商谈或谈判时，应找一个正式的场合。除正确选择地点之外，交谈也必须选择适当的时机，如果你走进上级的办公室，发现他满脸怒色、心情不好，这时你最好不要向上级提出过多的要求，哪怕这些要求在平时被认为是合理的；如果你发现某一员工工作时心神不定，这时你可以跟他谈谈心神不定的原因，但切不可在此时跟他探讨一项重要的事情。

（二）根据对象选择交谈话题

交谈的对象不同，其兴趣爱好及关注点亦不同，因此交谈时必须根据交谈的性质和对象来选择相应的交谈内容。一般来说，交谈应尽可能选择在座人士喜欢听的话题，或是聚会的主题。与其尽说些历史、文学，抑或是外国的事情，倒不如谈些天气、服装之类的话题，虽然这些话题可能没有任何意义，但是在不同类型的人们聚会时作为共同的话题仍是比较贴切的。根据不同的对象来改变话题是提高交谈能力的一条宝贵经验，因为政治家有政治家的话题，哲学家有哲学家的话题，年轻人有年轻人的话题，女性有女性的话题，如果不分对象、不分场合，使用同样的态度谈论同样的话题，显然是不合时宜的。可以说，根据对象和场合灵活地选择交谈的话题，无疑是建立良好的人际关系所不可或缺的润滑剂。

（三）事先了解交谈的内容

在交谈开始之前，最好事先了解需要交谈和可能交谈的内容。如果对交谈的内容一无所知，就不可能很好地参与交谈。事先了解交谈的内容，不仅包括了解交谈的主题、交谈的对象、交谈的环境、交谈的性质以及交谈的目的，而且还包括了解交谈是偏向理论性还是偏向实用性，这样才能使自己在交谈之前做到心中有数。

（四）把握交谈的尺度

无论什么样的交谈，都应该根据交谈的内容和对象把握住交谈的尺度，要弄清楚哪些话该说、说到什么程度，哪些话不该说、怎样加以回避等。需要记住的是，当你与他人交谈时，不要一厢情愿地谈论任何事情。即使是最好的朋友，也不可能什么都能很好地交谈。有些谈话要求交谈者必须具有共同的兴趣、条件和性格，或者一定程度的友情。如果你明知某人对将要谈论的话题持反对意见，那最好别让他参加进来。而当你知道某人在某个问题上不可理喻时，也不要试图用道理来说服他，因为这样做毫无意义。因此，根据交谈对象和内容把握交谈的尺度，对提高谈话效果具有重要意义。

（五）用眼来"聆听"对方的谈话

在交谈时，应当直视对方的眼睛。如果不这样，对方会怀疑你心里有鬼。而且，不正视对方也是不礼貌的行为。一会儿看看天花板，一会儿看看窗外的景致，或是低头把弄手中的东西，这种种举动都会让对方觉得你不尊重他。遇上这种情形，自尊心强的人可能会恼羞成怒，甚而摆出憎厌的脸色。不正视对方，不仅会给人留下恶劣的印象，更会使你丧失观察对方反应的机会。要了解一个人的内心深处，依赖眼睛观察要比用耳朵去听来得可靠。因为出自口中的话极有可能会造假，但是眼睛却难以说谎。

（六）避免讨论无法讨论的问题

在工作和生活中，并不是所有问题都值得去讨论，也不是任何话题都可以拿出来讨论。有些情况下，因个人的性格、兴趣和爱好不同，对问题的看法也不相同，而我们很难用一个明确的是非标准来衡量谁对谁错。这时，如果去引发一场毫无意义的讨论，不仅得不到任何结果，而且还有可能引发一些不必要的矛盾和冲突。

（七）善于提问和反馈

交谈是一种双方互动的过程，它要求交谈双方不仅要善于提问别人，而且要善于处理别人的提问。当听到别人的提问时，首先要弄清提问的内容和意图，然后再根据自己的知识和判断作出回答。对别人的提问不加思考地回答或回答离题都是毫无意义的。同样，当你向别人提问时，要尽可能地将问题提得明确易懂，既不能将简单问题复杂化，也不能将复杂问题简单化，不要因为自己对某一问题十分清楚就设想自己以任何方式提出来都会让他人明白，应根据交谈对象和内容选择相应的提问方法和形式。另外，在提问时，不要接二连三地提问，如果交谈对象众多的话，也要给别人提供提问的机会。

四、交谈的禁忌

（一）随便议论别人的短处或隐私

有些人在交谈过程中会随便议论别人的短处，或谈论别人的隐私。这样做，不仅有损于别人对自己的形象，而且还有可能惹出许多麻烦和是非。因此，在与别人交谈过程中，不可热衷于议论他人的缺陷或丑闻，更不应事后加以传扬。谈论隐私或丑闻的行为绝对是有百害而无一利的。如果是无中生有的中伤，会对当事人造成莫大的伤害。即使是当事人亲自把自己的缺陷或丑闻告诉了你，这也是出于对你的信任，你只需要自己知道，也没有责任把它告诉别人。如果你贸然将之宣扬出去，说了就难以收回，也许无意中就种下了恶果，而恶果滋长到什么程度，有时是你无法预料的。总之，议论别人的短处，打听别人的隐私，这种做法对你无益，对人有损，是不应做的；要是有人向你说某某人的短处，你唯一的办法是听了就算，不可做传声筒，并且不要深信这片面之词，更不必记在心上。

（二）独占谈话时间

在与人谈话时口齿伶俐虽然是件好事，但如果独自一人滔滔不绝地大发议论，这反而是不礼貌的。交谈时应该尽可能地做到长话短说，毕竟谈话不是给人上课，你不能只顾自己讲话，而忽视别人的存在，更何况在交谈过程中人人都有发表意见的权利，你必须尊重别人的权利。

（三）处处与人争辩

在交谈过程中，一切争辩都应尽力加以避免。争辩是一场没有赢家的战争，不仅会伤害对方，而且会给自己带来极大的危害。处处争辩的危害有四：一是会损害别人的自尊，同时让人对你也产生反感；二是会使你患上专挑剔别人错误的恶习；三是可能使你变得狂妄而骄傲；四是可能会使你失掉很多朋友。

（四）用质问式的语气交谈

用质问式的语气进行交谈是最容易伤害感情的。许多争吵、矛盾和摩擦都是因为采用了质问式的语气而起的。有这种习惯的人，多半心胸狭窄、吹毛求疵、自大好胜。要知道，尊敬别人是有效交谈的必备条件，在交谈中故意为难别人或使别人难堪，这样对人对己都没有什么好处。如果你想维护自己的尊严，那么你就不要伤害别人的自尊心，如果别人有什么不对之处，你不妨把你的意见说出来，但态度要真诚大方，采用质问式的语气是不适宜的。如果你想让对方心悦诚服，就更不可使用质问的方法。有些人爱用质问的语气来纠正别人错误，先质问，后解释，犹如先打对方一拳，然后再向他解释一样，这不必要的一拳足以破坏双方的感情。被质问的人往往会觉得不知所措，自尊心受了很大的打击，如果他也是个脾气不好的人，必然会恼羞成怒，进而引起剧烈的争辩。事实上，温厚待人就是为自己留有余地，倘若你专用质问的态度向人"进攻"，在使别人难堪的同时，你自己受到的伤害可能会更重。

（五）用生硬的口吻批评别人的错误

纠正别人的错误时要抱有极大的同情心，这样你不仅不会犯吹毛求疵的毛病，而且也能正确理解别人犯错误的原因。在指出或纠正别人的缺点和错误时，说话一定要温和，要先表示同情对方犯错误的原因，然后再用温和的方法指出错误来，不可用过激的或使人听了不舒服的字眼，如"你真糊涂，这件事完全弄错了！"这种口气和语言是让人无法忍受的。对于别人所犯的一些不可挽救的过失，要站在朋友的立场上给予恳切正确的指正，而不是严厉的责问，这样才能使他知过而改。另外，纠正别人不正确的做法时，最好用请教式的语气，而不是用命令的口吻。例如，"你不应该用红色"就不如"你觉得不用红色是否会好看一点呢"效果更好。

（六）一味地谈论自己的事情

人们最高兴的就是谈论自己的事情，而对于与自己毫无关系的事就不太关心。但自己感兴趣的事并不一定能引起别人的共鸣。无论多么出众的人物，如果一味地谈论自己，必将引起众人的不快。有些人在谈话中只谈与自己有关的事，结果给别人留下一个傲慢自大的印象。

（七）自吹自擂

在一切愚笨的行为中，再没有比在别人面前自吹自擂更愚笨、更可怕的了。自己若真有本领，那么赞美的话应该由别人说出，自吹自擂只会让自己更加丢脸罢了。凡是有修养的人必不会随便说及自己，更不会自夸。你必须明白，与其自吹自擂，不如表示谦逊。你不自吹自擂时，别人可能会称赞你，如果自己捧自己，人家反而会瞧不起你。所以，对于自己不知道的事情，不要冒充内行，因为这是一种不老实的自欺欺人的行为。自己知道多少就说多少，没有人要求你是一个百科全书。即使是最有学问的人，也有不知道的事情。坦白地承认自己对于某些事情的无知，绝不是一种耻辱，反而能够引起别人的尊敬。

（八）故意刁难别人

千万不要故意与人为难。有的人在交谈中喜欢故意刁难别人，专门表示与别人意见不同，以显示自己的高明。譬如：你说这是黑的，他硬说是白的；如果你也说这是白的，他就又反过来说它是黑的了。这种处处故意表示与别人看法不同的人，与处处随声附和的人一样都是被人看不起的，甚至是令人憎恶的。所以，在交谈中不能为了表现自己的高明而到处逞能，这样不仅不能获得别人的好感，反而可能惹人厌恶。如果我们在交谈中确实不同意别人的某些观点，那么就要向别人说明自己不同意的是哪些观点，并表示除了这些观点之外其他方面自己是完全同意他的观点的，这样，对方就很容易接受你的批评或指正。要知道，无论你的意见和对方的意见相距多远，冲突多厉害，只要表现出一切都可以商量的态度和诚意，大家就能够得到比较接近的看法。

五、交谈技巧

要顺利进行交谈并不容易，还需掌握一定的技巧。下面介绍一些常用技巧：

（1）问候时最好点名道姓。迈进会客室的门，你的第一句话可以是："你好，见到你很高兴。"但这不如说："王经理，你好，见到你很高兴。"后者比前者要显得热情得多。

（2）若对方没请你坐下，你最好站着。坐下后不应马上掏烟，如对方请你抽烟，你应说："谢谢。"请记住，切莫把烟灰和火柴头弄到地板上，那是很不得体的。

（3）不要急于出示你随身带的资料、书信或礼物。只有在你提及了这些东西，并已引起对方兴趣时，才是出示它们的最好时机。另外，你得事先做好相关准备，当对方询问你所携带资料中的有关问题时，你应能给予详细的解释或说明。

（4）主动开始谈话，珍惜会见时间。尽管对方已经了解你的一些情况和来访目的，你仍有必要主动开口。你可再次对某些问题进行强调和说明。这不仅仅反映一个人的精神面貌，也是礼貌的需要。

（5）保持相应的热情。在谈话时，你若对某一问题没有倾注足够的热情，那么对方会马上失去谈这个问题的兴趣。

（6）当愤怒难以抑制时，应提早结束会见。愤怒会使你失去理解他人和控制自己的理智，它不仅无助于问题的解决，反而会把事情搞得更糟。

（7）学会听的艺术。听有 2 个要求：一是要给对方留出讲话的时间，二是要"听话听音"。对方讲话时，你不可打断对方，并应利用恰当的时机给对方以响应，鼓励对方讲下去。不能够认真聆听别人谈话的人，也就不能够"听话听音"，更不能机警、巧妙地回答对方的问题。记住：不论是在社交场合，还是在工作中，善于听是一个人应有的素养。

（8）避免不良的动作和语言。玩弄手中的小东西，用手不时地理头发、搅舌头、清牙齿、掏耳朵，盯视指甲、天花板或对方身后的字画等，这些动作都有失风度。同时，不应忘记自己的身份去故作姿态，卖弄亲近，如"咱俩无话不谈，要是对别人，我才不提这个呢！"俚语和粗话更应避免。

（9）要诚实、坦率，又有节制。在一件小事上做假，很可能会使你的整个努力付诸东流。对方一旦怀疑你不诚实，你的所有不同凡响的作为都将黯然失色。谁都不是十全十美的完人，因此，你可以坦率地谈起或承认自己的缺点或过失。在评论第三者时不应失去体谅他人的气度，无节制地使用尖刻语言只会让人疑心："谁知哪一天他也会在背后这样说我呢！"

（10）要善于"理乱麻"，学会清楚地表达。善于表达使人终生受益。讲话不会概括的人常常引起人们的反感；叙事没有重点、思维混乱的人，常常迫使人们尽量回避他。

（11）做一次音色和语调的自我检查。把自己要讲的话录音 5 分钟，听听是否清晰，喉音、鼻音是否太重，语速怎样，语调是否老成、平淡。如不满意，改进后再录一段听听。充满朝气的语调会使你显得年轻。此方法重在平时留心多练。

（12）注意衣着和发式。第一次见面就给人一种不整洁的印象，往往会给你的自我表现留下阴影。平时不修边幅的企业家在会见前应问问懂行的人，让他根据你的年龄、体形、职业及季节等因素设计一下你的衣着和发式。

（13）如果对方资历比你浅，学识比较少，你应格外留心自我优越感的外露。一般来说，当你介绍了自己令人羡慕的学位、职称等情况后，对方也得谈谈他的相应情况。为了避免对方自愧不如，在介绍自己时你应该谨慎一些。过度的关心和说教应该避免，要表现出诚意和合作精神。

（14）会见结束时，不要忘记带走你的帽子、手套、公事包等东西。告别语应适当简练，克制自己不要在临出门时又引出新的话题，因为人们都不认为告别才是会见的高潮。

▶▶▶ 第三节　演讲的方法与技巧

一、演讲的概念

演讲是一种一个人面对众多人，就某一问题宣传自己的主张，表达自己的情感或阐述某种事理的社会活动形式。这种活动可以从下列几方面来理解：

（1）演讲是出于社会现实的需要，演讲者就某个现实问题直接发表意见，目的在于提出现实问题，解决现实问题，并直接作用于现实听众，追求直接的现实效果。

（2）听众去听演讲，都是出于现实生活的实际需要。他们的目的在于听演讲者所讲的道理、发表的意见、陈述的事实，在于接受人生理性的启迪，在于自己关心的社会现实问题能得到直接的回答。

（3）演讲以"讲"为主，以"演"为辅。通过口语艺术（修辞、节奏、声调等）和动作、表情、风度等的配合，不仅要把事物和道理讲清楚，让人听明白，而且还要通过现场的直观性语言把事物和道理讲得生动、形象、感人，既有情感的激发力，又有声态并用的审美感染力。

二、演讲的特征

演讲作为现实活动中的实用性语言艺术，它不同于一般的社会活动，也不同于各种欣赏艺术。它有自己独具个性的特征，掌握这些特征可以更具体更准确地理解演讲艺术的性质，追求更好的演讲效果。

（1）公开性　演讲是在特定的公开的场合进行的当众讲话。这个特征提示我们，演讲必须触及具有社会普遍意义的、听众关心的话题。

（2）整体性　演讲者在大庭广众面前公开讲话，至少要把听觉系统的诸要素（言）和视觉系统的诸要素（态）综合起来构成和谐整体，才能显示出语言的艺术，达到演讲的目的。

（3）直观性　演讲现场是一个彼此互为直观的时空环境。这一特征要求演讲者必须全力追求演讲的现场直观性效果。最低限度是使你讲的内容能让人家听得到、听得清，你的态势动作能让人家看得到、看得清。提高现场表达能力、积累现场表达经验，对提高演讲水平尤为重要。

（4）时间性　演讲的动态过程也是一种时间流程，这一特征要求演讲者不仅对组织的演讲内容要有时间观念，而且言态表达的每一个环节的设计安排也要有时间观念。同时，对听众的可接受性也要有时间观念。

三、演讲的作用

演讲之所以能伴随人类的各种社会活动而不断发展，就是因为它能通过听众产生强烈而普遍的社会作用。所以对演讲作用的理解，首先是对听众作用的理解。

（1）启迪心智　演讲重在说理，其作用首要的就是事理的启迪。没有这种作用的演讲就不能在听众心里留下理性的沉淀，因而也就谈不上什么社会作用了。历代成功的演讲无不体现这种作用。

我国古代盘庚的迁都演讲，把迁都看作是"若颠木之有由蘖"：旧都就像"颠木"，即被砍倒的树木；新都就像"由蘖"，即被砍伐过的树木又再生出新的枝芽。用这个比喻来说明迁都是弃旧图新、生存变革的社会真理。迁都演讲之所以能说服臣民，实现了迁都的历史壮举，是与这种启迪作用分不开的。

（2）激发情感　演讲不仅能以理服人，还能以情感人。演讲者带有情感的表达，近距离地感染听众，驱动听众产生符合目的的行动。所谓演讲特有的"煽动"作用，主要体现为情感的激发作用。

当然情感的激发作用也是因演讲而异的。有的表现为群情激愤，如闻一多做的最后一次演讲，直到今天我们读这篇演讲稿时，还能感到这种情感的激发作用；有的深沉内向，使听众内心久久不平并伴随着思索，如鲁迅在北平辅仁大学的演讲，声调平缓，像年老的长辈为孩子讲沧海桑田的故事。可见情感的激发并非只见诸慷慨激昂的演讲。

四、演讲的种类

（一）从演讲内容上分类

1．政治演讲

凡是为了一定的政治目的，出于某种政治动机，就某个政治问题及政治有关的问题而发表的演讲均属此类。它包括外交演讲、军事演讲、政府工作报告、各种会议上的总结报告、政治评论、就职演说、集会演讲、宣传演讲等。

2．生活演讲

生活演讲指演讲者就社会生活中存在的各种问题、风俗、现象而做的演讲，它表达了演讲者对这些问题的看法、见解和观点。这种演讲涵盖的内容更加广泛，如悼贺（悼词、贺词）、欢送词、祝酒词、答谢词等。

3．学术演讲

学术演讲指演讲者就某些系统、专门的知识和学问而发表的演讲，一般指学校和其他场合的专题讲座、学术报告、学术评论、科学报告、信息报告和学位论文答辩等。

4．法庭演讲

法庭演讲指公诉人、辩护代理人在法庭上所做的演讲和律师的辩护等。

5．宗教演讲

宗教演讲是指宗教神职人员在教堂宣传宗教教义、教规，讲授宗教故事或一切与宗教仪式、宗教宣传有关的激发宗教热情的演讲。

（二）从演讲的表达形式上分类

1．命题演讲

命题演讲由别人拟定题目或演讲范围，并通过一定时间的准备后所做的演讲。它包含2 种形式：全命题演讲和半命题演讲。全命题演讲的题目一般是由演讲活动组织单位来确定的。例如，某大学搞"青年志愿者在行动"主题演讲，为了让演讲者各有侧重，分别拟了《做一个文明的青年志愿者》《志愿行动，为社会亮起彩旗》《从一点一滴做起》3 个题目供演讲者选择。半命题演讲指演讲者根据演讲活动组织单位限定的范围，自己拟定题目进行演讲，如某职业学院在校园文化艺术节开幕式暨新生演讲比赛上，要求以"青年·责任·未来"为演讲范围，题目自拟。

2．即兴演讲

即兴演讲是指演讲者在事先无准备的情况下就眼前的场面、情境、事物、人物等临时起兴发表的演讲,如婚礼祝词、欢迎致词、丧事悼念、聚会演讲等。它要求演讲者要紧扣主题,抓住由头、迅速组合、言简意赅。

3. 论辩演讲

论辩演讲是指由两方或两方以上的人们,因对某个问题产生不同意见而展开的面对面的语言交锋。其目的是坚持真理、批驳谬误、明辨是非。比如,我们生活中常见的法庭论辩、外交论辩、赛场论辩,以及每个人都曾经历过的生活论辩等。

五、演讲内容的构成

只有充分掌握演讲者所演讲内容的构成规律,才能真正懂得演讲者在演讲活动中如何发挥主导作用,使演讲获得成功。

演讲内容就是指演讲者所讲的问题的诸要素的总和,一切外在形式因素都是为它服务的。可以说,演讲的一切目的和效果乃至社会作用都取决于演讲的内容。

演讲内容构成的要素有 4 个,即事物、道理、情感、知识。它们相互联系、相互作用、各得其所,使演讲内容结构产生最佳功能,从而使演讲获得成功。

1. 事物

事物是演讲内容中最具实体性和客观性的要素。演讲者的观点和主张,一般都是因为某一客观事物而形成的,并表现为对该事物的看法。

演讲所讲到的事物有的是以总体概括的方式表现出来的。例如:盘庚的"迁都演讲",没有具体地陈述迁都的细节和过程,而主要是讲对这件事的看法和应持的态度;闻一多的《最后一次演讲》,也没有去讲杀害李公朴的具体细节和过程,主要是讲自己的看法和态度,以及围绕这件事痛斥了反动派和台下的特务。

有的演讲所讲的事物则是具体展开的,时间、地点、人物、过程、情节、细节都要向听众详细讲述,并在讲述事物的过程中讲述自己的体会和某些看法。这类演讲多属于现在常说的"事迹演讲"。例如,各行业的英雄模范汇报演讲,他们讲自己讲别人,都是具体的感性事物,给人身临其境的感觉。

也有的演讲是说理的、论辩的,主要就是阐述观点。他们同样要讲到事物,但事物在这类演讲中的地位和作用却不同于前两种情况,既不是整体概括的,也不是具体展开的,而是作为阐述观点的事例出现的,是根据阐述观点的需要来取舍事物、选择事物的。这种情况在政治演讲、论辩演讲和学术演讲中经常可见。作为事例出现的事物的作用是不可取代的,它可以使抽象的观点得到感性的说明,或为某个观点提供事实上的根据和感性来源,便于听众理解。

总之,古今中外的任何演讲都不能不是谈论事物的演讲,事物有大小,在演讲中出现的方式有不同,但它们在演讲内容结构中的地位和作用是不可取代的。因此,你在演讲中如何对待你讲的事物,如何取舍选择它,把它放在什么地位,以什么方式表达它,就成了你演讲成功与失败的大问题。一般来说,你要讲的是什么事,你对这件事有什么看法,这就是组织演讲内容的前提和根本。

2. 道理

道理作为演讲内容结构的要素,就是演讲中的理性部分。它是演讲内容的灵魂,讲不出任何道理的演讲就是没有灵魂的演讲，这种演讲不能给听众任何心智的启迪。

演讲中的道理由 2 个因素构成：一是演讲谈论的客观事物本身所蕴涵的道理，即所谓事理。演讲者就是把这个事理从客观事物中抽象出来，成为道理的客观部分，也是道理的客观来源。二是演讲者的观点和主张，即主观的"理"。这主观的"理"主要体现为演讲者对事物的主观认识，也包括潜在的观点。

无论哪种演讲都要讲出一定的道理来。不仅是政治演讲、学术演讲、论辩演讲要讲出道理，就是事迹演讲也要讲出道理。只不过这种道理更多的是客观的"理"，并且更多的是以体会的方式表达出来，不像其他演讲那样更多的是属于主观的"理"，是以主观评论或发表观点的方式表达出来的。

演讲的道理不但应具有逻辑性、雄辩性，产生理性的征服力，而且还应是具体的、充实的、可以接受的，而不应是那种空讲的大道理。当然，讲道理要观点明确、集中，并有独到之处，有新鲜的看法，而不是老生常谈、人云亦云的庸人之见，更不能有谬误和偏见。

3．情感

情感是演讲内容中最具活力、最有激发力的因素，是演讲者对事物有感而发的肯定或否定、爱或恨乃至喜怒哀乐的情感。这种情感在演讲者表达中必然在他的声态形象上体现出来，给听众以情感的激发作用。真实的情感，才能使所讲的事物更感人，使所讲的道理更易于让人接受，也更能引起听众的共鸣。

例如，闻一多的《最后一次演讲》的内容就充满了强烈的情感。这种情感就是由于李公朴被暗杀及反动特务扰乱会场的行为所引起的，他拍案而起本身就是一种态度，就是一种情感的表现。这种义愤之情如岩浆爆发，灌注于演讲的全过程。这次演讲的成功，与其充满了这种情感是分不开的。

当然，演讲的情感也是多种形态、富于变化的，并非都是慷慨激昂、愤愤不平的，也有深沉的、用幽默方式表达的情感。郭沫若同志在《科学的春天》中说："'日出江花红胜火，春来江水绿如蓝'，这是人民的春天，这是科学的春天！让我们张开双臂，热烈地拥抱这个春天吧！"这句充满强烈感情的话，使得听众心灵为之震动、周身热血沸腾。这种情感的变化也体现了一种原则，即演讲要适合内容的需要，要适度、合情合理，使情感、事物、道理和谐一致，浑然一体。

4．知识

知识要素在演讲内容中具有不可忽视的地位和作用。演讲内容中充满准确、翔实和最新的知识，可以极大限度地增加演讲的信息量，并能将演讲内容推向理性的高层次，体现出一种知识的力量，显示演讲者在智慧、学识和经验、阅历上的优势，增强演讲的说服力。

演讲内容所体现的知识，应该是准确无误的。如果是错误的知识，那就会产生相反的效果。此外，知识不是用来炫耀内容和装饰内容的，它应该是内容需要的，又包含在内容之中的，不能是脱离事物和道理的。再者，知识应该是新的，而不是陈旧的，并且体现了演讲者的真知灼见。

六、演讲的技巧

演讲的技巧是指在正式演讲过程中所运用的一些吸引听众、提高演讲效果的方式、方法与诀窍。为了确保演讲成功，给听众留下美好的印象，除了在演讲之前进行必要的演讲准备外，还需要在演讲过程中运用一些方法和技巧。

（一）情绪控制的技巧

克服紧张情绪是有效演讲的第一步。研究表明，21%的人害怕在陌生人面前表演；10%的人对公众演讲有巨大的恐惧。紧张使得演讲者心率加快、手心出汗、膝盖发抖、嘴唇发干、语无伦次，预先的构思往往会被打乱。因此，掌握情绪控制的方法和技巧，就成为演讲取得成功的关键环节。

1. 熟悉讲稿

要克服紧张情绪，首先要熟悉讲稿。先确定自己熟悉、感兴趣、有材料可写的选题，在形成讲稿后还要从框架到细节加以记忆、背诵。当演讲者面对听众感觉到紧张的时候，可在脑海里迅速回忆演讲大纲，这样可以使紧张的情绪得到缓解。

2. 树立自信

演讲者在演讲之前一定要多设想些困难，要多反思自己的差距和不足，只有这样，才能迫使自己进行认真而充分的准备。而演讲者一旦走下讲台，就要多想自己的长处，想象自己是做得最好的，其余的演讲者水平肯定不如自己，只有这样，才能使自己树立起信心。而有些演讲者在演讲时信心不足，总认为别人比自己强，这种自己打击自己信心的做法是不可取的。

3. 保持积极乐观的心理

演讲者要以积极的心态想象听众的反映和自己的演讲效果。要保持乐观的心理，可以想象听众不是来挑刺的，而是来倾听你的演讲的；还可以想象自己在演讲时神采飞扬，听众洗耳恭听，积极配合，演讲结束后听众掌声雷鸣的情景。当然，这种积极乐观不是盲目的，而是建立在自己充分准备的基础上的。

实践表明，进入演讲场所后，微笑着环视听众和四周的环境，向自己认识的听众打声招呼或点一下头，与身边的人小声交谈几句，做一下深呼吸等动作，都可以使演讲者紧张的神经得以放松，恢复自信。

4. 尊重听众

演讲者必须尊重听众。如果听众感到演讲者的口气是居高临下的，那么听众会很反感，现场气氛便会很紧张，演讲者也会受到感染而紧张。但如果该演讲者给予听众更多的礼貌和尊重，他们也会给演讲者更多的礼貌和尊重，这有助于排解演讲者的紧张情绪。

5. 预先排练

预先排练是正式演讲前最后的准备工作。通过预先排练可以减轻紧张情绪，因为它可以帮助演讲者发现紧张的根源，促使他做好进一步的准备。

（二）有声语言的运用技巧

演讲依靠有声语言来传达思想感情和有关信息。作为一种强有力的沟通手段，有声语言是连接演讲者和听众的桥梁；演讲者所用的词汇、句子，以及声音的高低、快慢、抑扬顿挫，都是表达信息的一部分。听众对演讲者的不满通常集中在演讲者用词不准、句子冗长、声音模糊、语速太快等，这些都是有声语言运用方面的问题。要克服这些问题，就必须掌握有声语言的运用技巧。一般而言，有声语言的运用技巧主要包括以下几个方面：

1．准确精练

用词准确和句子精练是演讲的最基本要求，只有准确精练的语言才能使听众明白演讲者的意图。所谓准确，就是用词要能够确切地表达所讲述的对象——事物和观念，指出它们的本质及相互关系，以避免发生歧义和引起误解。在演讲中要避免使用一切似是而非、模棱两可的话。所谓精练，就是要用最少的字句，表达最丰富的内容。言简意赅的句子，一经了解，就能牢牢记住，变成口语；而冗长的论述绝难如此。演讲的每一句话都是稍纵即逝的，因此要尽量避免长句和复杂的句子，减少修饰和限制的成分，多用短句，力求简洁明快、生动有力。

2．通俗易懂

在演讲中要发挥口头表达的魅力，使语言通俗易懂，做到真正的"明白通畅"。这样不仅可以使听众易于理解和接受，而且也有助于活跃会场气氛，调动听众的兴趣。有的人演讲时喜欢用一些半文言半白话的语言，故作高深，演讲的人说起来绕口，听的人也觉得生涩。当然，语言通俗易懂，讲究的是语言朴实、平易，而不是低级粗俗、拖泥带水。

3．形象生动

演讲还要求运用鲜明生动的语言，使抽象的事物具体化，深奥的道理浅显化，概念的东西形象化。这要求演讲者善于把握运用人的第二信号系统，用形象的语言调动听众的全部感觉器官——听觉、视觉、嗅觉、感觉、味觉，使听众有身临其境的感受。"望梅止渴"的故事，讲的正是第二信号系统产生的刺激作用。要使语言形象生动，一个重要的方面就是讲究修辞手法的运用，对语言进行必要的修饰加工，使之更富有感召力。有一篇演讲的结尾仅45个字："'日出江花红似火，春来江水绿如蓝'，这是人民的春天，这是科学的春天！让我们张开双臂热烈地拥抱这个春天吧！"这里用了引用、排比、反复、比喻、双关等修辞手法，妙语生辉，大放异彩。演讲者常用的修辞手法有比喻、引用、设问与反问、排比等。

4．声音洪亮

演讲者的声音要洪亮，要使每个角落的听众都能听得到。特别是在公共场所演讲时，演讲者要通过询问后排听众是否听清或查看其非语言信号（如向前探身）的方法来了解音量的情况。如果后排听众有听不清的表示，则意味着要加大音量；一般来讲，响亮浑厚的中低音比较受人欢迎。演讲者要掌握正确的呼吸方法，用胸膜联合呼吸，以保持感情充沛和声音浑厚洪亮。同时，为了让听众易懂，演讲时应使用正确规范的普通话。

5．重音突出

重音在演讲中占有重要的位置，它可以突出强调某一词、词组、句子，以满足表情达意的需要。重音的处理方式在于咬字的音量和力度，一般说来，重音区读得要比其他音节重一些。但有时将关键词、句子读得比其他词、句轻也能起到突出强调的作用。在演讲中，重音的不同可以表达不同的意思。如"我没说他偷了我的书"这句话，根据重音的变化，可以表达7种意思，读者可自行体味一下。当你自认为已讲得一清二楚时，也可能恰恰由于重音的使用不当而被人误解了。演讲者应根据演讲的目的、场合、对象、感情等因素，确定重音的位置，并对所强调的字词作出某种声音上的变化。在使用重音时，应注意3个问题：一是使用过多，处处都是重音，那就等于没有强调了，而且处处强调显不出主次，只会增添听众的疲劳；二是过于吝啬，该用重音的地方不用，使演讲平铺直叙，缺乏波澜，同样易使听众疲劳；三是重音使用不当，造成表意错误或者语言过分夸张。

6. 吐字清晰

演讲时一定要吐字清晰，咬字真切。这正是人们所说的"咬紧字头归字尾，不难达到纯和清"。演讲时，要防止"吃字"现象。所谓"吃字"，是指一些演讲者在情绪激动或急切时把某个音节的字漏了过去，或与其他字词混淆发生新的合并现象，如把"只要你们努力"中的"只要"快说，这句话就会变成"照你们努力"。这种情况会造成演讲时吐词不清，影响演讲效果。演讲者吐字是否清晰准确，直接关系着演讲者与听众的思想交流、交际沟通的效果。吐字不清，不仅会造成语言上的隔阂，而且会使听众由于无法了解演讲者的思想而变得焦躁不安，引起秩序混乱，甚至导致演讲的失败。

7. 把握语气语调

语气语调可以在演讲中表达丰富的感情色彩，如愤怒、惊讶、高兴、害怕、妒忌、蔑视、难受、紧张、骄傲、悲切、满足、同情等。实验证明，没有实在内容的声音形式也可以沟通感情。在演讲中，"气徐声柔"的语气可以表达爱意，"气粗声硬"的语气可以表达憎恨，"气沉声缓"可以表达悲伤，"气满声高"可以表达喜悦，"气提声凝"可以表达恐惧，"气短声促"可以表达急促，"气促声重"可以表达愤怒，"气细声粘"可以表达怀疑。除了语气以外，语调升、降、平、曲的运用也可以表达不同的感情。一般说来，升调多用于疑问句和祈使句中，表达惊叹、疑问、号召等语气；降调多用于感叹句和陈述句中，表达感慨、赞叹、肯定等语气；平调多用于陈述句中，表达严肃、平淡、叙述等语气；曲调多用于句意复杂的长句子中，表达讽刺、暗示、欢欣、惊讶等情感。在实际演讲过程中，根据表达的需要，语调也要不断变换。需要说明的是，虽然演讲一般有一个相对稳定的语气与语调——基调，但在演讲过程中，随着演讲内容和演讲者情绪的变化，语气语调也应随之变化，不过，这种变化不是装腔作势和矫揉造作。

8. 注意停顿

停顿是指演讲过程中语音上的间歇，它在演讲过程中经常出现。一般来说。演讲中的停顿有 3 种，即语法停顿、逻辑停顿和心理停顿。语法停顿是指演讲稿中的标点符号表示了句子的语法关系，有标点符号的地方一般要有适当时间的停顿。逻辑停顿是指依照句子的逻辑结构进行停顿，如长句子的语法成分分界线。心理停顿则是根据演讲者的需要有意识地安排的，停顿的时间一般比前两者长，也更能体现停顿的作用。

停顿具有重要的作用：一是停顿能够给听众一个整理思路、体会感情的时间，从而达到"沟通同步"；二是停顿能够使演讲内容的展开与推进具有层次性；三是停顿具有设问和暗示的作用；四是停顿能够引起听众的好奇、注意，令听众产生悬念。停顿虽然有如此重要的意义，但也不可以滥用，过多的停顿会使演讲过程缺乏连贯性，会使听众不安，怀疑演讲者是否熟悉讲稿、准确把握主题，进而怀疑演讲者的能力。

9. 把握节奏

节奏是指为适应演讲内容和出于表达感情的需要，演讲者特意造成的叙述过程中的抑扬顿挫、轻重缓急的对比关系。它包括语速的快慢、语句的长短、语调的刚柔，以及重音、吐字、停顿等内容。概括起来，演讲的节奏可分为以下类型：

（1）轻快型：适用于致欢迎词、宴会祝词、友好访问词等较随和场合。

（2）持重型：适用于理论报告、纪念会发言、严肃会议开幕词、工作报告等。

（3）舒缓型：适用于科学性演讲和课堂授课。

（4）紧促型：适用于紧急动员报告或声讨发言。

（5）低抑制：适用于追悼会等具有哀伤气氛的场合。

（6）高扬型：适用于誓师会、动员会、批判会等。

（7）单纯型：适用于简短的演讲。

（8）复杂型：适用于内容复杂、费时较长的演讲。

演讲的节奏固然受演讲者的气质、性格以及听众的情绪的影响，但主要还是取决于演讲的内容、演讲目的以及演讲背景。为了增强演讲效果，演讲者应据此选择恰当的节奏。

（三）身体语言的运用技巧

身体语言也是演讲者应重视的演讲表达手段。它主要是配合有声语言来更加生动、形象地表达演讲者的思想感情，通常包括表情、眼神、手势、姿态、动作等。演讲者的每种身体语言，如手势的高低起伏、动作的节奏和力度、面部表情的喜怒哀乐等，都能影响到演讲效果。有人曾列出了这样一个公式：感情传达=7%的言辞+38%的声音+55%的面部表情，因此演讲者的声调、语气、表情、眼神等所含的雄辩能力，比字句更有力量。

1．表情要自然

实际上，面部表情比嘴里说的话更复杂。人会自觉不自觉地运用表情来表达自己的思想感情，而其他人能够读出这种特殊的"语言"。据研究认为，人的复杂的感情、心境、情绪，如喜悦、悲痛、畏惧、愤怒、烦恼、忧虑、怜悯、鄙夷、疑惑、失望、报复心等，都可以反映在脸上。可以说，面部表情是人的思想感情最复杂、最准确、最微妙的"晴雨表"。演讲者应掌握这方面的技巧，以期能通过自己的面部表情对听众施加影响、交流思想，更好地达到演讲效果。这方面的技巧有四：①演讲者在表情上要表现出充分的自信，这样会使听众更容易接受演讲；②表情要与演讲的内容相协调，不要出现表情错位，面部表情只有伴随着演讲内容和演讲者情绪的变化而变化才能打动人，表情错位则会使听众感到滑稽可笑；③表情的运用要自然，拘谨木然、呆板僵硬、目不斜视、精神紧张、手足无措、恐慌不安等表情只能削弱演讲效果；④演讲的表情还不能过于夸张以致矫揉造作、自作多情，这样只能使听众感到虚假。

2．眼神要灵活

眼神的表情达意功能在演讲中起着至关重要的作用。演讲者通过眼神可以把他的心理变化、学识、品德、情操、性格、趣味和审美观等毫不掩饰地呈现给听众。而听众也善于通过演讲者的眼神变化来窥见其思想感情。俗话说得好："眼睛是心灵的窗户。"人的喜怒哀乐都可以通过眼睛反映出来。在演讲中，眼神的运用应注意以下几点：

（1）要看着听众说话。演讲者上台以后，不能总是低头俯视讲稿或讲台，不敢看听众，也不应总是看着天花板；不要东张西望，也不能死盯住一个地方，应以前视为主，统摄全场，与听众目光接触，使更多的听众以为"他在向我讲话"，以此吸引听众注意。演讲中可以适当地环视全场，但眼睛不能过于频繁地乱转。对于坐在后排的听众，应给他们以更多的目光关注，以弥补由于空间距离形成的沟通不足。

（2）与听众的目光保持实在性接触。演讲者看着听众讲话，有虚视和凝视 2 种。凝视能增强双方的感情联系，与听众建立起灵敏的信息交流反馈。在演讲开始和进行中，应当有适宜的凝视时间。如果凝视时间太长或过多，又会对听众形成压力。因此，可以不时地采取虚视，使双方都感觉更自然舒适。可见，在演讲中交替使用虚视和凝视，能收到更好的演讲效果。

（3）多种眼神并用。由于演讲者的情绪、演讲的内容、听众的态度、演讲环境等错综复杂，在运用眼神时也不能只用一种，而应丰富多彩，变化运用。不同的眼神，传递着不同的信息，交流着不同的情感，因此，演讲内容的波澜起伏，情感的抑扬跌宕，无不可以通过眼神，配合口头有声语言、手势、姿态等，协调地表达出来。但总的来说，眼神一定要自然流露，这就要求演讲者在练习实践中下工夫磨炼。

3．手势要大方

手势是体态语言中重要的表达手段。不同的手势表达不同的情感。自然而安详的手势，可以帮助演讲者平静地陈述和说明；急剧而有力的手势，可以帮助升华情绪；柔和而平静的手势，可以帮助抒发内心炽热的情感。演讲过程中，手势的运用要大方自然，矫揉造作和过于夸张只能使听众感到不舒服。

手势的种类、幅度、方向要与演讲的内容、演讲者的感情、现场气氛协调一致。手势一定要与口语同步进行，切忌说完话后再补手势。手势还要与民族文化及听众的习惯相适应，使听众易于理解和接受。在演讲中，不能总是重复一种手势，而应富于变化。当然，手势也不是越多越好，而应根据内容表达的需要，采取适当的手势。有时手势可以用来掩饰演讲者的紧张情绪，但令人眼花缭乱的手势只能暴露演讲者自己的慌乱，弄巧成拙，毫无意义。

4．站姿要端庄

不少演讲家提倡在演讲中使用站姿。站立的姿态，一般提倡两腿略微分开，前后略有交叉，身体的重心放在一只脚上，另一只则起平衡作用。这样既便于站立．也便于移动，身姿和手势也可以自由使用。当然，演讲有时也可以采用坐姿，这比较适合时间长或拉家常式的演讲。演讲者无论采用哪种姿态，都不要做过多的无意义和过于夸张的动作，否则就会被认为浅薄、狂妄、胆怯。

5．着装要得体

穿着与演讲内容、演讲氛围、时令、演讲者年龄相适应的服装，可以增添演讲的色彩。作为演讲者，着装上应考虑以下几点：①穿着要得体，避免穿着紧身、崭新和厚质的服装。②穿着要适合一定的场合。对工作出色的职员作发言，不宜穿牛仔裤、运动衫；对社会团体作发言，不宜穿着正式宴会服。③要保持衣着整洁。演讲开始之前要审视自己的仪表，检查着装。④不要穿着可能分散注意力的服装，剃须后抹的润肤水气味不要太浓烈。也就是说，演讲者的着装既要使听众赏心悦目，又不要使听众过于分散注意力。

（四）即兴插说的技巧

在演讲实践中，由于心理和环境的影响，演讲者不大可能像录音机一样完全重复事先准备的讲稿。在实际的演讲中，演讲的内容有可能与原先的演讲稿不完全一样。这种变化最为突出的就是即兴插说。所谓即兴插说，就是指在演讲过程中，演讲者根据主观心理状态以及客观环境的变化，临时插入一些话语。优秀的即兴插话可以克服记忆演讲稿的紧张心理，有效地应对演讲过程中的记忆中断。不仅如此，它还具有充实内容、强化情景、活跃气氛、启迪思维等积极作用。作为一种演讲的表现手法，即兴插说的形式是多种多样的。

1．联想

会议或活动的特定时间、空间背景，会场的布置，现场的插曲，别人说过的话等，都可以引起演讲者的联想。1945 年 5 月 4 日，昆明各高校在云南大学操场举行"五四"纪念大会，恰逢大雨，秩序混乱。闻一多在演讲中马上联想到历史上武王伐纣时天降大雨被人称为"天洗兵"的典故，号召青年大学生以"天洗兵"的精神风貌去发扬"五四"精神。这个插说，由此及彼，借题发挥，可谓联想巧妙、意味深远。

2．举例

在演讲中，经常要用到举例。无论是叙事还是说理，都需要用一些例子来展开详细的描述和对概括的结论进行阐述，以增加文章的感染力和说服力。因此，演讲者一般都要在演讲稿中使用一些典型的事例。不过，在演讲过程中，举例的范围却往往可以突破演讲稿的局限，假如演讲者能够敏捷地从现场或听众中或与听众相关联的事物中捕捉或搜索到一些事例进行插说，不失为一种增强演讲效果的有效方法。

3．比喻

比喻是演讲者经常使用的修辞方法。一个好的比喻可以使演讲生动、浅显易懂和妙趣横生。因此，在演讲过程中，运用比喻的方法进行即兴插说，容易收到良好的表达效果。西部一单位领导在给刚刚分来的大学生讲话时，发现会场四周摆放了许多盆西部特有的花，于是就以这种花为比喻，用这种花的花期长和扎根西部、为西部所特有等特征来比喻大学生的扎根西部和为西部做贡献的精神。这位领导的讲话插说恰当、设喻巧妙，给听众以深刻的思想启迪。

4．设问

设问是演讲者与听众进行交流的一种重要途径。在演讲过程中突然设问每每会引出表现真情实感的回答，因此不失时机地采用这种自问自答的方式进行即兴插说，既可以感染听众的情绪，又可以激发听众去思考。

（五）随机应变的技巧

尽管演讲者在演讲之前都做了充分的准备，但是由于演讲环境复杂多变、听众成分不一、演讲者自身失误，演讲随时可能出现意外。因此，在演讲过程中，演讲者要善于捕捉演讲环境及听众的变化，处变不慌，准确判断，灵活地处置演讲中的偶发事件。

1．内容多、时间少的处理技巧

演讲者有时会发现在规定的时间内根本不可能完成演讲。遇到这种情况时，有些演讲者要么拖延时间，犯了演讲的大忌；要么惊慌失措，提高语速，使演讲变得前松后紧；要么删除演讲稿中的部分内容，致使演讲内容不够完整。对此，正确的处置方法是：压缩内容，删除事例和详细的分说；妥善使用概括语，将原文中的详细论证、说明、描述进行概括。需要注意的是，概括和压缩都要以不破坏演讲稿的体系为前提。

2．记忆中断的处理技巧

演讲过程中演讲者可能还会出现记忆中断的情况，这时演讲者切忌惊慌，应采用各种方法加以弥补。弥补记忆中断的主要方法有 3 种：①插话衔接法，即临时插话，对上面的内容加以发挥、阐释、例释；②重复衔接法，即加重语气，重复最后几句话；③跳跃衔接法，即通常所说的后话先说、前话后补。通过以上 3 种方法可赢得时间，使自己尽快回忆起忘却的内容。如果确实回忆不起来，则可以使用概括语替代。如果是无关大局的内容，则直接可以略去。千万不要停下来冥思苦想。

3．讲话失误的处理技巧

当演讲者不小心发生讲话失误时，可以用反问法加以掩饰，如可以说："我这样说对吗？显然是不对的！因为……"这样做的好处是，听众根本察觉不到演讲者的失误，反而会认为演讲者是在树立靶子，以加深听众的印象。

4．听众缺乏配合的处理技巧

有时会场上会出现一些演讲者不愿意见到的情况，如听众会显得很疲惫，喧哗而不注意演讲内容，冷漠而不积极配合。这时，演讲者应当迅速冷静地分析出可能的原因，或根据实际运用悬念法、幽默法、穿插法等，调整演讲内容，或围绕演讲中心运用举例法、故事法、提问法，把听众散漫的注意力拉回来。

5．对听众持反对态度的处理技巧

如果听众中有人对演讲者的观点提出反对意见，演讲者首先应该环视全场，然后面向持反对意见听众的方向，用亲切温和的态度设法消除对立。例如，你可以说："对于这个问题，有人有不同的看法，这是正常的，他们的观点也不能说没有道理，但是……"这时，演讲者就可以用进一步阐释自己的观点的方法来平息对立了。

6．遭遇干扰的处理技巧

在演讲时，如果场外有噪音干扰，演讲者应当稍停片刻，等噪音消失以后再讲。如果会场内有听众说话，演讲者可以停下来，看着说话的听众，用眼睛制止他们；假如仍不奏效，演讲者也千万不要动怒，应使用委婉劝说或突然提问法加以解决。演讲过程中还可能出现一些意想不到的尴尬，演讲者也应设法解除。例如，有一位演讲者上台时不小心被话筒线绊倒，他灵机一动，对听众说："我为广大听众的热情所倾倒！"这种幽默处置法既为自己解了围，又使演讲增色。

（六）充分利用直观教具

1．直观教具的种类

直观教具的种类很多，大致可以分为 5 种：

（1）黑板。这是最为普遍的教具，常被用于作关键词、要点的板书与简单的图画。

（2）实物。听众很愿意看演讲者正在谈论的或者与演讲话题相关的东西，演讲者可以将其作为直观教具。

（3）图表。图表包括广告、宣传画、组织图、结构图、挂图、表格等。

（4）多媒体。常见的多媒体是演讲者预先将演讲稿制作成幻灯片，以传递文字、图形、动画以及音频的信息。

（5）散发的材料。散发的材料即演讲者分发给听众的有关文字材料。

2．直观教具的作用

直观教具是帮助演讲者解释要点的装置。它在演讲过程中的作用体现在 3 个方面：

（1）可以抓住听众的兴趣，勾起听众的好奇心，从而吸引听众的注意力。例如，一位日本教授给大学生演讲，开始时场面很乱，教授从口袋里掏出一块黑糊糊的石头，然后说："请同学们注意看看，这块石头非常珍贵，在全日本，只有我才有这么一块。"听众顿时静了下来，教授于是开始了关于南极探险的演讲。

（2）可以显示、佐证、阐释、讲解演讲稿中的要点以及比较抽象的内容。黑板的板书或幻灯片可以显示演讲的要点，各种图表可以佐证演讲者的观点，组织结构图有助于演讲者阐释复杂的组织结构和理论体系，模型与挂图则有助于展示、讲解听众难以见到或肉眼不能见到的事物。

（3）直观教具还有利于听众把握和记忆演讲内容。研究表明，如果仅给听众口头信息，三天后，他们仅能记忆 10%；如果不用语言沟通而单给听众展示材料，听众将记忆 35%；如果语言和非语言两种信息都提供，听众就能记忆 65%。高科技的飞速发展给演讲者提供了更多更直观先进的教具，演讲者应学会使用。

3. 使用直观教具的注意事项

强调直观教具的重要作用，但并不意味着有了它以后听众就会注意演讲内容；直观教具能够强化演讲效果，但也不是说它能够替代演讲。演讲者一定要明白，直观教具只是支持演讲的附属品，而不是演讲的全部。因此，演讲者首先要确定在演讲的哪一部分、哪个细节使用教具以及使用哪种教具更为合适。其次，在演讲之前还要学会并演练教具特别是多媒体教具的使用方法，直到能够独立熟练使用为止，以防在正式演讲中出现问题，影响演讲；演讲者还应该到会场考察一番，熟悉演讲场所，看一看有没有配套设施，所用的直观教具能否清楚地显示出来。再次，演讲过程中还要把握好使用教具的时机，不要使得听众因注意教具而忽视了演讲；暂时用不到的教具要放在不显眼的位置，以防分散听众的注意力；利用教具讲解时，要用手指示，眼睛要与听众接触，而不是自己站在教具前面背对听众；另外，使每个人都能看到教具也是演讲过程中需要注意的问题。

>>> 练习与思考

1. 什么是口头表达？它有哪些特点？
2. 口头表达应遵循什么原则？
3. 简述即兴发言的类型及使用场合。
4. 要实现有效的交谈，应掌握哪些规则和技巧？
5. 你认为在交谈中应注意哪些问题？
6. 在演讲过程中怎样才能控制好自己的情绪？

>>> 课堂活动

交谈能力测评

阅读下面 10 道题目，请你根据实际情况，选择一个最能表达你自己真实想法或做法的答案。

1. 你是否只会对那些经过慎重挑选的朋友才大胆地吐露自己的心事和秘密？（　　）

　　A. 强烈肯定　　　　　　　　B. 有时　　　　　　　　C. 绝对否定

2. 在与一群人交谈时，你是否经常发觉自己驾驭不住自己，在想些与交谈话题无关的

事情？（　　）

    A. 强烈肯定　　　　　　　　B. 有时　　　　　　　C. 绝对否定

3. 别人问你一些复杂的事情，你是否会觉得"跟他讲几句没什么意思"？（　　）

    A. 强烈肯定　　　　　　　　B. 有时　　　　　　　C. 绝对否定

4. 你是否觉得那些过于表达自己感受的人是肤浅和不诚恳的？（　　）

    A. 强烈肯定　　　　　　　　B. 有时　　　　　　　C. 绝对否定

5. 你是否时常避免坦诚地表达自己的感受，因为你认为别人根本不会理解？（　　）

    A. 强烈肯定　　　　　　　　B. 有时　　　　　　　C. 绝对否定

6. 你是否觉得需要属于自己的空间和时间，一个人静静地才能保持清醒并整理好自己的思路？（　　）

    A. 强烈肯定　　　　　　　　B. 有时　　　　　　　C. 绝对否定

7. 与一大群人或朋友在一起时，你是否时常觉得有隔阂、孤独或者失落？（　　）

    A. 强烈肯定　　　　　　　　B. 有时　　　　　　　C. 绝对否定

8. 当一些你不太熟悉的人对你倾诉他们的生平遭遇以求得同情时，你是否会觉得厌烦甚至不加掩饰这种情绪？（　　）

    A. 强烈肯定　　　　　　　　B. 有时　　　　　　　C. 绝对否定

9. 当有人与你交谈或对你讲一些事情时，你是否经常觉得没有兴趣，很难聚精会神地听下去？（　　）

    A. 强烈肯定　　　　　　　　B. 有时　　　　　　　C. 绝对否定

10. 当一群人在一起聊天时，你是否经常觉得与他们没有什么共同语言？（　　）

    A. 强烈肯定　　　　　　　　B. 有时　　　　　　　C. 绝对否定

评分标准：

A=3　B=2　C=1

结果评价：

如果你的得分在 25～30 分之间，表明你只有在非常需要的情况下才会与别人交谈，但你仍然不会以交谈来发展友情。除非对方愿意主动与你接触或交谈，否则你便处于孤独的个人世界里。你的交谈能力存在很大问题。

如果你的得分为 24 分，说明总体上你有孤僻的倾向。你的交谈可能存在一些问题。

如果你的得分在 18～24 分之间，表明你比较热衷于跟别人交谈，交朋友是你的爱好。如果你与对方不太熟悉，你开始会比较拘谨，但是时间一长，你会变得非常愿意交谈。

如果你的得分在 10～17 分之间，表明你非常懂得交际，跟任何人都可以随意进行沟通，在群体中能够创造一种轻松热烈的气氛，具有很强的交谈能力。

>>> 案例分析

丘吉尔的演讲

1940 年，当希特勒的铁蹄踏过波兰、丹麦和挪威，直扑英吉利海峡的时候，英伦三岛上空顿时阴云密布。时任首相张伯伦因绥靖政策失败而引咎辞职。1940 年 5 月 10 日，65 岁的温斯顿·丘吉尔受任于危难之际，出任英国首相。5月13日丘吉尔在议会下院发表了题为《热血、辛劳、眼泪和汗水》的著名演说。丘吉尔铿锵有力的声音，一扫英伦三岛的低迷之气，极大地鼓舞了英国民众战胜法西斯的勇气和信心。

"正如我曾对参加本届政府的成员说的那样，我要向下院说：我没有什么可以奉献，有的只是热血、辛劳、眼泪和汗水。

摆在我们面前的，是一场极为痛苦和严峻的考验。在我们面前，有许许多多漫长的斗争和苦难的岁月。

你们问：我们的政策是什么？

我要说，我们的政策就是用我们的全部能力，用上帝给予我们的全部力量，在海上、陆地和空中进行战争；同一个在人类黑暗悲惨的罪恶史上所从未有过的穷凶极恶的暴政进行战争。这就是我们的政策。

你们问：我们的目标是什么？

我可以用一个词来回答：胜利——不惜一切代价，去赢得胜利；无论多么可怕，也要赢得胜利，无论道路多么遥远和艰难，也要赢得胜利。因为没有胜利，就不能生存。

大家必须认识到这一点：没有胜利，没有英帝国的存在，就没有英帝国所代表的一切，就没有促使人类朝着自己目标奋勇前进这一世代相传的强烈欲望和动力。

当我挑起这个担子的时候，我是心情愉快、满怀希望的。我深信，人们不会听任我们的事业遭受失败。此时此刻，我觉得我有权要求大家的支持，我要说：来吧，让我们同心协力，一道前进！"

讨论：

1．试分析丘吉尔演说的主要特点。

2．你认为做一次成功的演讲应该注意哪些问题？

第 四 章

非语言沟通

【知识目标】

掌握非语言沟通的含义及特点。

理解非语言沟通与语言沟通的关系。

了解非语言沟通的类型。

掌握眼睛在沟通中的功能和作用。

了解空间距离的功能和类型。

【技能目标】

正确运用身体表情达意。

学会面部表情的表达和解读。

掌握姿态语言的表达方法和技巧。

≫≫ 第一节 非语言沟通概述

沟通的主要工具是语言，但沟通的工具绝不只有语言，很多非语言符号也是重要的沟通工具。事实上，人们在沟通过程中常常会同时运用语言和非语言 2 种工具，特别是在人们面对面交谈时，会伴随着使用大量的非语言形式，这些非语言有时比语言本身更具意义。在沟通时人们甚至不需要通过语言，只需要通过一些动作、姿态、眼神、表情、服饰、仪表等非语言信号就能得到许多有价值的信息。有关研究表明，在沟通过程中，有 65% 的"社会含义"是通过非语言方式传递的。可以说，良好的沟通不仅可以使人们听到绘声绘色的讲述，还可以通过丰富多彩的表情、姿态、动作等使人们获得形象的感受。非语言形式的运用有助于增加对沟通对象的吸引力，体现沟通者的良好形象，增加对沟通者的信任感。

一、非语言沟通的含义及重要性

所谓非语言沟通，就是使用除语言沟通以外的各种沟通方式来传递信息的过程。非语言沟通的形式很多，包括形体语言、副语言、空间语言以及环境语言等，甚至没有表情的表情、没有动作的动作都是非语言沟通的有效途径。

非语言沟通在人类交际中具有十分重要的地位和作用。事实上，根据国外心理学家的调查研究，在信息传递的全部效果中，语言只占 7%，声音占 38%，而非语言沟通所起的效果最为明显，占到了 55%。可见，非语言沟通在实际沟通活动中起着非常重要的作用，甚至比语言表达更为重要。概括起来，非语言沟通的重要性主要表现在下述方面：

（一）非语言沟通能更真实地表明人的情感和态度

非语言行为在很大程度上是无意识的，因而它能更真实地表明人的情感和态度。当你与他人交谈后，你会很清楚地记得谈话的内容，因为这些话是通过你的思考、选择有意识地表达出来的，但在谈话时你做了哪些动作、用过什么样的姿势却难以说清，因为它们是自然而然地流露，你并没有刻意地去选择在说哪些话时采取哪些姿态。例如，我们会不自觉地接近自己喜欢的人，而与自己不喜欢的人谈话时则离得远些；当反对某些意见时，可能会把双臂交叉在胸前，而对某话题感兴趣时，会把身体倾向对方。面部表情、手势、形体动作和使用目光的方式，都向他人传递了我们的情感和情绪，别人能从我们的面部表情上发现愉快、悲哀、恐惧、愤怒和是否有兴趣。绝大多数人也能通过说话的速度、音调等准确地识别说话者的情绪。

（二）非语言行为所包含的信息远远超出语言所提供的信息

有关研究表明，非语言行为所包含的含义要比语言丰富得多，因为语言有时会把所要表达的意思的大部分甚至是绝大部分隐藏起来。所以，要了解说话人的深层心理，即无意识领域，单凭语言是不够的，人的动作比语言更能表现出人的情感和欲望。人类语言传达的意思大多数属于理性层面，这种经过理性加工表达出来的语言往往不能真实地表露一个人的真正意向，甚至还会出现"口是心非"的现象。这就表明，当一个人在谈话时，他可能戴上某种面具，讲的话可能是虚假的，而其身体语言的掩饰就不会那么有效了。正如人们常说的："不仅要听你说什么，更重要的是看你怎么说。"由此可见，非语言行为在沟通中所表现出的真实性和可靠性要比语言强得多，特别是在情感的表达、态度的显示、气质的表现等方面，非语言行为更能显示出它所独有的特性和作用。所以，在管理沟通过程中，尤其在准确表达丰富的情感、增强表达效果、提供可靠的心理活动信息时，都必须运用准确的非语言表达方式。

（三）非语言沟通能够影响并调控语言沟通

在沟通过程中，非语言沟通不仅起着配合、辅助和加强语言沟通的作用，而且能够影响并调控语言沟通的方向和内容。例如，在交谈过程中，讲话者应把目光集中在听话者身上，尤其是面部，意思是"我在跟你说话"。而听话者也应不时地注视一下讲话者，表示"我在听着呢"。讲话者在快讲完时，总是抬起眼望着对方，示意对方"该你讲了"。这时对方会接受这一信号，将目光移向讲话者，表示"我已经准备接话了"。然后听话者转为讲话者，重复刚才的一幕，谈话继续进行。如果在讲话者喋喋不休时，听话者东张西望，那就表示"够了，别讲了"，这时讲话者应及时作出调整。这种目光信号的交换伴随着整个谈话过程，调节着谈话的结构和内容。

不仅如此，非语言沟通还能验证和表达语言沟通所要传递的信息。例如，在一些娱乐节目中，我们会看到一种大众游戏，就是表演者不可以说话，但可以通过动作或者表情来表现一个成语或是一句话，让另外的参与者来猜。有时表演者做得很传神，参与者便回答准确；而有时表演者的表达不是很到位，参与者便会错误地理解表演者的意图而说出了毫不相干的意思，令观众忍俊不禁，这就说明非语言沟通在表达准确的时候可以真实地传递信息，而这个信息传递的过程又会受到动作、表情、理解等众多因素的影响。

（四）非语言沟通隐藏着丰富的文化内涵

人们的许多非语言行为都是在特定的文化背景下形成的，不可避免地受到文化环境、风俗习惯、思维方式、价值观念以及宗教信仰的影响，并在沟通过程中自然而然地将这些文化内涵反映出来。例如：

在佛教国家里，头是神圣不可侵犯的，你绝对不可摸别人的头；在伊斯兰教文化中，不能用左手碰食物或用左手拿东西吃，这会被认为是不干净的；在印度尼西亚、泰国和叙利亚等国，将脚踝交叠在一起被认为是举止粗鲁的表现；在德国和瑞士，用手指指自己是侮辱他人的行为；在越南，低下眼睛看着地面表示尊敬。

跷起大拇指，在德国表示点一份啤酒；在日本则表示你要五份啤酒；在中国跷起大拇指则表示对人的夸奖。

"OK"手势，在美国代表完美或正确；在日本是金钱的象征；对法国人而言，这表示"零"；在某些阿拉伯国家，它则代表诅咒；在德国、澳大利亚、俄罗斯和巴西，这却是猥亵手势。

在西方国家，那些有许多窗户和最好风景的办公室都是特意留给地位比较高的人的，而在日本却恰好相反，"坐在窗户旁边"暗示你已经从主要工作组中被排除出来，或者是已经被放在一边了。

在德国，办公室是单独的、分开的，并且在紧闭的办公室门上写着主人的名字。德国人不愿在一个敞开的大办公室里工作，因为自己的谈话能被别人听到显然是一种缺乏隐私权的表现。而在日本，办公室一般是不分开的，公司经常会使用一个很大的、开放的但是很拥挤的办公室，包括老板在内所有的人都坐在这里，他们认为这样有助于消除那些阻止非正式交流的隔阂。

二、非语言沟通的特点

非语言沟通包含着十分丰富的内容和信息，一个眼神、一个微笑、一个手势，甚至一种沉默，都能达到相互交流的目的，这表明非语言沟通与语言沟通相比具有十分突出的特点。一般来说，非语言沟通的特点主要表现在以下方面：

（一）独立性与伴随性

所谓独立性，是指非语言沟通能够把语言形式转换成非语言形式，并通过非语言形式表现出来。随着非语言沟通形式的不断发展，非语言沟通已经能够单独地表示一些简单的意思，如喜、怒、哀、乐、敌对与友好等。即使在语言沟通高度发达的今天，非语言沟通仍能够独立表示一些特定的含义。可以说，在沟通过程中，脱离非语言行为的配合，语言行为往往难以达到有效的交际目的。

　　所谓伴随性，是指非语言沟通往往起着配合、辅助和加强语言的作用。例如，它与语言表达的内容、对象、环境相结合，能够更为准确地反映语言沟通所要表达的真正思想和感情，起到了传播和交流信息的作用。有时候仅仅通过有声语言不能表达出全部信息，而非语言沟通的协助运用则能够达到更为显著的沟通效果。

（二）普遍性与特殊性

　　所谓普遍性，是指非语言沟通作为社会历史文化积淀的产物，许多身体语言、姿态语言为全世界大多数人所接受，具有普遍的适用性。它可以为不同民族、不同地位、不同肤色、不同语言或有着不同文化背景的人们所接受，并被理解为一致或接近的含义，如握手和微笑等。也正是由于非语言沟通具有普遍性的特点，所以人类的跨文化交流才能够成为现实。

　　所谓特殊性，是指不同的民族有不同的文化背景和生活习惯，由此决定了不同的民族具有不同的非语言沟通。例如，俄罗斯人表露自己感情的方式比较矜持，认为说话时指手画脚是缺乏修养的表现。然而，在西班牙和拉美，人们习惯在说话时不时地加上手、头的动作及面部表情，以加强说话时的语气。在日常交流过程中，每个人都有自己表露非语言沟通的方式。具有开放型性格的人，非语言行为会更丰富一些。而内向型性格的人则相反。对于一条让人兴奋的消息，开放型性格的人会大喊大叫，伴随着手舞足蹈；内向型性格的人至多面露微笑，而没有更多的非语言行为表露出来。非语言沟通的特殊性，要求我们在运用非语言沟通时要综合考虑对方的民族文化背景、习俗和惯例，对非语言沟通不能生搬硬套，防止失礼和不愉快的事情发生。

（三）多样性与唯一性

　　所谓多样性，是指在信息发送者、信息接收者、信息通道和沟通环境等因素的影响下，同一非语言行为会具有多种含义。例如，"双臂交叉，一动不动地站着"这一无声姿态，可能表达以下多种信息：对方紧张害怕，有恐惧心理；对方强作姿态，在某一问题上固执己见；对方坚强不屈，信心坚定，不愿苟同；对方正处于沉思静想状态，逍遥自在等。在这种情况下，需要结合特定的时间、地点、人物、背景等情况作出判断。正是由于非语言行为具有多样性，才导致了非语言行为的丰富多彩及其在沟通中独特的魅力。

　　所谓唯一性，是指非语言行为在特定的时间、地点等环境条件下所表达的意思是明确的、唯一的。不考虑非语言行为的环境条件，沟通就可能出现曲解、误会乃至完全理解错误。例如，日常生活中常用"握手"这一非语言行为，在初次见面时，表示礼貌与相识的欣喜；在到医院看望病人时，表示亲切的问候；在与朋友分离时，表示美好的祝愿；领导与犯了错误的下级握手，则表示信赖和鼓励；而两个有矛盾的人握手，表示言归于好等。因此，在不同的环境中，非语言行为只能表示明确的、唯一的信息，这一点在非语言沟通时要特别注意。

（四）外在性与内在性

　　所谓外在性，是指人们在进行非语言沟通时，以个人或群体的形体动作、表情、空间距离等外在表现作为信息发送的起点，通过一种可视的、直观的形式把所要表达的意思表达出来。例如：当你看到车间里的工人工作秩序井然、精神饱满、动作规范时，你会感到这个车间管理工作扎实、有效；当你看到谈判对手面带微笑、从容自若时，你会感到谈判对手很有信心，有望达成协议。

所谓内在性，是指非语言沟通受到人的气质、个性等内在心理因素的支配和影响。从心理学的角度看，非语言行为大都发自内心深处，极难压抑和掩盖，虽然是无声的动作，但却具有强烈的心理刺激，而且非语言行为所传递的信息往往比有声语言更能得到深刻明确的理解。例如，一对配合已久、相互非常熟悉了解的搭档参与经济谈判，在谈判过程中，能通过眼神、微笑、手势等，向搭档传递谈判的策略和交流谈判对方有关的反馈信息，也能激发搭档的灵感和创造性，在谈判中发挥互相协调、互相补充的整体威力，最终取得谈判的胜利。

三、非语言沟通与语言沟通的关系

英国学者阿盖尔提出，非语言沟通有 3 个基本用途：一是处理、操纵直接的社会情境；二是辅助语言沟通；三是代替语言沟通。由此说明，语言和非语言沟通各有其作用，它们相互作用、相互影响，有时语言沟通起主要作用，有时非语言沟通起主要作用。这就要求人们必须全面认识非语言沟通与语言沟通的关系，不能顾此失彼，不能因强调语言沟通而忽视非语言沟通的作用，也不能因强调非语言沟通而忽视语言沟通的作用。事实上，在沟通过程中，非语言沟通与语言沟通常常是伴随进行的，可以想象，脱离非语言行为的配合，语言沟通往往难以达到应有的效果；同样，脱离语言沟通的语意环境，孤立地理解某一非语言行为的含义也是很困难的。概括而言，非语言沟通与语言沟通的关系主要表现在以下几个方面：

（一）非语言行为能够强化语言信息

非语言行为在许多场合还能起到强化语言信息的作用。例如：在表达"我们一定要实现这个目标"时，要有力地握紧拳头；在表达"我们的明天会更好"时，要提高语调，同时右手向前有力地伸展等。这些非语言行为大大增强了说话的分量，体现出决策者的郑重和决心。现实生活中，我们常用手势与语言相结合的方法来强调事物的重要性、紧迫性和真实性。有时为了要强调一个人、一件事物和某个地点，人们会一边指着一边说："就是他！""就是这个！""就是这儿！"人们在生气的时候常常提高声音强度，并以一些动作来表达自己十分生气，例如：一名顾客眉头紧锁、表情严肃地向经理诉说着自己的不满，并不时地挥舞着双臂表示愤怒；上司拍打着桌子对下属的失职表示愤慨等。上述这些都是利用非语言行为来强化语言信息。

（二）非语言行为能够代替语言信息

非语言行为作为一种特定的形象语言，它可以产生有声语言所不能达到的交际效果。许多用有声语言所不能传递的信息，非语言行为却可以有效地传递。在日常工作中，人们都在自觉或不自觉地使用各种非语言行为来代替有声语言，进行信息传递和交流。利用非语言行为进行沟通有时能够省去过多的"颇费言辞"的解释而达到只可意会不可言传的效果。这正像人们所说的"此时无声胜有声"。例如：老师在课堂上提出问题，学生们举手表示"我想回答"；如果学生面对老师的提问一再摇头，虽然没有说"不知道"，但同样传递了"我不知道"或"我不会"的信息。需要指出的是，在管理沟通中运用非语言行为，要尽量生活化、自然化，与当时的环境、心情、气氛相协调。如果运用非语言行为时过分夸张或矫揉造作，只会给别人造成虚情假意的印象，影响沟通的质量，甚至会起到反作用。

（三）非语言行为能够补充语言信息

非语言行为可以在语言信息之外增加信息。以道别为例，在多数情况下，非语言行为与语言二者并用，互为补充。例如，如果人们言谈甚欢，在一方站起身来说"我得走了"的时候，对方也会起身相送，双方告别时还会增加目光的接触，表示："我们的谈话很有趣，有机会我们再聊好吗？"但是如果此前的谈话很不顺利，那双方的表情会显得冷淡，尽管也会说"再见"，但非语言行为（如移开目光、坐着不起身相送等）却可能暗示着"再也不想和你谈了""天哪，总算完了"等不同的含义。

（四）非语言行为能够重复语言信息

在交流过程中，人们为了使语言所表达的信息更容易被理解和接受，往往在说话的同时还伴随着意思相同的非语言行为。例如，幼儿园老师叫小朋友们上课时要专心听讲，不可以跟同桌小朋友说话的时候，会朝着小朋友摇摇手，强调千万不可以。

（五）非语言行为能够否定语言信息

当人们对语言沟通所传递的信息表示不满或意见有分歧时，人们可以通过非语言行为给予否定或拒绝。例如，两人发生了冲突，其中一个说："我真希望您没生气。"另一个立即回答："我才不生气呢！"不过声音是高调的，带着不屑的眼神，或者嘴角紧绷，握着拳头。虽然嘴里说"不生气"，其实是真的生气了，因为他的语气、声调及面部表情已经表明了这一点。再如，当某人在争吵中处于劣势时，却颤抖地说道："我怕他笑话！"事实上，从说话者颤抖的嘴唇上不难看出，他的确感到恐惧和害怕。这些例子都充分说明，当语言信息与非语言信息发生冲突时，最常被接受的是非语言信息的含义，或者说非语言信息揭露了真相。

（六）非语言行为能够验证语言信息的真实性

非语言行为所包含的信息常常是在不知不觉中反映出来的，是人们内心情感的自然流露，它所传递的信息更具有真实性。正因为非语言行为具有这个特点，因而非语言行为所传递的信息常常可以印证有声语言所传递信息的真实与否。在实际交流过程中，常会出现"言行不一"的现象。正确判断一个人的真实思想和心理活动，要通过观察他的非语言行为，而不只是听他的有声语言，因为有声语言往往会掩饰真实情况。日常工作中，同事之间的一个很小的助人动作，就能验证谁是你的真心朋友。在商务谈判中，可以通过观察对方的言行举止，判断出对方的合作诚意和所关心的目标等。

四、非语言沟通的类型

（一）按非语言行为传递信息的功能划分

根据非语言行为传递信息的功能不同，可将非语言沟通分为表态类非语言沟通和抒情类非语言沟通 2 种类型。

1.表态类非语言沟通

表态类非语言沟通即在沟通过程中通过非语言行为来传递态度或感受等有关信息。它包括警告、肯定与否定、同意与不同意、强调、致意、责备、尊重、蔑视、关心、怜悯、仇恨、鼓励、威吓、暗示、禁止、允许、赞扬、嘲笑等。例如：盛有剧毒的化学药瓶上贴着带有骷髅图形的标签，是警告别人"小心有毒"；夜间道路施工处安装有一闪一闪的红灯，是要求人们绕道，以免发生危险；在投票选举时，在选票上打钩或画圈表示赞成，打叉表示反对；在日常生活中，如果主人不停地打哈欠或看手表等，则是在含蓄地提醒客人及早离开。可见，所有这些行为都在表明一种态度。

2.抒情类非语言沟通

抒情类非语言沟通即在沟通过程中，通过非语言行为将自己对信息的理解、认识及心理反应反馈给他人。这些心理反应主要有高兴、悲哀、愤怒、惊讶、失望、困惑、厌倦、激动、恐惧、痛苦、忧愁、烦恼、犹豫和无动于衷等。以嘴的动作为例，撅嘴表示不高兴；撇嘴表示不满；咧嘴可能是开心，也可能是痛苦；张嘴可能是哭，也可能是笑；抿嘴可能是含蓄地流露出心中的暗喜；闭嘴或许是想将情感隐藏起来。人们从这些嘴部动作可以判断一个人的喜怒哀乐。

（二）按非语言行为存在的状态划分

根据非语言行为存在的状态，可将非语言沟通分为身体语言沟通、副语言沟通、环境语言沟通等类型。

1.身体语言沟通

身体语言沟通即在沟通过程中通过身体的固有特征或身体的某些动作来传递交流信息。它既包括身体动作，如手势、面部表情、眼神、头及四肢的动作等，也包括个人的身体特点，如体形、体格、姿势、气味、高度、体重、头发颜色及肤色等，同时还包括用于个人装饰的服装、饰品及化妆等。

2.副语言沟通

副语言是指发出的有声但无固定语义的辅助语言，像音质、音调、音高、讲话的速度，以及诸如停顿、叹息或嘟囔的声音。副语言虽然有声音，但却是非语言的。所谓副语言沟通就是通过人的音质、音量、语速、语调等所进行的信息传递与交流，如沟通过程中的各种笑声、叹息、呻吟以及各种叫声。哈哈大笑、爽朗的笑、傻笑、苦笑、冷笑、假笑、讨好上司的笑、无可奈何的笑，诸如此类，都等于在说话，有时甚至胜似说话，它可谓不分音节的语言。

3.环境语言沟通

环境语言沟通即通过环境因素所进行的信息传递与交流。它不仅包括自然环境，如建筑设计、办公场所、房间布置、家具摆放、色彩搭配、光线、噪音等，而且包括空间环境，如空间利用方式、座位布置、空间距离等，同时还包括时间环境，如准时、迟到或早到、让别人等候等。

>>> 第二节　身体语言沟通

在日常生活中，身体语言是人们沟通中最常用的一种形式，因此，学会观察和利用身体语言是实现有效沟通的基本保证。概括起来，身体语言具有以下一些特点：①身体语言是利用身体动作或姿势来传递信息的一种非语言沟通手段。②在一个民族或一种文化里，用什么样的身体语言来表示什么意思，是约定俗成的。违反了规则，就会引起误解。③身体语言可以是有意识的，也可以是无意识的。一个人走路的姿势大多是无意识的，但却能传递某种信息。④身体语言是以生理肌肉活动为基础的身体动作或动作停顿下来形成的姿势。⑤身体语言可以用来代替语言，同时也可以与语言相互补充或强调语言传递的信息。⑥身体语言可以是天生的，也可以是后天养成的。在沟通过程中，最常用的身体语言主要有肢体语言、面部表情、姿态语言以及着装打扮等。

一、肢体语言

肢体语言主要指四肢语言，包括手部语言、头部语言、腿部语言以及肩部语言等。通过对肢体动作的分析，可以判断人的心理活动或心理状态。

（一）手部语言

由于手部动作比较灵活，因此运用起来更加自如，手部语言也就成了肢体语言中最核心的部分。手势可以是各民族共通的，如摇手表示"不"；手势也可能会因文化不同而异，如英美人面对开来的车辆，右手握拳，拇指翘起向右肩后晃动，表示要求搭便车，但在澳大利亚和新西兰，这一动作往往会被看作是淫荡之举。手部语言具体如下所述：

1. 手掌

一般认为，敞开手掌象征着坦率、真挚和诚恳。判断一个人是否诚实，有效的途径之一就是观察他讲话时手掌的活动。小孩子撒谎时，手掌藏在背后；成人撒谎时，往往将双手插在兜内，或者双臂交叉，不露手掌。常见的手掌语言有 2 种：掌心向上和掌心向下。掌心向上，摊开双手，表示真诚坦率，不带任何威胁性；而掌心向下，表明压抑、控制，带有强制性和支配性，容易使人们产生抵触情绪。

2. 手指

双手插在上衣或裤子口袋里，伸出两拇指，是显示高傲态度的手势；将双臂交叉于胸前，双拇指翘向上方，这既显示防卫和敌对情绪，又显示十足的优越感，这种人极难接近；若在谈话中将拇指指向他人，这是嘲弄和藐视的信号。如果伸出食指，其余的指头紧握，指着对方，是表示不满对方的所作所为而教训对方，带有很大的威胁性。如果将双手手指架成耸立的塔形，表示有发号施令和发表意见的欲望；若成水平的尖塔形则表示愿意听取别人的意见。

3. 背手

有地位的人都有背手的习惯，当他们站立或走路时，双臂背在背后并用一只手握住另一只手，表示的往往是有一种优越感和自信心。不仅如此，背手还可以起到镇定作用，双手背在身后，表现出自己的胆略。学生背书，双手往后一背，确能缓和紧张情绪。但要注意的是，若双手背在身后，不是手握手，而是一手握另一手的腕、肘、臂，则成为一种表示沮丧不安并竭力进行自我控制的动作语言，暗示了当事者心绪不宁的被动状态。

4. 搓手掌

冬天搓手掌，是防冷御寒。平时搓手掌，正如成语"摩拳擦掌"所形容的跃跃欲试的心态，是人们表示对某一事情的急切期待的心情。运动员起跑前搓搓手掌，表示期待胜利；国外的餐馆服务员在你桌前搓搓手掌，问："先生，还要点什么？"这实际上是对小费的期待，对赞赏的期待。

5. 双手搂头

将双手交叉搂在脑后，这是有权威、占优势地位或对某事抱有信心的人经常使用的一种典型的表示高傲的动作。这也是一种暗示拥有权利的手势，表明当事者对某地某物拥有所有权。如若双手支撑着脑袋，或是双手握拳支撑在太阳穴部位，双眼凝视，这是脑力劳动者惯用的一种帮助思考的手势。

6. 亮出腕部

男性挽袖亮出腕部，是一种力量的展示，显示了积极的态度。女性的腕部肌肤光滑，女性露腕亮掌，具有吸引异性的意图。

7. 握手

握手是现代社会习以为常的见面礼，然而握手的方式却千差万别。握手的力量、姿势和时间的长短都能传递不同的信息。根据握手的力量、姿势和时间的长短的不同，可将握手分为以下几种类型：

（1）支配性与谦恭性握手。握手时手心向下，传递给对方的是支配性的态度。研究证明，地位显赫的人习惯于采用这种握手方式。掌心向上与人握手，传递一种顺从性的态度，表示愿意接受对方支配，谦虚恭敬。若握手双方都想处于支配地位，握手则是一场象征性的竞争，其结果是双方的手掌都处于垂直状态。研究表明，同事之间、朋友之间、社会地位相等的人之间往往会出现这种形式的握手。

（2）直臂式握手。握手时猛地伸出一条僵硬挺直的胳臂，掌心向下。事实证明，这种形式的握手是最粗鲁、最放肆、最令人讨厌的握手形式之一，所以在日常生活中应避免这种握手方式。

（3）死鱼式握手。一方伸出软弱迟钝的手，有气无力地让对方去握，像一条死鱼，给人一种很不情愿的感觉。这种握手使人感到无情无义，受到冷落，还不如不握。

（4）双握式握手。采用这种方式握手的人是想向对方传递真挚友好的情感，常常是先用右手握住对方的右手，再用左手握住对方的手背，双手夹握。西方亦称之为"政客式握手"。这种握手包括 2 种形式：①"手握式握手"，即用两只手紧紧握住对方的一只手并上下用力摇动；②用右手抓住别人的右手不放，左手同时做出各种"亲密"动作，如抓住别人的手腕、手臂、肩头等。左手触及别人身体的位置越高，就表示越热情、越亲密。

（5）折骨式握手。这是一种用力过猛的握手形式。握手时用拇指和食指紧紧抓住对方的四指关节处，像老虎钳一样夹住对方的手，让别人感到疼痛难忍。很显然，这种握手方式会让人感到畏惧和厌恶。

（6）蜻蜓点水式握手。这种握手方式不是满手张开去握住对方的整个手掌，而是轻轻地捏住对方的几个指尖，给人十分冷淡的感觉，其用意是要与对方保持距离。女士同男士握手时往往会采用这种方式。

（二）头部语言

头部动作也是运用较多的身体语言，而且头部动作所表示的含义十分细腻，需根据头部动作的程度并结合具体的条件来对头部动作传递的信息进行判断。

1．点头

点头这一动作可以表示多种含义，有表示赞成、肯定的意思，有表示理解的意思，有表示承认的意思，还有表示事先约定好的特定暗号等。在某些场合，点头还表示礼貌、问候，是一种优雅的社交动作语言。

2．摇头

摇头一般表示拒绝、否定的意思。在一些特定背景条件下，轻微地摇头还带有沉思的含义和不可以、不行的暗示。另外，头朝对方略微侧转表示注意；单手或双手抱头表示沉思、沮丧或懊恼。

（三）腿部语言

（1）站立时两腿交叉往往给人一种自我保护或封闭防御的感觉；相反，说话时双臂张开，脚尖指向谈话对方，则是友好交谈的开放姿势。

（2）架腿而坐，表示拒绝对方并保护自己的势力范围；而不断地变换架腿的姿势，是情绪不稳定或焦躁、不耐烦的表现；在讨论中，将小腿下半截放在另一条腿的上膝部，往往会被人理解为辩论或竞争性姿势；女性交叉上臂并架脚而坐，有时会给人以心情不愉快甚至是生气的感觉。

（3）坐着的时候无意识地抖动小腿或脚后跟，或用脚尖拍打地板，表示焦躁、不安、不耐烦或是为了摆脱某种紧张感。

（四）脚部语言

脚的动作虽然不易观察，但却更直观地揭示了对方的心理。抖脚可表明轻松、愉快，也可表示焦急不安；跺脚表明兴奋，但在愤怒时也会跺脚；脚步轻快表明心情舒畅；脚步沉重说明疲乏，心中有压力等。双脚呈僵硬的姿势，表示紧张、焦虑；脚尖点地表示轻松或无拘束；坐着时脚尖来回摆动表示轻松或悠闲。

（五）肩部语言

耸肩膀这一动作外国人使用较普遍。由于受到惊吓，一个人会紧张得耸肩膀，这是一种生理上的动作。另外，耸肩膀还表达"随你便"、无可奈何、放弃、不理解等含义。

二、面部表情

人的面部表情是非常有效的沟通工具，嘴、眼、眉等能敏锐地传递特殊的感情、想法和目的。人的脸部能够表达生气、快乐、恐惧、伤心、幸福、惊讶、关心、担忧、窘迫、不屑一顾等各种表情。事实上，人们可以有超过25万种不同的面部表情，而我们能够进行描述的面部表情却为之甚少。面部表情能传达多种情感，同时也能轻易地隐藏情感。在一些社会文化中，人们被教育不要轻易表达情感，对受伤的感情也要把它伪装起来。所以，虽然人们经常运用面部表情，但是它们所表达的情感并不易被解读。

解读面部表情是一个复杂的过程，面部经常迅速显示几种感情的组合。提高一个人对面部表情的解读能力的最好方式是观看人们说话时面部表情的无声录像。观看眉毛的扬起或紧皱、瞳孔的变化、鼻子的张合、嘴唇的绷紧与放松、牙齿合上或紧咬等变化，揣摩其中的含义。例如，瞳孔放大可能意味着听者对你正在讲的内容感兴趣，瞳孔缩小说明他或她不喜欢你所说的内容。常用的面部表情语言包括眼睛、嘴巴、眉毛等的动作。

（一）眼睛

眼睛是心灵的窗户，在人体的各个器官中，眼睛一直是神秘力量的源泉，它能够传神地表达出一个人的内心感情，具有很强的交流功能和感染力。中国绘画艺术中所讲究的"画龙点睛"充分说明了眼睛是神采的表现这一道理。

1. 眼神交流的方式

一般来说，通过眼睛进行交流的常见形式有目光接触、视线交流、目光回避、扫视、斜视和眨眼等。这里重点介绍目光接触与视线交流。

（1）目光接触。在不同的文化环境中，目光接触的习惯有所不同。美国人认为那些回避目光接触的人不可靠、不友善、不值得信赖，或者不专注、不客观。但是，过多的目光接触显得专制独裁，过少则是软弱的表现。日本人认为直接的眼神接触是一种威胁，并且认为与长者说话应低垂眼睛，以表示尊敬。阿拉伯人通常直接看着对方的眼睛说话，他们相信眼睛是心灵的窗户。拉美文化和非洲文化鼓励长时间的目光接触，但身份较低的人对身份高的人这样做则被认为是对身份高的人的不尊敬。

（2）视线交流。在人们日常交往过程中，视线交流具有以下特殊功能：①爱憎功能。深切注视，是崇敬的表示；横眉冷眼，是仇人相见的目光较量。②威吓功能。用视线长时间盯视对方还有一种威吓功能。警察对罪犯、父母对违反规矩的孩子，常常怒目而视，形成无声的压力。③暗示功能。通过视线交流，人们能够把自己的意图及想法清晰地暗示出来，从而达到心领神会的效果，这正像人们所说的"心照不宣"或"心有灵犀一点通"。④显示地位功能。如果地位高的人与地位低的人谈话，那么，地位高的人投于对方的视线，往往多于对方投来的视线。

2. 眼睛的功能和作用

研究表明，眼睛具有许多特有的交流功能，透过眼神或眼色可以看到人的内心世界。其沟通功能和作用大致包括以下几点：

（1）专注功能。眼神能够反映出一个人的注意程度及兴趣程度。一般来说，瞳孔的大小能精确地反映一个人的兴趣水平和对他人的态度。例如，当兴趣强烈时瞳孔会放大，而当兴趣减少时瞳孔就会收缩。

（2）说服功能。眼睛在说服性沟通中能起到重要的作用。在沟通中，劝说者要想使人感到真诚可信，必须与被劝说者保持眼神接触。为了避免可信性的显著下降，劝说者不能经常向下看或眼光离开被劝说者。过度的眨眼和明显的眼皮颤动都会让对方生疑。

（3）亲和功能。目光在建立、保持以及终止人际关系方面扮演着很重要的角色。例如，注视表明你对对方很感兴趣，并允许对方获得关于你的信息。这里需强调的是，目光交流在人际关系发展方向方面的作用比其他任何一种非语言交流都更重要一些。

（4）暗示功能。有足够理由说明，眼神配合手势可以更好地进行暗示。

（5）表达情感功能。眼睛和脸部表情可以作为交流中有效的中介体。要想了解一个人是在表达一种肯定的还是否定的感情时，可以通过观察眼睛的瞳孔来加以判断。当你所表达的是肯定的情感，如高兴或幸福时，瞳孔就会增大；反之，当你表达的是否定的情感，如悲伤或痛苦时，瞳孔则会缩小。总之，眼睛可以正确反映一个人是在表达肯定还是否定的情感，这与"喜形于色"的说法是一致的，即人们常把自己的情感表露于面色上，把情感的冷热度显现在目光中。因此，希望了解别人心情和情感的人，可以依靠对方的面部和眼睛所提供的信息进行判断。

（6）表示地位与能力功能。人的目光不仅可以折射其地位高低，还能有效地反映出其领导潜力。一份对某军校警官的目光举止的有趣研究显示出，级别低的警官看上去比级别高的警官更谦逊，同时也证实那些看上去行动谨小慎微的学员大多数只担任级别较低的领导职务。事实上，实权在握的人其目光通常很有力。这类人常以有力的目光注视着自己的部下，控制着他们的情绪。相反，那种回避和低头不敢对视的目光一般被看作软弱屈从的标志。通常，这类人不具有领导才能或领导能力不强。

（二）嘴、眉及微笑

1．嘴

嘴的动作也能从各方面反映人的内心。嘴的表情是通过口形变化来体现的：鄙视时嘴巴一撇；惊愕时张口结舌；忍耐时紧咬下唇；微笑时嘴角上翘；气急时嘴唇发抖等。当然，嘴还可和身体的其他部位配合以表示不同的含义。

2．眉

眉在交流的过程中也能扮演着重要的角色：当人们表示感兴趣或有疑问的时候，眉毛会上挑；当人们赞同、兴奋、激动时，眉毛会迅速地上下跳动；处于惊恐或惊喜之中的人，他的眉毛会上扬；而处于愤怒、不满或气恼时，眉毛会倒竖；当窘迫、讨厌和思索的时候，往往会皱眉。

3．微笑

微笑能给人一种容易接近和乐于交流的印象。善于交际的人在人际交往中的第一个行动就是面带微笑。一个友好、真诚的微笑会传递给别人许多信息。微笑能够使沟通在一个轻松的氛围中展开，可以消除由于陌生、紧张带来的障碍。同时，微笑也显示出你的自信心，表示你希望能够通过良好的沟通达到预定的目标。

三、姿态语言

姿态是指人们身体语言不断变化所呈现的状态，如坐姿、站姿、身体接触等。姿态在传递有关自信度、个人偏好、独断性、权力大小方面的信息上起着关键的作用。不同的姿态传递不同的信息，人们内心活动的变化会以姿态语言有意无意地流露出来。从一定意义上说，姿态是人们心理活动的晴雨表。有研究者认为，至少有 1 000 种不同的姿态语言。至于这些姿态语言传递的究竟是哪一种信息，还要视具体的语境而定。

（一）姿态语言传递的主要信息

人的姿态常常能"说"出很多话来，表达出种种不同的信息。一般来讲，无论是站着还是坐着，当一个人放松或悠闲的时候，身体往往处于比较舒展的状态；而当一个人不舒服、紧张害怕时，整个身体都是绷得紧紧的，手臂和双腿紧靠在一起。一个人是直挺挺地站着，还是斜靠着门站着；是端端正正地坐着，还是随随便便、跷着二郎腿、交叉着腿或并排着腿坐着等，这些都能传递一定的信息。概括而言，姿态语言主要传递了以下 4 种信息：

（1）态度信息。姿态不仅可以帮助我们传递或强化语言表达的信息，而且还能够生动地反映出信息传播者对他人的态度。

（2）心理信息。姿态可以有效地提供确切的个人心理状态的信息。它不仅能够表明人们是否自信，而且能暗示出自信的程度，还能将人们消极的心理状态暴露无遗。

（3）情趣信息。姿态能够反映人们情绪的变化。

（4）相关信息。姿态还能揭示许多其他重要的相关信息，如个人偏好、权利地位以及心理变化等。显然，如果人们不了解姿态所提供的相关信息，在人际沟通过程中就容易产生误解，甚至引起不必要的冲突。

（二）各种姿态语言说明

1．开放式姿态和封闭式姿态

在沟通时，开放式姿态是很受欢迎的，因为它能够给人传递这样一个信号：我真诚地努力表现出自己真实的思想。开放式姿态通常表现为以下一些动作：伸展一下双手、松一下衣服扣子或领带、放松一下四肢、双手背后、下颌微抬、斜着身子、以手托头等。相反，封闭式姿态则是不受欢迎的，因为它带有制造不愉快气氛的意味。封闭式姿态通常表现为以下几种：紧缩双臂、夹紧双腿、目光下垂、捻弄手指、拉衣服和摸耳朵等。这些动作通常是一种不自信的信息流露。事实上，任何毫无意义的动作都可能被解释为紧张的表现。

2．喜欢姿态与不喜欢姿态

希望别人喜欢自己的愿望人人皆有。要想知道自己是否受人喜欢，可以通过观察别人的姿态语言来进行检验和判断。当别人向你传递的姿态语言是短时间的目光接触、白眼、不高兴的面部表情、相对较少的动作、身体僵硬、神情冷漠、身体紧张等，表达的显然是"不喜欢"。相反，当别人向你传递的姿态语言是亲切的目光、友好的眼神、微笑的面部表情、自由放松的动作等，则表达的肯定是喜欢。

3．有权姿态和无权姿态

具有一定权力的人，无论权力大小，都希望被别人认可，他们有意无意地表现出来的姿态语言中暗示了其权势感。表示权力与地位的姿态语言主要有：放松的姿态、昂首直立的身姿、果断有力的手势、持续而又直接的凝视、相对夸张的动作、适当的瞪眼、适时的打断、适当地接近别人等。

一般说来，那些有一定官职却并不渴望得到别人认可的人，一般不会是一个强有力的人物。在这类人身上常常会显出一些没有权势感的姿态暗示，如身体紧张、过度微笑、别人发言时一直不直接看别人且频繁地向下看、很早到场、坐在会议桌的最后、经常移动脚、注意力分散、动作僵硬等。

4．身体接触

人类感觉的发展顺序是触觉、听觉和视觉，但是在长大成人后，使用感觉的顺序却正好相反，为视觉、听觉和触觉。心理学家强调，人类有触摸的重要需求，在婴幼儿时期，适当的触摸满足感对婴儿日后的健康发展有着重要的作用。身体接触不仅对健康发展很重要，而且也是人类的一种重要的非语言沟通方式。它使用形式多样，并富有强烈的感情色彩，也具有强烈的文化特色。由于身体接触进入了最敏感的近体交际的亲密距离，容易产生敏感的反应，特别是在不同的文化环境中，身体接触具有不同的含义，因此在沟通中要谨慎地对待。中国学者毕万继在他的《跨文化非语言交际》中，归纳了中国人与英语国家的人对身体接触的不同认识：在英语国家，除儿童之间，同性之间的身体接触行为如勾肩、搂腰、拉手是同性恋的表示，但在异性之间如果有类似的行为却毫不为奇，有些男女好友由于久别重逢甚至可以相互拥抱和亲吻。在给人带路时，不论对方是同性还是异性，都以不触碰为得体，一般也不并肩而行，而是领着对方走。在穿过拥挤的人群时，英语国家的人喜欢用手来分路，而不用身体挤过人群。在拥挤的公共场合，会尽力避免大家挤在一起，即使是长途旅行，如果座位不够，宁愿站着或大家轮流坐，也不挤在一起坐。人并肩而行，无论是同性还是异性，都应保持三四寸的距离。如果表示安慰，常常拍一拍对方放在桌上的手或拥抱一下对方；如果表示鼓励，可以用手拍拍对方的肩膀。一般情况下不能随便触摸别人的身体，即使是想对长得很漂亮的小孩表示喜爱和赞美时也不行，尤其是对女孩，如果男性成年人触碰或拥抱女孩，有时会怀疑该男子有猥亵的企图。上述这些都与中国人的认识有一定差别。

四、着装打扮

在现代生活中，人们的着装打扮已远远超越了最基本的遮羞避寒的功能，其更重要的功能是向别人传递属于个人风格的信息。服装、饰物及化妆都作为沟通手段发挥着重要作用。

（一）服装

服装对非语言沟通极为重要。衣服的颜色、款式和风格等能够传递许多信息，其不仅可以表示一个人的社会地位、身份和职业性质，而且能够反映人的心理特点和性格。服装能够透露人的感情信息，常常是你如何感觉的就会如何穿着，而穿着如何又会影响着你的感觉。

一般说来，服装可以分成制服、职业装和休闲装几类。制服是最专业化的服装形式，它表明穿着者属于一个特定的组织。最常见的制服是军装，军装告诉人们着装者在军队中所处的地位以及与他人的关系。职业装是企事业单位为员工提供的服装，它是企事业单位形象识别系统的组成部分，如公司为员工提供的职业装，学校为教职工提供的职业装等。休闲装是工作之余的穿着，这种服装的选择权在个人，所以休闲装能够表现人的个性。

关于服装的颜色值得注意。在西方，黑色是丧服的颜色，白色为婚庆礼服的颜色；但在东方，丧服往往用白色，婚庆用红色。在古代欧洲，紫色一般是权力的象征，而在古代中国，黄色才是不可侵犯的权贵颜色。皇帝的龙袍是黄色的，唐朝以后甚至规定非天子不得穿黄袍，不过紫色在中国古代也代表权贵。在正式的工作场合，最佳颜色为黑和白，其次是灰色、褐色系列。

（二）饰物

饰物在人的整体装饰中至关重要，一件用得适当的饰物好似画龙点睛，能使你气质出众。佩戴饰物有 3 点要求：与服装相协调，与人相协调，与环境相协调。不要在正式场合询问对方所佩饰物的新旧、价格及购自何方，更不能动手去触摸对方的饰物，这样会使对方感到恼火。任何时候男士在室内都不戴帽子、手套。女士的纱手套、帽子、披肩、短外套等，作为服装的一部分，则可在室内穿戴。在他人办公室或居室里，不要乱放自己的衣帽，当主人允许后，才可以按照要求放好。领带和领结被称为西装的灵魂，选择上应下一番工夫。在正式场合穿礼服时，可配以黑色或白色领结。蝴蝶结在运动场上或比较轻松的场合大受欢迎，但打上蝴蝶结参加社交活动给人的感觉就不太严肃了。

男士的腰带分工作和休闲 2 大类。工作中应以黑色和棕色的皮革制品为佳。而配休闲服装的腰带，只要漂亮就可以。腰带的颜色和式样不宜太醒目。女士系腰带应考虑同服装相配套；还要注意体型问题，如是纤细柳腰，系上一条宽腰带会楚楚动人，如腰围太粗，可系一条环扣粗大的腰带，使腰带的环扣成为瞩目的焦点。

纽扣在服装上的作用是很大的。女士服装上的纽扣式样可以千姿百态，而男士的纽扣则不宜追求新潮。西装上衣为双排扣的，穿着时一定要把扣全系上。如果是单排扣的，还有两粒与三粒纽扣之分。前者应系上面那一粒纽扣，后者应系中间那一粒纽扣。

眼镜选配得好，可使人显得儒雅端庄。方脸的人要选大圆框、粗线条的镜框，圆脸的人宜选四方宽阔的镜框，而椭圆形脸最适合选框型宽阔的眼镜。在室内不要戴黑色等有色眼镜，如遇眼疾不得已而为之，应向主人说明缘由。

女式手提包应套在手上，不要拎在手里，手包大小应与体型相适应。男士在公务活动中携带的公文包应以黑色、棕色的上等皮革制品为佳。女士用的钱夹可以随手携带，或放在提包里。男士的皮夹只能放在西装的上衣内侧口袋里。

（三）化妆

化妆跟衣服一样，是皮肤的延伸。常见的化妆品有胭脂、粉、唇膏、指甲油、香水等。化妆的目的在于重整面部焦点的特征，如单眼皮变双眼皮、细小的眼睛变大的眼睛、扁平的鼻子显得高耸、青白的面色变得红润等。化妆是一种身体语言，一位女士精心打扮，除了令自己更好看，还可能"告诉"你 3 件事：①我肯花时间在化妆上，而时间就是金钱，所以我的社会地位并不低；②我的化妆品是贵重的，这反映了我的财富；③我与其他同样精心化妆的人是特别的一群，与你们不同。

>>> 第三节　环境语言沟通

沟通与环境是密不可分的。环境既是沟通的必要条件，又是沟通的重要工具，利用环境语言同样能够表情达意和传递交流有关信息。这种通过环境语言所进行的信息传递和交流就是环境沟通。一般说来，环境沟通的主要方式有空间距离以及环境布置等。

空间距离是重要的环境沟通语言。沟通过程中，不同的空间距离能够表达不同的含义和情感，甚至能够反映出不同的信仰、价值观及文化内涵。日常生活中，人们时时刻刻都与空间距离相联系，并利用空间距离表达或传递信息。例如，当你一走进教室，你就面临着一个怎样使用空间的决策，即你必须选择坐在哪里。看起来坐在哪里似乎是一件随便的事情，但事实上你所坐的位置已经反映了你将会与老师发生多大程度的相互影响。如果你在前排或比较明显的位置，表明你可能希望与老师有更多的讨论和交流；如果你坐在后排或角落里，表明你可能在向老师传递不想交流的信息。可以说，人们通过对空间、场所以及距离的利用，丰富地表达着自己的心理、情感和愿望。

一、空间距离的功能

（一）空间距离表达了领地意识

围墙、门以及其他作为隔断和边界标志的东西，把某人的领地与别人的领地分割开来。领地边界代表了安全和隐私，保护个人不受他人的侵犯。对人们而言，拥有一种"家"的感觉似乎相当重要，因为家是熟悉的、可预期的和属于自己的。英国的一项研究表明，那些拥有自己院子的家庭比那些与人共享公共院子的家庭更友善。空间距离正是表达了这样一种领地意识，它反映了人们对个人安全的保护的要求。

1. 空间距离反映了亲密程度

观察人们与他人之间保持的距离，可以发现哪些人处于密切的关系中，哪些人处于更为正式的关系中。如果你走进总经理的办公室，他继续坐在自己的办公桌前，可以预见你们的谈话将是正式的；如果他请你在房间一角舒适的椅子上与他并肩而坐，则意味着他力图营造一种亲切交谈的氛围，那么谈话将会是非正式的。

2. 空间距离代表了人的身份

在一个组织中，空间距离能够显示个人的地位高低和权力大小。其主要表现为：①一个人的身份地位越高，拥有的空间就会越多越好，公司高层管理人员往往拥有大而漂亮的办公室；②一个人的级别越高，受到的保护就会越好，如有较高身份地位的人，通常都有秘书或助理以供差遣，他们的工作是保护老板的时间，并过滤老板不想见的人；③一个人的地位越高，就越容易进入较低地位的员工的领域，如经理可以随意地走进下属的办公室，即使下属办公室的门是关着的，但是下属对经理却不能如此行事。

（二）空间距离的类型

有人把为满足不同需要而使用的"空间距离"划分成 4 种，即亲密距离、私人距离、社交距离和公众距离。

1. 亲密距离

亲密距离一般在 0～0.5 米之间，交谈者可有意识地与对方频繁地进行身体接触。适用对象为父母、夫妻、知心朋友或情侣之间。在工作场所很少使用这种距离，虽然某些时候一个人向另一个人耳语、握手、拥抱也很常见，但这样的接触通常在数秒钟内就会结束，当事人会立即回到私人距离或社会距离。

2. 私人距离

私人距离一般在 0.5～1.2 米之间，这是人们在进行非正式的个人交谈时最经常保持的距离。这个距离远到足以看清对方的反应，近到不侵犯亲密距离。这一空间通常被说成是看不见的气泡，将每个人团团围住，它的大小可根据交流情形膨胀或缩小。人们习惯性设定的私人距离会反映出人们自信心的强弱和保护个人隐私的心态。成功的沟通者在与他人接触时会对他人设定的私人距离保持足够的敏感性。

3. 社交距离

社交距离一般在 1.2～3.5 米之间。商业活动、咨询活动、交往性聚会和工作访谈等都需利用社交距离。在一个有许多工作人员的大办公室里，办公桌是按社交距离摆放的，这种距离使每个人都能够把精力集中在自己的工作上。在一些重要人物的办公室，办公桌也大到足以使来访者保持恰当的社交距离。社交距离的控制基于谈话姿态、交谈对象等因素，诸如你是站着、坐着，或者你是与一个人交谈还是与一群人交谈。

4. 公众距离

公众距离一般在 3.5 米以上。这一距离大多用于讲课、演说、演戏等场合。在公共距离下，谈话内容不涉及个人私事，因此人们说话声音会较高，手势也比较夸张，同时人们相互影响的机会也更少。

（三）影响空间距离的因素

1. 地位

当两人之间地位差距拉大时，那么他们之间的空间距离也会随之增加。地位低下的人常常意识到他们需要与地位高的人保持一定的距离。

2. 个性

与性格内向的人相比，性格外向的人在与他人接触时会保持较近的空间距离；与缺乏自信心的人相比，自信心强的人在与别人接触时空间距离也较近。

3. 熟知程度

通常，人们总希望与自己熟悉的同伴或好朋友保持较近的距离，而尽量远离陌生人。

二、环境布置

环境布置不仅影响人的工作效率和效果，而且也反映出许多信息。在管理过程中，环境布置的重点主要集中在办公室设计、房间颜色搭配及办公室陈设等方面。

（一）办公室设计

办公室设计主要有 2 种模式，即传统式与开放式。传统式办公室设计的特点是：四周设有若干办公室，中间设有大厅。周边的大办公室供老板使用；有两扇窗户的办公室属于资深主管；而转角办公室——两面墙上带有窗户的房间，通常是高级主管或合伙人的办公室；建筑物内侧的办公室是资历较浅的主管的，那里没有窗户，但有一扇门，因此这里还是一个可以称为自己小天地的地方；中间大厅是属于低层职员和临时工的地方。近年来，开放式办公室的概念已获得大部分公司的青睐。20 世纪 90 年代，半数以上的美国公司都采用开放式的、大部分空间为员工而非经理所用的办公室。开放式办公室的拥护者声称，开放式办公室有助于建立民主的气氛，以及增加同事之间的沟通，甚至有研究认为，开放式的办公环境提高了员工的生产力。

（二）房间颜色搭配

研究显示，办公环境的颜色影响着员工和顾客的心理和感情。颜色能被看见，也能被感受到。红色、橙色、黄色会产生侵略性刺激；人们所处房间的地板、墙壁、天花板和家具如果是鲜艳的色彩，会使人血压增高，心跳加快，并增加脑部活动；清凉的颜色使人的生理器官正常活动，如蓝色具有镇静的效果，而淡绿色则让人觉得安详平和。

（三）办公室陈设

办公室陈设的摆放能够影响人们在此停留的时间。另外，办公桌的大小、外形也能影响来访者对主人的印象，而且能决定这个办公室开放性沟通的程度如何。

≫≫　练习与思考

1. 什么是非语言沟通？其重要性体现在什么地方？
2. 非语言沟通与语言沟通有什么区别和联系？
3. 简述非语言沟通的类型。
4. 为什么说眼睛是心灵的窗户？
5. 简述握手的基本类型。你是怎么与别人握手的？
6. 简述空间距离的功能和类型。
7. 管理者应如何提高自身的非语言沟通能力？

≫≫　课堂活动

沟通游戏

游戏目的：证明沟通有时完全可以通过肢体动作完成，而且同样行之有效；减少或消除人们在识别肢体语言时存在的障碍。

游戏形式：全体学员，2 人一组。

游戏时间：10 分钟。

游戏要求：

（1）向对方介绍自己。一方先通过非语言的方式介绍自己，3 分钟后双方互换。

（2）在向对方进行自我介绍时，双方都不准说话，整个介绍必须全部用动作完成，大家可以通过图片、标识、手势、目光、表情等非语言手段进行沟通。

（3）请大家通过口头沟通的方式，说明刚才通过肢体语言所表达的意思，与对方的理解进行对照。

相关讨论：

1. 你用肢体语言介绍自己时，表达是否准确？
2. 你读懂了多少对方用肢体语言表达的内容？

3. 对方给了你哪些很好的线索使你了解他？

4. 我们在运用非语言沟通时存在哪些障碍？

5. 我们怎样才能减少或消除这些障碍？

>>> 案例分析

管理沟通与闲聊

星期五下午 3:30。

宏达公司经理办公室。

经理助理李明正在起草公司上半年的营销业绩报告。这时公司销售部副经理王德全带着公司销售统计材料走进来。

"经理开会去了。"李明起身让座，"请坐。"

"这是经理要的材料，公司上半年的销售统计资料全在这里。"王德全边说边把手里的材料递给李明。

"谢谢，我正等着这份材料哩。"李明拿到材料后仔细地翻阅着。

"老李，最近忙吗？"王德全点燃一支香烟，问道。

"忙，忙得团团转！现在正忙着起草这份报告，今晚大概又要开夜车了。"

李明指着桌上的文稿回答道。

"老李，我说你呀应该学学太极拳。"王德全从口中吐出一个烟圈说道，"人过四十，应该多多注意身体。"

李明闻到一股烟味，鼻翼微微翕动着，心想："老王大概要等这支烟抽完了才离开，可我还得赶紧写这篇报告。"

"最近，我从报上看到一篇短文，说无绳跳动能治颈椎病。像我们这些长期坐办公室的人，多数都患有颈椎病。你知道什么是'无绳跳动'吗？"王德全自问自答地往下说，"其实很简单……"

李明心里有些烦，可是碍于情面不便逐客，他瞥了一眼墙壁上的挂钟，已经 4:00 了，李明把座椅往身后挪了一下，站起来伸了个懒腰说："累死我了。"李明开始动手整理桌上的文稿。

"'无绳跳动'与'有绳跳动'"十分相似……"王德全抽着烟，继续着自己的话题……

讨论：

1. 王德全的行为是管理沟通还是聊天？为什么？

2. 李明用哪些非语言行为暗示了自己的繁忙或不耐烦？

3. 你认为李明该怎么做才能更明确地传递信息？

第 五 章

书面沟通

【知识目标】

掌握书面沟通的优缺点。

理解书面沟通的种类。

掌握写作的基本过程及要求。

了解书面沟通的种类。

掌握书面沟通的主要障碍。

【技能目标】

掌握资料收集的渠道和方法。

熟悉并运用写作的方法和技巧。

掌握求职信的基本结构和写作技巧。

正确地撰写个人履历。

>>> 第一节 书面沟通概述

在日常生活和交往中，人们沟通的方式除了语言沟通之外，还有一种重要的沟通方式就是书面沟通。所谓书面沟通，就是利用书面文字作为主要的表达方式，在人们之间进行信息传递与思想交流的沟通形式。例如，企业在处理日常事务时经常使用的信函、计划书、各类报告、合同协议等都是重要的书面沟通方式。书面沟通在表达思想、传达信息、交流情感、布置任务、履行合约等各方面具有其他沟通方式所不能替代的重要功能。有统计表明，企业中高层领导的大部分时间花在文件审阅、传送及拟订上面，也就是说，其大部分时间花在了书面沟通上。可以说，无论企业内部沟通还是外部沟通，时刻都离不开书面文字。对内部而言，企业成立时需要拟订公司章程、制定规章制度、编制职务说明书等；日常管理中需要制订各种计划、签订有关合同、发放各种通知和任命等。现在许多大企业都有内部刊物，这使得企业内多了一条沟通的渠道，使员工能形成较强的凝聚力。对外部而言，书面沟通就更为普遍，如财务报告、市场调研报告、对外商务交往信件与函件等，这些都是企业与外部环境联系的桥梁和纽带。

一、书面沟通的优缺点

书面沟通是一种重要的沟通方式。人们都是先学会说话，然后再学会写作。自从文字被发明之后，人们就开始用它传递信息、记录事件、交流思想与经验。直到现在我们仍然可以阅读几千年甚至更早时间的书籍与历史文献，从中了解古人进行沟通的方法，学习他们与人沟通的经验。例如，《谏逐客书》《邹忌讽齐王纳谏》等，都是古代君臣之间进行沟通的典范文章，这些文章或者情真意切，或者借古讽今，至今仍被人们所称赞。我们在感叹之余，不得不羡慕作者高超的沟通技能和良好的文字能力。随着科学技术的进步和信息技术的发展，书面沟通的方式、载体、工具等都发生了巨大变化，沟通的载体品种越来越多，记录的密度越来越大，复制的速度越来越快，沟通的方式也更加灵活多样。

（一）书面沟通的优点

书面沟通在人们生活和企业管理过程中扮演着重要角色，具有其他沟通形式不可替代的作用。概括起来，书面沟通的优点主要表现在下述几个方面：

1．书面沟通可供阅读，可长期保留，并可作为法律凭证

一般情况下，信息的发送者与接受者通过书面文字了解信息，传递思想与情感。这些书面文字可以长期保存，如果对信息的内容有疑问，事后对信息的查询也是完全可行的。由于书面沟通有据可查，因此在某种意义上还可以作为法律上的凭证和依据，如合同与协议书的条款一旦生效就具有法律效力。不仅如此，书面沟通还能够给读者提供更多的思考时间，使其仔细分析文字上所附有的意义，并且可圈可点。

2．书面沟通可使下属放开思想，避免由于言辞激烈与上级发生正面冲突

如果下属面对面地与领导交谈，一般都会有所顾忌，不敢直言，尤其是对上司的缺点，下属更不愿直接说出。采用书面形式沟通，下属可以直抒胸臆，晓之以理，动之以情，让领导理解或接受自己的观点和意见，既能使问题得到解决，又照顾到双方的脸面，维护了双方的自尊，避免由于言辞激烈而与上级发生冲突与不快。反之，上级采用书面的形式与下属沟通，既能拉近彼此之间的距离，让下属感到亲切，同时下属也比较重视，能够及时改进自己的不足。同时，采用书面形式沟通，作者可放开思想包袱，从容表达自己的想法，避免了口头沟通时说话不连贯、吞吞吐吐、欲说还休的尴尬情况。

3．书面沟通的内容易于复制，有利于大规模的传播

书面沟通可以将内容同时发送给许多人，给他们传递相同的信息。书面沟通的载体形式多种多样，包括报纸、杂志、书籍、信件、报告、电子邮件、传真、通知等，广泛的载体形式使得书面语可以不受时空的限制，从一地转到另一地。而且，只要载体上所印制或储存的文字及其他信息符号能够保存下来，内容就可以长期保存下来。

4．书面沟通讲究逻辑性和严密性，说理性更强

人们把所要表达的内容说出来和写出来是大不一样的。一般而言，说出来要比写出来更为容易，因为说的时候不必对文字进行仔细推敲，也不必讲究语法和修辞，并且还可以

伴随着大量的肢体语言和表情等。但要把自己口头表达的内容变成文字，就必须对其进行认真组织，既要讲究语言的运用，又要考虑修辞、逻辑以及条理性，同时，书面文字在正式传播以前还要经过反复修改、补充、论证，以使意思表达更为清晰。

5．书面沟通可以反复推敲、修改，直到满意为止

由于口头表达大多都是即时性的，不会给表达者很多的时间思考、准备，说话者一旦话已出口，则很难收回，尤其是当话语有损于对方时，即使重新表达自己的意思也无法消除之前造成的不良效果。而书面沟通则不同，人们在进行书面沟通时，时间一般是比较充裕的，可以对自己要表达的思想观点进行反复推敲、修改，这样不仅可以避免口头表达时个人情绪冲动产生的不利影响，而且还能够表达口头语言无法表达的内容和观点，如个人情感及内心感受等。也正因为如此，书面沟通才具有口头沟通不可替代的作用。

（二）书面沟通的缺点

任何事物都是相对的，具有两面性。书面沟通既有优点，也有不足。书面沟通的缺点也是非常明显的。

1．书面沟通耗费时间较长

同样的内容，在相同的时间内，口头沟通传递的信息要比书面沟通传递的信息多得多，如花费一个小时写出的东西只需要 15 分钟就可以说完。之所以如此，是因为口头沟通不需要花费过多的时间进行构思和修改，语言也比较简洁，出现一些不规范的省略句、半截子话等也并不影响听众的理解；而书面沟通则不同，需要花费大量的时间和精力对文章结构、内容和逻辑顺序进行构思和修改，并要花大量时间做到语法规范、用词准确、语言流畅、条理清晰，可以说，有时花在构思和修改的时间要比实际的沟通时间多得多。

2．容易产生沟通的障碍

由于人们知识水平、社会经验以及思想观念的差异，不同的人对相同的信息所理解的程度是不一样的，因此，对于书面文字传递的信息，接受者有时不能真正理解传递者的本意，从而造成沟通障碍。此外，传递者在写作过程中使用有歧义的语言，或者词不达意，也会造成双方对信息理解的不同，产生沟通障碍。

3．信息反馈速度较慢

口头沟通能够使接受者对其所听到的东西及时提出自己的看法，如果有不明白的地方可以及时提出疑问，反馈速度较快。而书面沟通缺乏这种内在的反馈机制，无法确保所发出的信息能被读者接收到，也无法确保接收者对信息的理解正好是发送者的本意。发送者往往要花费很长的时间来了解信息是否已经被接受并被正确地理解，反馈速度较慢，有时会造成时间拖延，甚至贻误时机。

4．无法运用情景和非语言要素

口语表达往往是在一定的情景下进行的，双方通过互相观察，凭借某些非语言信息获得某种讲话者故意掩盖或逃避的信息。而书面表达却没有这种情景性，在口语表达中极容易理解的话语，在书面沟通中要想达到同样的效果，则需要花费大量的笔墨去做背景的交代，而对于有些"只可意会不可言传"的内容，即使传递者绞尽脑汁，恐怕也很难把它解释清楚。

二、书面沟通的种类

按照不同的标准，从不同的角度可以将书面沟通划分为不同的类型。如果从沟通主体与客体的角度划分，可将书面沟通划分为阅读和写作两大类；如果从沟通所用文体的角度划分，又可将书面沟通划分为行政公文、计划类文书、报告类文书、法律性文书、新闻性文书和日常事务类文书六大类。虽然划分的方法各不相同，但书面沟通的本质属性和内在要求却是一致的。

（一）按照书面沟通的主体与客体分类

主体是信息的发送者，客体是信息的接收者。很显然，在书面沟通中，作者是沟通的主体，读者是沟通的客体。这样，可以把书面沟通分为写作和阅读。

1. 写作

写作是书面沟通主体将自己或自己所代表的团体的意志用文字表述出来的一个创造性过程。它包括文学创作和应用写作两大内容。前者强调的是写作主体的个性，可以根据作者的主观想象和感情虚构故事情节，不必遵循规范格式；后者强调的是团体意志和规范格式。在管理沟通过程中，写作是一种重要的沟通方式，可以起到传递信息、澄清事实、表达意志、说服他人以及交流感情的作用；任何企业都离不开写作，无论是向上级请示、报告，还是日常管理中的信函、通知，都需要一定的写作能力。提高写作能力，对个人来说意味着沟通能力的提高，对企业而言则意味着管理水平的提高。对那些不善于言谈的人来说，写作可以发挥他们利用文字表达思想与感情的特长，取得无声胜有声的效果。不仅如此，写作作为一种重要的沟通方式，还有其许多独到之处。写作可以有充分的时间做准备以及进行创作后的修改，这可以使得最终的作品正确、完整、清晰；写作的作品可以很容易地实现多向传递，可以推敲行文、斟酌字句，柔中寓刚地表达自己的建议。写作的载体是文字，它可以准确地记录、保存信息，失真性相对较小。

2. 阅读

阅读是书面沟通的方式，读懂别人的文章，可以获得准确而完整的信息。阅读包含着理解、想象、思考、表达、记忆和阅读速度六大因素。理解就是运用已有的知识解释词、词组、句子的含义及其相互的关系。想象就是在头脑中浮现文字或其他信息符号所描绘的具体形象，以加深对读物思想内容和艺术技术技巧的理解。思考就是对读物进行分析、比较、抽象、综合以及具体化，它伴随着阅读的整个过程。表达就是将阅读结果用自己的语言予以再现，它既能够加深对读物的理解，又能够锻炼表达能力。记忆就是储存与再现信息，它不但可以积累信息，而且还能帮助读者获取更多的信息。没有记忆的阅读只能是无效阅读。阅读速度指的是快速阅读的能力，是读者迅速捕捉所需信息的重要手段。在阅读能力的六大要素中，理解、阅读速度、记忆是最基本的因素。读者首先应分析自己六大因素的情况，然后采取相应措施予以提高，这对于增强阅读效果是十分有利的。在沟通过程中，只有读懂对方的文字，才能在获取信息的基础上利用想象、记忆等功能正确接收信息发送者的信息，并予以回馈。

（二）按照书面沟通所用的文体分类

任何形式的书面沟通都要通过一定的文体表现出来。在管理沟通过程中，比较常用的书面文体大致可以分为以下 6 类：

1．行政公文

行政公文是指国家机关、企事业团体在公务活动中所使用的各种应用事务性文书形式。依据 2000 年 8 月 24 日国务院发布的《国家行政机关公文处理办法》的规定，行政公文可以分为 13 类，即命令、决定、公告、通告、通知、通报、议案、报告、请示、批复、函、意见、会议纪要。

2．计划类文书

计划类文书是经济管理活动中使用范围很广的重要文体形式。当组织或部门要对未来一段时期的工作作出安排和打算时，就需要制订计划。计划具有指导思想、统一认识、战略部署、组织协调等重要作用，具有整体性、全局性、方针性、指导性等特点。计划类文书沟通的问题往往与企业或组织的重大决策、战略规划等有关。计划类文书主要包括工作计划、战略规划、工作方案、工作安排等。

3．报告类文书

报告类文书的写作，首先要确定调查的对象，采用多种调查方法收集资料，然后把收集来的资料进行分析研究，选出具有代表性、典型性的材料作为论据，说明、宣传典型的经验与事迹，指出存在的问题与不足，提出改进的措施与方法等，如调查报告、经济活动分析报告、可行性研究报告、纳税查账报告、述职报告等都属于报告类文书。

4．法律性文书

法律性文书是指企业在经营管理过程中，根据一定的约定，达成某种协议，并共同遵守协议的条款，如果违约，违约一方将给对方一定的经济补偿的具有法律效益的书面文书形式。法律性文书包括合同书、协议书、诉讼书、招标书和投标书等。

5．新闻性文书

新闻性文书是指具有公开宣传与传播功能的，借助报纸、杂志、书籍等载体向大众进行报道，具有新奇性、推广性、借鉴性等特点的书面文书形式。新闻性文书主要包括新闻、通讯、消息、广告文案等。

6．日常事务类文书

日常事务类文书是人们在处理日常活动过程中经常采用的一种书面沟通形式，主要包括信函类和条据类。信函类文书包括感谢信、慰问信、求职信、介绍信、证明信、请柬、邀请函等。条据类文书包括请假条、留言条、收条、票据等。日常事务类文书形式固定，书写简单，陈述的事件单一，是人们表达情感和进行沟通的常用文体。

三、书面沟通的障碍

（一）语言障碍

在书面沟通过程中，由于语言理解和表达能力存在差异，发送者和接收者常常出现理解与把握上的背离。而且由于各地风俗习惯和方言的不同，在借助方言对书面材料进行解释或传递时，往往也会影响沟通的效果。例如，在中国有些地方称马铃薯为山药，如果订货方在订货单中写上订购"山药"（实际上是订购马铃薯）500斤，发货方按照订单发出500斤"山药"，那么订货方就会要求退货，认为发货方所发货物与所订购货物不符，而发货方则坚持不退，认为自己所发货物正是订购方所订购的，由此导致矛盾和纠纷，这实际上是由于地方方言不同所造成的障碍。

（二）知识障碍

书面沟通涉及的内容繁杂，范围广泛，包括经济学、管理学、统计学、市场学、广告学及法学等多种学科，沟通双方对此都应有所掌握。如果知识面不够广，就会构成书面沟通中的知识障碍，从而影响书面沟通的准确性。有时由于沟通者的文化和地域的不同，或对某些宗教信仰不同，也会造成沟通障碍。

（三）人为障碍

在书面沟通的过程中，由于人为因素的作用，经常会出现人为的传递障碍，如：书面材料内容表述不清，词不达意；接收者疏忽，造成信息遗漏；书面材料的传递环节过多，造成层次过滤，使书面材料的内容发生畸变等。有时信息及其含义会随着信息内容所描述的情况以及收文和发文的部门的改变而有所改变。收文者很容易忽略与他自己的看法有冲突的信息；发文者由于地位的不同，也会影响信息的意义。此外，读者的心情如何，能否专心阅读收到的信息；作者的心情如何，能否使用委婉礼貌的语言等。这些都有可能造成书面沟通的障碍。

>>> 第二节　写作的基本过程

写作的程序和相关技巧，是写作前的必备知识，如对此有了初步的了解，并且不断加以实践，写作能力就能迅速提高。一般来说，写作过程可以分成拟订提纲、收集资料、正式写作、编辑修改4个阶段。这4个阶段既存在着内在的逻辑联系，又存在着不断的反馈和重复。

一、拟订提纲

拟订提纲是写作过程中的重要环节，通常需要花费大量的时间，尤其是在写长篇报告的时候，提纲的拟订显得更为重要。重视提纲的拟订会使写作变得比较容易，也会提高写作的质量。这一阶段包括确立目标、确定主题、分析读者、列出提纲。

（一）确立目标

正式文书都是人们有计划、有目的制作的结果，无论是报纸、杂志所登载的一些文章，还是企业管理中所书写的报告、通知，都是作者或作者所代表的团队思想和意志的体现，其目的或者是为了告诉人们一种观点，或者是为了给人们提供一种新的思考方式，或者是要求别人做某些事情等。因此，在拟订提纲之前，作者必须首先确立写作的目标，即为什么写作以及要达到什么目的和结果。只有写作的目的和意图清晰、明确，才能使作者知道自己该写些什么以及怎样去写，使读者知道你写了些什么以及为什么去写。这样不仅能够使写作的思路更加清晰、富有条理，而且能够使各项工作做到有的放矢，减少或避免写作的失误，提高写作的质量和效率。

（二）确定主题

主题是写作的中心思想，确定主题是实现写作目标的基本途径。主题明确，中心思想突出，能够使读者一目了然；反之，主题不明，中心思想模糊或混乱，会让读者产生"丈二和尚摸不着头脑"之感，不仅无法正确理解和接收写作的真实目的和意图，还有可能产生曲解或误解。所以，在确立目标之后，还必须根据目标确定写作的主题，并在此基础上进一步确定写作的文体以及所要写作的主要内容和观点。

（三）分析读者

写作的目的不是为了让作者自己欣赏，而是为了让读者能够阅读、理解。这就要求作者必须认真分析研究读者，弄清：谁是读者？他们是你公司内部的人还是公司以外的人？如果是内部的人，他们的职务是什么，责任范围是什么？如果是外部的人，他们与公司有什么关系，与作者有什么关系？除此之外，还要考虑：读者对写作的主题是否熟悉？能否理解写作的目的和意图？他们对文中的内容和观点可能会有什么反应？作者希望读者阅读后采取什么行动？通过分析研究读者，作者就能够选择对他们有用的信息或者读者可能感兴趣的信息，就知道该运用什么样的方法、使用什么样的语言来写作，就可以使写作过程变得更加有的放矢。

（四）列出提纲

提纲是文书写作的整体框架。提纲合理与否，不仅影响写作的难易程度，而且影响写作的质量和效率。一份合理的提纲能够反映出写作的意图、主要内容及观点，是对写作内容的浓缩和概括。提纲可以有繁有简、有粗有细、有长有短。对于那些比较简单的文书，如请示、批复、备忘录、信函等，可以将提纲列得简略一些；而对于那些比较复杂的文书，如战略规划、工作方案、调查报告、经济活动分析报告、可行性研究报告等，则可以将提纲列得详细一些。提纲越详细，写作起来越容易，相对来说，在列提纲上花费的时间也就越多。从某种程度上说，拿出一份科学合理的提纲就等于写作任务完成了一半。

二、收集资料

"巧妇难为无米之炊。"无论是写正式的文章还是写非正式的便条，都需要一些资料，这些资料可以来自于脑子里的记忆，但更多的来自于各个渠道的收集。收集而来的资料还需加以归纳、整理、提炼，才能成为对写作有用的素材。在写作的具体过程中，这些素材或者成为写作的缘起，或者成为叙述中的事实，或者成为说理的论据，或者成为解决问题的参考。

比如写一封回信，最好能把来信找出来，并从记忆中搜寻一些与此人相关的情况，这样才能明确回信的目标，如需要解释哪些问题或提出问题；才能明白哪些方面该详细地写，哪些地方可以一带而过，哪些方面不必提或不能提；才能安排合适的结构，形成合适的文风，合理措辞，并以适合对方需要的态度完成写作。其他文体也是一样，无论是一般文书还是调查报告，或者理论性文章，都需要充分地准备材料。收集材料可从下述方面着手：

（一）所需资料的确定

写作的意图、与读者的关系以及文书的性质等都对所需资料的范围、数量产生较大影响。如果只是写一个简短的便条，需要的资料就很有限，但如果写一份有关销售和市场情况的调查报告，或是未来的战略规划，就需要积累大量的资料。因此，在收集资料前，必须明确写作的意图、与读者的关系、文书的性质，有针对性地收集资料，避免花费大量人力、物力和精力却收集和整理了许多无关紧要的东西。

1．明确写作目的

任何写作都有特定的目的，只有清楚为什么要写作后，才有可能收集到真正有价值的素材，也只有带着问题去收集，才能使资料收集更具有针对性，同时又不遗漏真正重要的素材。

2．了解读者对象

读者对象千差万别，为了与读者做到有效的书面沟通，作者必须了解读者是什么人，他们已懂什么，感兴趣的是什么，想要知道什么，能理解什么样的语言和术语等。要想清楚知晓这些，唯有收集有关读者对象的资料。

3．确定文书性质

文书是简短还是复杂，也将影响到资料的收集。例如，一份有关投标项目的可能候选人的报告可能是非常综合的，并需要许多详细的证明材料，这就要求作者收集尽量多而全的资料。

（二）资料的来源

人们常常处于一种矛盾的状态，一方面资料非常多，相互重叠，可以借助的收集渠道很多；但另一方面，把真正需要的资料收集齐全又十分困难。因此，在收集资料之前，了解所需资料存在于什么地方就显得尤为重要。一般来说，资料收集最常用的渠道有以下一些：

1．书面媒体

一些书面媒体是资料的最大提供者，如图书、杂志、期刊、报纸、报告、论文等，这类资料总量非常庞大，从中收集合适的资料通常要花费一番工夫。对此可借助索引、汇编、简报、文摘等，它们也是资料的重要来源。

2．非书面资料

非书面资料可以通过直接观察和社会调查来获得。例如，利用访谈、会见或会议等手段，通过充分交流经验、知识、观点和看法，为作者提供详细生动的资料。

3．现代媒体

随着信息技术和网络技术的发展，出现了许多新的媒体，如 Internet、光盘、数字杂质等，这些先进的媒体必将引发资料存储、检索等方面的革命。由于这些媒体信息存储量大，且检索、查询方便，目前已经被人们广泛接受和采用。

（三）资料收集的一般技巧

1．从身边的资料开始收集

资料收集的次序对收集效率会产生较大影响，一般而言，从身边已有的资料开始找起是比较妥当的，有时无须去查找一些高深、稀少的资料，手头资料就已经能满足写作的要求，这样就节省了时间和精力。

2．尽量利用高科技手段

现代技术对资料收集产生了重大影响，以前多采用卡片、索引、剪报等形式检索，现在有电脑自动检索。紧跟科技发展，掌握先进的资料收集方法，从新的媒体如 Internet、光盘等上收集资料，可能会起到事半功倍的效果。

3．平时注重积累

当人们收集一个自己比较熟悉的课题资料时，往往能够驾轻就熟；而在一个陌生的领域里收集资料，却往往会有无所适从的感觉，不知道哪里有相关资料，也不知道哪些资料是有价值的，虽说可以通过关键词索引、脚注、尾注、参考文献等查到一些，但总的来说效率较低。因而，注重平时积累，并做一些卡片，提高自己的素养和能力，这往往会使资料收集工作变得容易起来。

4．保持适度的资料数量

查阅、收集资料太少，就不能全面、正确地反映事物的本来面貌，使用起材料来会捉襟见肘，接受者会因了解信息不够而产生很多疑惑。而查阅、收集资料太多，容易让人抓不住重点和方向，反而会产生负面效应。况且资料数量越多，收集资料花费的时间也就越长，如果花费大量时间收集到的资料没有用上或利用很少，那么为收集这些资料所花费的时间也就白白浪费了。

三、正式写作

在进行了写作前的充分准备之后，就需要通过文字的形式把思想、意图、内容、观点等表达出来，这时就进入正式写作的环节，该环节也是整个写作过程的核心环节。写作过程是一种高度复杂的脑力劳动过程。在这个过程中，作者要依托写作前的准备工作，利用自身积累的知识、经验和资料，围绕文章的主题，不断将思路转化为文字，继而又产生新的思路，从而使创造力不断得到激发。这个过程能否继续下去，取决于作者对写作目标的熟悉程度，取决于占有资料的数量和质量，取决于作者对行文构成的掌握和理解，也取决于作者自身知识和阅历的宽广。

（一）写作的基本要求

对于文书写作中应把握的一些基本要求，有的学者把它归纳为 4 个方面，即正确（Correct）、清晰（Clear）、完整（Complete）、简洁（Concise），可概括为"4C"。

1．正确

正确就是要求写出的文书要真实可靠，观点要正确无误，语言要恰如其分。尤其是对文书主旨的把握，在写作前一定要下一番工夫。只有充分明确写作的意图，才能正确地传递想要传达的信息，从而实现有效的沟通。

2. 清晰

文书只有清晰，才能引起读者的兴趣，才能使读者正确领会作者的含义。要做到清晰，除了应选用符合文书的样式外，还应该注重文书的整体布置，包括标题、大小写、字体、页边距等，尤其是要留下适当的空白，若是把所有的空间都挤上文字，则会给读者的阅读带来很大负担；如果是手写的，则不能潦草，因为这不仅影响读者的阅读速度，还会影响读者对文书的理解。

3. 完整

写作的一大优势是能够完整地表达想要表达的思想、观点，完整地描述事实。可以说，完整是写作的一个要则。完整表达不仅反映了作者的职业作风和敬业精神，而且体现了作者对读者的礼貌和尊重。要做到完整表达，在写作时就必须反复检查、思考，并不断补充、修改。

4. 简洁

简洁就是要求文书做到言简意赅，把琐碎的、没有太大价值的文字精简掉。从某种程度上说，使文书具有可读性的一个重要技巧就是简洁。在写作时，要以读者熟悉的字句来表达意思，以简洁的句子来表达观点，这比用难懂的词组、专业性的术语可读性更强。如果一篇文书句子冗长，词语生涩，即使对此兴趣很高的读者也会感到乏味。

（二）影响写作质量和效率的因素

写作受到众多因素的影响。写作方法和技巧的掌握、占有资料的数量和质量、写作时间的长短、写作主题的选择以及作者本人的能力和经验等，都对写作的质量和效率产生影响。但概括起来，对写作产生重要影响的因素主要表现在以下 3 个方面：

1. 作者自身的素质

作者的知识、经验和能力是影响写作的最重要因素。一般说来，作者的知识水平包括 3 个方面：①与写作任务相关的知识，如研究方法、时间安排、文字输入方式等；②与写作主题相关的知识，如有关主题及数据资料来源的知识、对主题相关术语和专业知识的了解等；③与读者对象有关的知识，如对读者的文化水平、专业知识、经验的了解等。很显然，作者对自己熟悉而又有丰富经验的内容，写起来肯定得心应手，而且读者看了也会大有收获。反之，对那些作者不熟悉或没有任何经验的话题，写起来肯定会困难重重，更谈不上质量和效率，甚至还会出现差错和纰漏。因此，不断提高作者自身的素质就成为提高写作能力的重点和关键。

2. 写作时间与主题

任何文书的写作都需要一定的时间。写作时间的长短既与作者的写作能力有关，又与写作主题及内容的复杂程度有关。一般来说，对于那些写作主题简单、内容和文字量较少的文书，需要的时间较短；而对于那些写作主题复杂或具有创新性、内容和文字量又比较多的文书，则往往需要花费较长的时间。例如，撰写一份会议纪要、信函或通告，可以在很短的时间内完成，但要在同样的时间内撰写一篇研究报告或战略规划，则是不可想象的。因此，在写作过程中，必须根据写作的主题、内容、文体及作者个人的写作能力来合理安排写作时间，既不能小题大"作"，导致时间的浪费，也不能大题小"作"，导致写作无法达到预期效果，这样不仅影响写作的质量，而且影响时间的有效利用。通常情况下，人们绝对不会允许花费大量的时间去撰写一篇通知或会议简报，但常常会要求在很短的时间内写出一篇具有重要价值的研究报告，这看起来是重视写作的效率，事实上则是违背了写作的规律。由于来不及进行大量的调查和严密的构思，结果只能是既浪费了作者宝贵的时间和精力，又无法使研究报告产生应有的价值。

3．写作的环境

环境因素同样对写作产生重要影响。概括而言，写作的环境因素主要包括：①写作的自然环境，如写作场所是否安静，周围是否有施工作业、是否有噪音污染等。可以想象，在声音嘈杂、机器轰鸣的环境中写作，是很难保证写作质量的。②写作的物质技术条件。随着各种新技术的引入，电脑写作正在冲击并已经部分改变了传统的"写作"方式和内涵。一支笔、一张纸的传统写作方式正在逐步被淘汰，电脑写作正在被广泛使用。使用电脑写作的好处是：大片文字可随意结合，句子可随意扩张，信息的剪切、复制、粘贴以及跨文本调用都极为方便，并且可利用键盘、语音输入系统等工具大大提高写作的效率。写作完成之后，文本的传递和阅读也可以利用网络方便地完成，这使得以"沟通"为目的的写作内涵获得了极大拓展。③作者的心理环境。写作是一种复杂的脑力劳动，作者的心情状况直接影响写作的质量和效率。如果作者心情舒畅、心态平和，思路可以充分打开，新观点、新见解会源源不断地涌现出来；相反，如果作者心情不好、烦躁不安，则很难沉下心来写作，即使写也可能出现思路紊乱甚至前言不搭后语的现象。因此，要提高写作的质量和效率，就必须创造一个良好的写作环境。

（三）改善写作的技巧

要想抓住读者的注意力，并让读者在阅读时感到舒适、赏心悦目，是一种美的享受，除了认真组织内容之外，还必须注意写作的技巧。

1．留下良好的第一印象

人们拿到一篇文书之后，首先看的不是文书的内容、主题或观点，而是文书的整体设计，包括封面设计、文字编排、纸张质量、段落设计、页边距设置以及表格、插图等，这些因素都决定着读者对文书第一印象的好坏。一篇字迹拥挤、段落不清的文书很难引起读者的兴趣，没有大标题或标题嵌套混乱的文书同样会让人感到厌烦。因此，要使文书给人留下良好的第一印象，必须在写作时搞好文书的整体设计，要使封面美观大方、文字大小适合读者阅读、段落条理清晰、页边距合理、表格插图规范。这些工作看起来无关紧要，但事实上却影响着文书的质量和读者的兴趣，同时也体现着作者的工作作风和敬业精神。

2．开头要鲜明并具有感染力

任何文书的写作都要注意开头。开头最好能开门见山地表明写作的目的，鲜明而具有感染力。让读者在开头几分钟便可以知道这份材料是否与自己有关，是否是自己感兴趣的话题。如果开头平淡、套话连篇、意思模糊，读者可能还没来得及详细阅读就把材料扔到了一边，即使后面的内容非常重要也难以再引起读者的兴趣。

3．使用简洁的单词和句子

大多数文书的主要缺点是词语烦琐、句子冗长、观点累赘。但许多人却错误地认为，简洁的文风反映的是简单的心灵。因此，他们在写作过程中，故意用复杂的句子来代替简单的句子、用生涩的词汇来代替简洁的词汇，而且并不认为这是在把简单制造成复杂，反而认为这是能力和水平的体现，以至于自己写的东西连自己都难以理解，别人就更看不懂了。殊不知，简洁的文风是努力实践或思考的结晶，而烦琐的文风反而是懒惰和教条的表现。因此，在写作过程中必须追求简洁，最好多用简单的句子和词汇，通常 15 个词左右的句子便足够了，如果必须使用较长的句子才能表述一个完整的意思，也要尽量把长句子的数量降低到最少限度。

4. 书写要做到规范、清楚、工整

文书写作固然要重视主题、内容和观点，但也要重视书写形式的恰当与完美。规范、清楚、工整的书写，不仅能够给读者带来视觉上的美感，而且能够更准确地表现文书的内容。所谓规范、清楚、工整，就是用词准确，条理清楚，标点符号正确，语句通顺，不写错字、别字，不生造滥用不符合规范的简化字。事实上，文书内容的表达与书写有着很大的关系，书写不当就会损害内容的表达，甚至造成不良的社会影响。如果书写潦草，格式零乱，错字、别字连篇，就会给读者带来很多困难，甚至导致其看不懂文书的内容，不利于思想内容的传递和情感的交流。

5. 注意文书内容的逻辑性

书面沟通的重要工具是书面语言。书面语言在内容组织、遣词造句、语法规则等方面具有明显的逻辑性。任何书面文章的写作，不仅要考虑文章内容、观点、结构、条理以及逻辑顺序，而且还要考虑段落、主题以及语言表达的方式与方法。这样才能给读者提供一个比较完整的内容框架，从而便于读者对文书内容的理解和把握。可以说，书面沟通的能力主要表现在对篇章结构的正确安排、词句的灵活应用、语法结构的标准规范、格式的正确使用等方面，而这一切都与写作的逻辑性密切相关。

四、编辑修改

编辑修改是写作的重要阶段，好的文书既是写出来的，也是改出来的。任何情况下，文书的写作都要经过修改这个环节，只不过由于文书的重要程度和性质不同、作者的写作水平不同，修改的次数不同罢了。例如，一封短信可能只需要修改一次就可以了，但一份战略规划可能需要修改 5～6 遍才能得以完成。可以说，文书写作的过程就是修改、再修改、反复比较、反复推敲的过程。

（一）修改的范围和要求

修改可以在写作过程中的任何时间进行，内容涉及提纲、结构、观点、词句、标点等各个方面的重新检查和修订。不过，不管哪个方面的检查和修订，修改的目的都在于找出不足并实施改变，这些改变可以与文书整体框架有关，如提纲、内容、观点等，修改的方法是概括、提炼、归纳；也可以与文书的细节有关，如词句、文字、标点等，修改的方法是增加、替换、删除、合并、扩大。经验丰富的作者通过修改，可以使文书的内容、形式发生变化，而缺少经验的作者通过修改，只能使文书发生很小的变化。概括而言，修改的范围和要求主要表现在以下几个方面：

1．校正文章主题

主题是文章的灵魂，通过主题校正工作，使主题做到正确、鲜明、集中、深刻和全面。

2．增删更换资料

资料是主题的载体，资料的质量如何影响着主题的表现。修改时，必须认真分析资料的真实性和可靠程度，使资料能够更好地为表现主题、突出主题服务。

3．调整结构

文书要做到言之有序就必须有严谨的结构安排。因此，在修改文书时要注意对结构进行细致的鉴定分析，以便重新调整组合，使结构达到最佳。

4．变更写作手法

写作手法即写作的技巧。选用的写作技巧是否恰当，会直接影响文章的表达效果。修改文章时，应对写作手法仔细斟酌。

5．推敲润色语言

语言是表情达意的工具，语言准确、生动才能够使要表达的意思充分反映出来。因此，在修改时必须对字词、句子进行补充和调整，使语言既能充分反映内容又更加通顺、流畅。

（二）修改的技巧

文稿能够修改是写作这一种方式的巨大优越性。正是因为写作过程中可以修改，才使得文稿能达到正确、清晰、完整、简洁。电子文本校正程序的广泛应用已使修改工作的效率大为提高，但编辑修改的技巧仍需要经过练习才能提高。下面几项建议，有助于作者成为熟练的修改者。

1．修改前把写作材料搁置一些时候

如果你对所写的材料非常熟悉，便不大可能发现其中的错误和注意不到某些信息。先把写作材料放置一段时间然后再来读，会使你从旁观者的角度看待所写的材料，这样更容易发现问题所在。

2．不要太专注于所写的材料

有些作者不会修改自己的文章，不接受别人的修改意见。原因是他们完全把自我融进了写作，所以觉得有必要保护自己的每一个观点、句子甚至用词。有时，他们是以欣赏的眼光看待自己的文章，而编辑加工却要带着批判的、改进的目光来重读自己的文章，以发现问题、找出不足为目的。因此，过于专注于自己所写的材料，就不容易发现自己所写的材料中存在的问题。

3．修改内容，改进结构

修改内容是指检查一下信息，看它们是否正确、完全、容易被理解。改进结构是指查看一下自己所安排的信息顺序是否能够说明主题，观点的论述是否具有逻辑性，信息排列顺序是否合理，读者是否能够概括出这些信息的含义。最后需要检查一下文章的外观，查看有无拼写错误、标点符号错误和书写打印方面的错误。只有认真检查和修正过所有这些方面以后，文章才能算最后完成，才能将它呈现给读者。

>>> # 第三节　企业常用文书的写作方法与技巧

一、计划类文书

（一）计划类文书简介

计划类文书是企业管理活动中使用范围很广的一种重要文体，是企业实现资源有效配置的重要方式和手段。所谓计划，就是企业对未来生产经营活动以及所需的各种资源，在时间上、空间上所作出的具体安排和部署。制订科学合理、切实可行的计划，不仅可以使企业在复杂多变的市场环境中辨明方向，知道该做什么、不该做什么，而且能够帮助管理者预见变化，制定应对措施，减少变化的冲击，从而使浪费和冗余减至最少。

根据划分角度的不同，可以把企业经营计划分为多种类型。例如，按计划的内容可分为销售计划、生产计划、人力资源计划、采购计划、成本计划、投资计划、财务计划等；按计划的期限可分为长期计划、中期计划、短期计划；按计划的层次可分为战略计划、管理计划、作业计划等。通常情况下，人们常常将时间上长远、牵涉面较广的称为"规划"；比较繁杂、全面的称为"方案"；比较深入、细致、带有明显行动性的称为"计划"；较为具体、直面一个现实问题的称为"安排"。尽管计划的类别有所不同，但企业经营计划却都涉及了"做什么""怎样做"和"做到什么程度"3个部分。

写好计划有助于具体工作业务的组织和安排，是一个管理者综合能力的体现，这不仅仅是文字表达上的事情。写计划分两步进行：①作者必须根据计划的具体内容来合理确定计划的具体文种，即是规划、计划，还是方案、安排；②根据该文种的具体要求进行撰写。举例来说，如果该计划历时较长、涉及总体战略性问题，就要用"规划"文体，因为规划没有必要写得太细，它的主要作用是明确方向、调动士气和激发热情。如果计划内容是一项具体的工作，则用"方案"或"安排"文体，工作内容比较复杂的用"方案"，较简单的用"安排"。

（二）几种常见计划类文书的写作

1. 工作规划

工作规划具体有以下特点：时间跨度一般都要在三五年以上；内容大都是全局性工作或涉及面较广的重要工作项目；在写法上比较概括。规划是为了对全局或长远工作作出统筹部署。相对其他计划类文书而言，规划带有方向性、战略性、指导性的意味，因而其内容往往要更具有严肃性、科学性和可行性。这就要求作者必须首先进行深入的调查和科学的预测，在掌握大量可靠资料的基础上，确定组织发展远景和目标，反复经过多种方案的比较、研究和选择，确定规划的各项指标和措施。

规划的格式由"标题+正文"两部分组成，一般不必再落款，也不用写成文时间。规划的标题采用"四要素"写法，即"主体名称+期限+内容+'规划'二字"，如《×××公司2014～2019年战略发展规划》。规划的正文大致包括以下几方面内容：

（1）前言。前言即背景材料，也就是制定规划的起因。这是制定规划的依据，因此应把诸多背景资料认真地加以综合、分析，而不能简单地罗列事实，这样才会使人相信规划目标是可靠的和言之有据的。

（2）指导思想和目标要求。这属于规划的纲领和原则，是在前言的基础上提出的，因此要用精练的语言概要地进行阐述，使人读起来感到坚定有力、受到鼓舞。

（3）具体任务和政策、措施。这是规划的核心部分，是解决"做什么"和"怎样做"的问题，因此任务要明确，措施要具体。这部分写作通常有 2 种结构：对于全面规划或任务项目较多的规划，因其各项任务比较独立，没有多少共同的完成措施，一般采用以任务为主线的"并列式结构"，措施都在各自的任务之后分别提出；对于专题规划或任务较单一的规划，因其任务项目较少而其项目之间的联系又较密切，一般采用任务、措施合在一起说的方式。

（4）结尾。结尾即远景展望和号召。这部分要写得简短、有力、富有号召力。

2. 计划

这里的计划是指狭义的计划，计划期限一般在一年或半年，且大多是以一个企业的工作为内容范围，只在单位内执行。计划一般不以文件形式下发，因而除标题和正文外，往往还要在标题下或文后标明"×年×月×日制订"等字样，以示郑重。计划的标题也采用"四要素"写法，任何一个要素都不应省略。由于计划是对一个企业的全面工作或某一项重要工作的具体要求，所以写作时要做到具体、详细、深入。计划一般包括以下几方面的内容：

（1）开头。开头要通过概述情况来阐述计划的依据，要写得简明扼要，同时要明确表达目的。

（2）主体。主体即计划的核心内容。主体部分包括阐述"做什么"（目标、任务）、"做到什么程度"（要求）和"怎样做"（措施办法）三项内容，既要写得全面周到，又要写得有条不紊、具体明白。全面工作计划一般采取并列式结构，任务、措施分说。

（3）结尾。结尾或突出重点，或强调有关事项，或提出简短号召。

3. 工作安排

工作安排是计划类文书中最为具体的一种。由于其工作内容比较确切、单一，不作具体安排就不能达到目的，所以其内容要写得详细一些，这样容易使人把握。写作工作安排的注意事项有以下几个：

（1）发文方式。安排的内容由于涉及范围较小或是关乎企业内部的工作，所以一般有 2 种发文形式：一种是上级对下级安排工作，尽管涉及面较小，也要用文件形式下发，分为标题和正文两部分；另一种是单位内部的工作安排，由标题、正文、落款及时间三部分组成。不管哪种形式，作为"安排"本身都不该有受文单位，如果必须有，则或者以"文件头"形式下发，或者以"关于……安排的通知"的名义下发。

（2）安排的标题可以是"三要素"写法（即主体名称+内容+"安排"），也可以是"两要素"写法（即省略主体名称），如《×××出版社关于出版经济管理系列丛书的工作安排》《关于出版经济管理系列丛书的工作安排》。

（3）安排的正文一般由开头、主体和结尾三部分组成，也有的省略结尾，主体结束后正文即随之结束。开头部分同计划的开头差不多，即阐述依据，要求简明扼要。主体是正文的核心，一般包括任务、要求、步骤、措施四方面内容。在结构上可按这四方面内容分别来写；也可把任务和要求合在一起，把步骤和措施结合在一起来写；还可以先写总任务，然后按时间先后顺序一项一项地写具体任务。每一项具体任务的具体要求及措施要依据工作性质及具体内容来定。不管结构怎样，其任务都要具体，要求都要明确，措施都要得当。

4．工作方案

方案和安排有共同之处，即写作题材都是单项的工作，只对一项工作作出部署和安排，这也正是方案、安排与规划、设想、计划、要点的根本不同之处。但二者在内容范围上也有大小之分：安排适合于上级对下级或涉及面比较大的工作，方案则适合于单位内部或涉及面较小的工作，如《×××公司关于新员工的培训方案》。方案和安排还有一种较为概要一点的写法，叫作"意见"。方案大多称"实施意见"，如《人事部关于员工精神文明建设的实施意见》；安排往往称"安排意见"，如《×××系统关于开展增收节支活动的安排意见》。

二、建议书

建议书一般是要向组织或群体推荐某种解决问题的方法或某种思路。一般而言，建议书有2种类型，即竞争性的建议书和非竞争性的建议书。竞争性建议书主要是指其内容指向有限的资源，最终该稀缺资源的获得者只能是少数人或一个人的建议书。例如，很多科研项目的负责人会为争取到国家科研经费而撰写建议（申请）书，但国家规定只有一小部分的项目能争取到该经费，这样不同的建议书之间就有了竞争性。非竞争性建议书则不存在真正意义上的竞争。例如，某个组织收到了很多关于提高组织绩效方面的建议，只要合理可行，组织便可以全部接受。一般来说，一份较完整的建议书应该着重回答以下问题：①建议所要解决的问题是什么？如果你的建议有的放矢，说明你对组织所面临的问题有所了解。②问题的解决方式是什么？针对具体的问题提出你的解决思路和解决方式，如可以从人、财、物等要素方面及内部和外部环境方面证明它是可行的。③这种解决问题的思路和方式将会给组织带来什么样的积极后果（利益）？其中应包括直接利益和间接利益，或者短期利益与长远利益，或者经济效益与社会效益等。④解决该问题所需的成本有多少？其成本包括具体的现金流出及需要的无形成本。

三、调查报告

调查报告是为解决某些问题而调查分析实际情况、研究对策，然后向有关部门和上级领导所做的报告。调查报告有2种：①主动报告。某项工作进展得如何，一个企业、一个部门发生了什么事件需要有关部门掌握、了解，都需要及时写出情况报告。②被动报告。组织因工作需要，安排人员就某个方面、某个问题进行调查研究，事后提交的报告即为被动报告。调查报告可分成很多种。从内容性质上分，有研究社会情况的，有推广典型经验的，有反映新事物的，也有揭露某些问题的；从调查对象上分，有围绕一个大问题进行多方面调查研究的综合调查报告，也有就一个问题、一个对象或事件进行调查的专题调查报告。

调查报告的标题一般有2种写法：一种是一般文章标题式写法，如《××公司腾飞之路》；另一种是公文标题式写法，如《×××产品市场状况调查分析》。调查报告的正文一般包括四方面内容，即前言、事实、分析和意见（建议或对策）。

（1）前言。前言部分要简要地说明调查目的、调查时间、调查范围以及所要研究和报告的主要内容等。有的调查报告中还包括调查方法以及调查的整体思路等。

（2）事实。事实部分主要阐述调查得来的主要内容或主要问题。这部分是调查报告的主体，容量较大，所以要进行归纳，或以自然情况为序，或以内容的逻辑关系为序，分条列项地进行写作。每一大条都要有一个中心，或用序码标明，或用小标题的方式来概括，以使眉目清楚。具体内容的写法主要是叙述，多用事实和数字说明，做到材料和观点相统一；表达上则要灵活一些，提出论点并以充分的论据证明，或以调查材料归纳出论点。

（3）分析。分析是调查报告的研究部分，通过分析，或指出问题的性质，或找出产生问题的原因。分析可以是理论分析，也可以是实践例证，但不管如何分析，都必须基于事实和数据，要具有针对性，揭示实质，不能凭主观想象，更不能主观臆断。

（4）对策和建议。调查研究的主要目的在于发现问题、分析问题，最终是为了解决问题。因此，在调查分析的基础上，还必须提出解决问题的对策和建议。所提对策和建议可以是原则性的或带有方向性的，也可以是具体的、可操作的。调查报告容量较大，不但要对事物进行全面的分析、研究，还要提高人们的认识，指导实际工作，这就要求写作时不仅要深入实际，掌握第一手材料，而且还要具有驾驭题材、组织材料的能力。在具体写作时则应注意以下几点：

1）要实事求是，即在调查所得的全部材料中找出能揭示事物规律的结论，不论是成绩还是问题，不论是经验还是教训，不论是建议还是对策，都应是实事求是的结果，并据此来选用比较恰当的报告结构方式。绝不能先入为主地用事先拟好的结论来套用或改造事实，或者为了采用某种熟知的结构方式而对号入座地去找材料甚至迁就某些材料。

2）要突出本质。要在众多的由材料得出的观点中选用最能突出事物本质的观点来说明问题，并据此来选择恰当的具有代表性的材料来作为论据。

3）要在观点和材料的表述上下工夫，做到既要有观点，又要多提供客观的依据。可以运用一组材料来说明一个观点，也可以运用一种方法来说明一个观点，还可以运用统计数字来说明一个观点。

四、工作报告

所谓工作报告，就是将最近发生、发展与变动的各种工作情况写出来反映给有关部门和上级领导的一种文体，属于组织内部反映情况的一种公文。工作报告的显著特点之一是时间要求比一般公文的要求要高。这是因为工作报告强调的是工作动态，工作报告如果不能及时地将工作情况反映出来，上级就不能及时捕捉与工作状况有关的信息，这样的工作报告也就失去了意义。工作报告一般是就一个事件或事情的某一个侧面、某一个部分进行及时反映，主要强调单一事项的进程。工作报告在写法上应注意以下几点：①工作报告首先要遵循信息类公文的一般写法，即以发布信息为主；②工作报告一般是一事一报，目的是将事件的进展情况说清楚，因此文字越简短越好；③工作报告一般采用开门见山的写法，不对细节作过多的描述，一般不加撰写者的认识和评论；④工作报告强调动态性，所以在写作中一般多用动词。

五、述职报告

述职报告是管理者向所属部门和员工以及上级组织和领导对自己在一定时期内的任职工作情况进行自我评述性质的报告。述职报告的种类很多，从时间上可分为任期述职报告、年度述职报告、临时述职报告等；从范围上可分为个人述职报告、集体述职报告；从内容上分则有专题（单项）述职报告、综合述职报告等。

（一）述职报告的格式

1. 标题

述职报告的标题一般有4种写法：一是只写"述职报告"四个字；二是用"××年任××职务期间的工作汇报"这样的公文写法；三是用"×××（姓名）×××（职务）在××会议上的汇报（或报告）"的写法；四是新闻标题式的写法。

2. 正文

述职报告的正文包括三部分内容：

（1）任职概况和述职评估。这部分包括确定述职范围和述职态度、任职时间、工作变动情况、岗位职责、目标及个人工作的自我评估。

（2）尽职情况。这是述职报告的主体，主要写工作实绩、经验和问题。对于核心内容，多数是按工作性质不同分成几个方面来写，每个方面可先写实绩，后写认识和做法，也可先写认识和做法，后写实绩。但不管怎么写，都要体现个人的工作能力和管理水平，尤其是在处理敏感、棘手问题以及应对突发事件和重大事件方面，要写出表现自身素质、才能和领导水平的内容。

（3）今后的设想和信心。要从实际出发，对今后工作在科学分析的基础上作出战略性规划，以表明尽职的态度。

3. 署名及日期

署名和日期可以写在标题下，也可以写在正文后。

（二）述职报告的写作要求

由于撰写述职报告的目的在于向人们汇报自己在职期间所取得的业绩和存在的问题，因此述职报告的写作必须紧紧围绕自己的工作来进行，具体要求如下：

1. 思路要清晰

述职报告是讲给别人听的，它除了题目和称呼外，基本上有一个较固定的"四部曲"：①介绍自己的职务和职责，以简短的话语拉开述职的序幕。②有条理地叙述自己在职期间所干的工作及所取得的业绩。这是述职的重点部分，要有理有据地详细介绍。③摆出工作中存在的不足和一些具体问题。④针对存在的问题，提出自己今后努力的方向和改进的措施。

2. 以职责为中心

述职报告有很强的"自我"性，即"述"工作时要以自己的职责为中心；摆业绩时要把自己的与大家的分开，绝不能贪他人之功；谈存在的问题时，则要诚恳地讲出自身的不足，不能是"我们"的不足。

3．业绩要典型

述职者在讲业绩时并非"多多益善"，而应选择那些有影响的、人们认可的典型成绩。这时可以讲述人们关心的事或看得见的变化，也可以用数字对比进行说明，还可以列出所获得的奖项，但切忌不分巨细、一一列举。

4．问题要具体

述职报告除了讲述自己的业绩外，还必须找出工作中存在的问题。值得注意的是，讲问题时应该实事求是地讲出具体存在哪些不足，而不是用模糊性语言，说一句"当然，工作中还有很多不足之处"来搪塞。不管有多大问题，都要向听众具体摆出来，这样才能树立自己的形象，赢得人们的认可。例如：一位卫生局长在述职中讲了 3 个问题：一是自己在评定职称工作中感情用事，影响了大家的积极性；二是自己在处理医疗事故中为维护医院声誉，没有从患者的利益出发，而是主张进行"私了"，结果给医院造成了极坏的影响；三是自己收了不该收的礼品，使自己在廉洁方面有了污点。他所谈的问题打动了听众，人们都为他的述职叫好。

5．态度要诚恳

述职报告要得到听众的首肯，除了以事服人外，更需要以情感人。这就要求述职者态度诚恳。例如，一位任职一年的公安局长，在述职开始便深有感触地说道："同志们，此时此刻，首先让我怀着感激的心情向大家说一声'谢谢'，因为一年来我每一项工作的完成，都离不开在座各位的支持和配合，为了更好地接受大家的帮助和监督，这里我把一年来的工作成绩以及存在的问题向大家作一汇报。"他话音一落地便获得了大家的掌声。当他谈到一位公安干警为了解救人质牺牲了生命时，他含着泪对大家说："是我低估了对手，是我没保护好我们的战士……"人们被他的真情打动了，静静地听他讲述。最后，他又向大家表示："没有不称职的群众，只有不称职的领导。今后，我要努力提高自己的素质，希望大家像帮助自己的亲兄弟一样帮助我，携手把咱们的公安工作创出新水平，为保一方平安做出新贡献！"话不在多，有情则灵，他的话不仅拉近了与听众的心理距离，增强了亲和力，而且为自己今后的工作铺上了"红地毯"。

6．语言要平实

由于述职报告是以汇报自己的工作为主，所以一般不需要进行过多的修饰，也不需要什么华丽的词藻。尤其是自夸时更要有分寸，华而不实的语言只能使听众产生反感。述职时，人们更喜欢平实的话语。例如，一位主抓基建的后勤主任的述职语言就很受大家欢迎。他说："实话实说，一年来，我累没少受，气没少生，人没少得罪，可取得成绩只有 2 项：一是大家看得见的，教学楼的地基起来了；二是大家看不见的，那就是把集资款跑来了，跑够了。"他讲的"大实话"不时引起人们的笑声和掌声。当然，述职报告的语言也可以出"新"，也可以适当幽默，但一切都要适度。

六、工作总结

工作总结是组织、部门或个人对过去一个时期内的工作活动作出系统的回顾归纳、分析评价，并从中得出规律性认识，用以指导今后工作的事务性文书。工作总结可以从性质、时间、形式等角度划分为不同的类型，从内容上分主要有综合总结和专题总结 2 种。综合总结又称全面总结，它是对某一时期各项工作的全面回顾和检查，进而总结经验与教训。专题总结是对某项工作或某方面问题所进行的专项总结，尤以总结推广成功经验最为多见。总结也有各种别称，如个人自查性质的评估及汇报、回顾、小结等都具有总结的性质。工作总结的基本写法如下：

（一）标题

1．文件式标题

文件式标题一般由单位名称、时限、内容、文种名称构成，如《××公司 2014 年度新产品开发的工作总结》。

2．文章式标题

文章式标题以单行标题概括主要内容或基本观点，不出现"总结"字样，但对总结内容有提示作用，如某企业的专题总结《技术改造是振兴企业之路》，某高校的专题总结《我们是如何实行教学与科研相结合的》。

3．双行式标题

双行式标题分别以文章式标题和文件式标题为正副标题，正标题揭示观点或概括内容，副标题点明单位、时限、性质和总结种类，如《知名教授上讲台教书育人放异彩——××大学德育工作总结》。

（二）正文

1．前言

前言一般介绍工作背景、基本概况等，也可交代总结主旨并对工作作出基本评价。前言写作要力求简洁，要开宗明义。

2．主体

主体应包括主要工作内容和成绩、工作目标及任务的完成情况、经验和体会、问题或教训等内容。这些内容是总结的核心部分，可按纵式或横式结构形式撰写。纵式结构，是指按主体内容从所做工作、方法、成绩、经验、教训等方面逐层展开。横式结构，是指按材料的逻辑关系将其分成若干部分，各部分加小标题，逐一来写。

3．结尾

结尾作为总结的结束语可以归纳呼应主题、指出努力方向、提出改进意见，也可以表示对今后工作的决心、信心等。结束语要求简短利索。

4．落款

一般在正文右下方署名。如是报纸、杂志或简报上刊载的用于交流经验的专题总结，应在标题下方居中署名。

七、商务信函

尽管随着电信技术和网络技术的发展，人们已渐渐习惯通过电话、互联网、录音等来传递交流信息，但在商务活动中，信函仍是人们应用最多也最为普遍的沟通工具。信函可用于多种主题、多种形式的交往。对很多人来说，书写信函是例常的，也是频繁的。作为一名管理者，应当具备信函写作的一般知识，掌握信函写作技巧，努力写好多种信函，这有助于事业的成功。

信函的风格不仅影响读者对发信人的印象，而且影响读者与写信人之间的关系。呆板生硬的书信会一下子把人拒之门外。有影响力的信函风格应该是：使用清晰、简洁而又准确的语言；避免使用陈词滥调、行话、抽象的词语和不必要的话；使用短句；采用自然、友好而又惹人喜爱的风格。这样的信函才能使写信人与读者之间产生一种"情绪感应"，进而实现有效沟通。

商务信件的写作一般应遵循公司内的信件惯例，这些惯例包括：使用扉页、限定空白、规定字体大小、指定标题等。有时公司甚至会提供一个或几个参考版本。除了遵循公司的规范惯例外，写好商务信函还需要注意掌握下述方法和技巧：

（一）要把写信当作面谈

最能引人入胜的信，是侃侃而谈，读来如见其人，散发着写信人的个性，就像坐在对面交谈一样的信。要达到这种亲切、自然的效果，写给个人的信件要尽量使用口语而不必拘泥于形式，不要咬文嚼字、矫揉造作地使用一些过于正式的书面措辞；在行文中适当地插入对方的名字，也可以给对方一种亲切感。

（二）开头的技巧

人们一般不愿意看到这样开头的信："我知道我应早点写信给你，但我实在没有什么东西可写。""一次一次地要提笔写信给你，但是被其他的事给干扰了。"这样的句子表露出一种不友善的态度。在回复信函时可用如下句子："收到你的信，我很高兴。""长久以来，你的来信总是邮递员所能带给我们的最受欢迎的礼物。"也可以以答复对方来信中所提的问题作为复信的开头。

（三）结尾的技巧

信的结尾一般应向收信人表示友好的祝愿。有人这样作结束语，不免失之轻率："好了，我猜你也看腻了吧，我最好就此搁笔了。"这样的结尾，自以为很自然，不同凡响，实则笨拙无益。对个人的信函可以不必拘泥于标准形式的结尾，可写"一两天后再给你写"等，之后要再写一两句祝颂、共勉的话，如"工作顺利""生活愉快""等候佳音""盼望来信"等。

（四）书写字体

写信的字体应该整洁、干净、工整。如果像幼童涂鸦，乱糟糟的一团，会使人在看信前就产生不良印象，以致对写信者的外表、能力、性格、人品等产生不准确的推测。另外，在书写信函时须用钢笔，以表示尊重，一般不要用圆珠笔，更不要用铅笔，那样显得不严肃。墨水应选择黑色或蓝色。红色则表示绝交的意思，这是尤其要注意的。

（五）信函礼貌

对来信的回复不能拖得太久，公司企业间的来信更要注意。有些信是要立即回复的，如对公司的成功表示祝贺，对其他公司开业表示祝贺或是对他们的困难提供建议。在写信时，内容要具体，概念要明晰，条理要清楚，不要用太薄、太软、发黄、粗糙的信纸写信，这也有利于信的美观大方。在写完信后，要仔细检查一遍，不要有错字漏句，然后将信折好放入信封。若同时写几封信，要当心张冠李戴，错放或漏放信件。

（六）信封书写

信封有一定的格式，一般应按规定格式写。信封地址要写得工整清楚，要是字迹潦草模糊、涂涂改改，不仅影响信件的投递，对收信人来说也是不礼貌的。书写信封一般应写明收信人的详细地址，收信人的姓名或公司、企业、团队的全名，寄信人的详细地址和姓名。

≫≫≫ 第四节 求职信和个人履历的写作方法与技巧

一、求职信的类别

求职信可以从不同的角度进行分类。不同类别的求职信，其内容、侧重点和行文语气也各有不同。

（一）按求职目标划分

按照有无明确求职目标划分，可将求职信分为具有明确目标的求职信和没有明确目标的求职信。前者是针对某单位的某一具体职位写的，表示希望面谈的要求；后者没有明确的求职目标，具有普遍适用性，可以投向不同的单位。

（二）按实践经验划分

按照有无实践经验划分，可将求职信分为有工作经验的求职信和没有工作经验的求职信。前者主要是为了调换工作岗位或再就业；后者属于初次就业，如大学毕业生就业等。

（三）按是否获得招聘信息划分

按照求职者是否获得了招聘信息，可将求职信分为自荐求职信和应聘求职信。前者是指求职者在并未获得准确用人信息的情况下，主动向自己感兴趣的单位写的带有自荐性质的求职信，以投石问路；后者则是根据用人单位在新闻媒体上刊登或播发的招聘广告，有针对性地写给该单位以谋求某一特定职位及反映自身条件的求职信。前者可能会留给求职者更多展示才华的空间，因为竞争者较少；而后者则会面对众多的竞争者。

（四）按求职方式划分

按照求职方式划分，可将求职信分为委托求职信与求职推荐信。求职者既可以自己联系工作单位就业，也可以请第三者帮助其联系单位就业。求职者把自己的求职意向、条件、要求等告诉第三者，并委托第三者帮助其联系就业单位，这样的信就属于委托求职信；求职者也可以请第三者帮助其联系、推荐就业单位，第三者向用人单位推荐求职者的信，就属于求职推荐信。

二、求职信的写作要求

求职信是求职者与用人单位初步交往、建立起联系的第一个环节，它不仅影响着用人单位对求职者的第一印象，而且关系着求职的成败。因此，在求职过程中一定要重视求职信的写作。一般来说，要写好求职信，应特别重视以下方面：

（一）求职信的礼仪要求

1. 称呼要准确、得体

一般情况下，求职信的收信人应该是用人单位的人力资源管理人员，他们有权决定是否录用你。所以，要尤其注意准确、得体地称呼收信人，因为收信人从信件中首先接触到的就是称呼，这决定了他们对你的第一印象如何。

2. 问候要真诚

抬头部分的问候起开场白的作用。即使是素昧平生的人，信的开头还是应该有问候语，这是必不可少的礼仪。

3. 内容须清楚、准确

书信的内容尽管各不相同，写法也多种多样，但都要以内容清楚、叙事准确、文辞通畅、字迹工整为原则，并根据收信人的特点措辞。

4. "包装"要讲究

求职信的"包装"也是十分重要的，因为看信人最先看到的不是信的内容，而是信的外观形式。因此，一封书写漂亮、布局美观的信会让人感到愉快和舒服。讲究求职信的"包装"主要是指：①最好选用标准尺寸（A4）、质地优良、白色无格的信笺。②最好使用电脑将信的内容打印出来；如手写的话，墨水颜色以蓝黑为佳，忌用铅笔和红色墨水书写。③信文要放在信笺的中间位置，书写格式要统一。④信纸的折叠。这里推荐2种稳妥的折叠方式：一是将信纸纵向三等分折叠，再换方向折叠，折叠时将信纸两端故意折成一高一低。采用这种折叠方法的人一般被认为是性格谦虚朴实、讲究礼仪的人。二是将信纸纵向对折，然后在折线处再往里折一至两厘米宽，最后横扣对折。这种折法表示发信者性格文静、有一定的文化修养。

（二）求职信的基本结构

求职信的结构一般由开头、正文、结尾三部分组成。通常情况下，求职信的内容以两页500字左右为好，因为招聘人员一般没有时间仔细看你煞费苦心所写的洋洋洒洒几页的内容，但如果确实有值得大书特书的亮点内容的话，可以作为求职信的附件。求职信也不能太短，这样会显得草率、没有诚意，自然也就缺乏说服力。

1．开头

求职信的开头应开门见山，直截了当地说明求职意图，使信的主旨明确、醒目，以引起对方注意。例如："我是××大学即将毕业的学生，想在贵公司找一份工作。"切忌在开头写一些虚话、套话等与求职无关的内容。

2．主体

主体部分是求职信的重点内容。一般写法是先讲自己求职的理由，说明自己之所以选择为该单位效力的理由，理由要合乎情理、合乎实际。其次要明确、具体地说明你的目标。接着要重点介绍自己应聘该岗位所具备的条件，做到有的放矢，尤其要注意突出自己的重要特点、特长、优势，阐明你会给公司带来的特殊价值，重申简历中已经提到的那些主要成就。对于应届毕业生来讲，可以提一下你与该应聘岗位相关的、大学期间的实习经历，尽量做到具有说服力。

3．结尾

求职信的结尾部分主要是再次强调求职的愿望，可以表达自己的一个意向，如希望应聘单位能给予考虑、给予明确答复、给予面谈机会，或希望给予试用机会，以供招聘单位进一步考察。

（三）求职信的写作技巧

一封好的求职信应该表达出你应聘该职位的诚意及愿意为事业而奉献自己才智的愿望。要写出一封令人满意的求职信，必须注意以下几点：

1．客观地确定求职目标，摆正心态

一个人要客观地确定自己的求职目标并不容易，因为在人才被看成"商品"的今天，人才市场的供求规律在时刻影响着这种"商品"的价格。这一规律决定了当你进入就业市场的时候不能一厢情愿地认为凭你的学历就一定应该得到什么样的工作。参与竞争前，应先对自己的实力作一个明确的估价，然后再确定应聘哪个水平的职位。只有摆正了自己的位置，确定了合理的目标，你的求职信才能有的放矢，才能提高求职的成功率。

2．文字通顺，简明扼要，有条理

用简练的语言把你的求职欲望及相应的个人条件和特点表达出来，切忌堆砌词藻。求职信的读者不会把很多时间浪费在阅读冗长的文章上。那种刻意卖弄文采、想方设法堆砌华丽时髦词藻的做法只会弄巧成拙，使人反感。

3．稳重中体现个性

求职信不是你显示文学才华的地方，最好用平实、稳重的语气来写，但这并不排斥以独特的思维方式给对方造成强烈印象的做法。一封求职信，无论内容多么完备，如果吸引不了对方的注意，就会毫无用处；对方如果对你的陈述不感兴趣，你将前功尽弃。

4．要在信中流露出自信

把握好自我展示和谦虚间的平衡。要想求职成功就必须推销自己，强调你自己的价值，这就少不了自我展示一番，但是这种展示一定要避免浮夸。比如，对于经管类的大学生来说，在表示自己的能力时可以说"能用所学到的管理学知识为单位的人事管理制度的完善做出贡献"，但最好不要说"把企业的经营带上一个新的高度"这样的话。

5．学会"适度推销"

在中国传统文化里，谦虚是一种美德。但对于求职者而言，过分的谦虚可能会使人觉得你什么也不行，所以求职者应遵循"适度推销"的原则。在求职于外资企业时可多一些自我展示，而在应聘国有企业时应多一些谦谦君子之风。

6．尽量不用简写词语，慎带"我"的字眼

求职信中太多的"我觉得""我认为"等表达方式很容易给用人单位留下自高自大、处处以自我为中心以及不成熟的印象。

7．争取面试机会，莫提薪酬问题

求职信所要达到的目标是建立联系，争取面试机会。谈薪酬的问题为时尚早，应把它放在以后更适当的场合。求职信的最后，要特别注意提醒用人单位留意你的简历，并请求给你回音，以争取进一步联系的机会，获得面试的资格。

8．诚信为本，动之以情

"诚信为本"就是指态度要诚恳、诚实、不卑不亢，内容实事求是，突出优点的同时不隐瞒缺点，自信而不自傲。写求职信时还应以情动人。怎样做到以情动人呢？这需要进行换位思考，揣摩招聘人员的心理，从而采取相应的对策。你要设法引起对方的认同进而得到对方的赞许。

三、个人履历的写作要求

一份内容完整的履历一般包括如下项目：个人资料、求职目标、任职资格、学历、工作经历、专长与成就、学术论著、课外活动、外语技能、社团职务、推荐人等。就具体的个人履历而言，项目的取舍应视求职者个人实际情况及履历用途而定，各项内容的详略应因人因事而异。以下对一些重要项目加以简要介绍：

（一）个人基本资料

履历表的第一部分是个人资料，一般应列出自己的姓名、性别、年龄、政治面貌、学校、院（系）别及专业、获得何种学位及求职愿望等。

（二）教育背景

随着教育体制改革的深入，学校及学科名称变化很大，适当地介绍学校和专业便于用人单位尽快地了解你的教育背景。这方面的介绍应包括：专业，包括自己所学的专业和业余所学的专业及特长；具体所学的课程；自己所受教育的阶段；各种证明材料、证书等。此外，要突出与招聘工作密切相关的论文、证书与培训课程等。写教育背景时可按下面三部分来写：

（1）教育经历。列出你所接受的教育过程，提交你的主要学习成绩，列出你所得到过的各种奖励、荣誉，以及在学校曾经担任过的职务。注意，如果你的学习成绩并不优秀，或在校期间没有担任过什么职务，最好不要笨拙地暴露自己的短处。

（2）有关课程和知识体系。这里分2种情况：如果你的简历并没有什么特殊的针对性，在这部分应尽可能列出你所学过的所有课程，包括主修课、辅修课及选修课，因为你不知道哪一门课是用人单位最感兴趣的；如果你的简历是有针对性的，就可以只列出学过的、能使用人单位感兴趣的课程。

（3）列出你受过的其他教育或训练，包括你在工作、生活及个人兴趣方面发展而来的能力。例如，现在一些大学生求职者都接受过汽车驾驶训练并获得了驾驶执照，或是有外语口语证书及计算机等级证书，或者曾获得某项体育比赛的冠亚军等，这些情况均可列入履历表。

（三）工作经历和社会阅历

履历表的第三部分可简述自己的社会活动和阅历以及工作经历。这是对你以前工作的记录，是履历表的重要部分。用人单位尤其是外商独资企业、中外合资企业非常注重求职者的工作经历。即使你工作的时间还不长，从事的工作也不多，也要把你的工作经历一一列出，写明受雇公司名称、工作职称、职能、业绩等。辞职的原因可以不写，但假如这个问题一定要谈的话，也最好延至面试时再提。你应懂得当你未来的雇主对你整个工作史感兴趣时，他将特别注意你最近的那份可能显示了你最高水平的工作。因此，最近的工作应介绍得最详细。如果你具有与应聘岗位相关的经历，那么无论时间长短都一定要写在履历表上。

如果是应届毕业生，这部分内容应包括在学校和班级所担任的职务、在校期间所获得的各种奖励和荣誉、业余爱好和特长、社会实践和实习情况等。而对于有工作经历的求职者来说，这部分内容以说明自己的工作经历和能力为主，与求职目标相关的工作经历是最主要、最有说服力的。说明时语气要坚定、积极、有力，要提供具体的工作能力等证明材料。介绍相关工作经验时，一般是先写近期的，然后按照年代的逆顺序依次写出，因为最近的工作经验对于用人单位来说显然更为重要。在每一项工作经历中先写工作日期，接着是工作单位和职务。在这个部分需要注意的一点是，陈述了个人的资格、能力、职业经历之后，不要过多提及个人的需求、理想，应适可而止。

（四）求职目标

求职目标即表达求职者的愿望、目的与动机。要将所申请的职位作为一个独立项目列出来。有人建议迟一些讲求职目标，甚至可延至面试过程中再讲。事实是，如果你连面试机会都没争取到，这种建议就没有什么价值可言。在求职信中提出一两个职位或求职倾向作为求职目标，可表明你求职的诚意和目的性，从而更有可能获得招聘单位的信任。

（五）结尾部分

履历表的最后多是提供证明自己资历、能力以及工作经历的材料，如学历证明、学术论文、获奖证明证书、专业技术和职业证书、专家推荐信等。这些材料可以列在附页上，如有必要，可以附加证明人一项。需要说明的是，在"证明人"栏中要说明证明人的姓名、职务、工作单位与联系方式。当你同时向众多单位发出履历表，而难于提供许多对方熟悉且有说服力的证明人时，也可以在简历结尾处注明"一经需要，即提供证明人"的字样。

>>> 练习与思考

1. 书面沟通有什么优点和缺点？
2. 简述书面沟通的类型。
3. 影响写作质量和效率的因素有哪些？
4. 简述工作总结的基本写法和格式。
5. 求职信写作的技巧有哪些？
6. 简述个人履历主要包括的项目。

>>> 实战演练

1. 请你写一份年度个人工作或学习总结。字数在 1 500 字左右，要有标题、正文和落款，正文包括取得的成绩、存在的问题及今后的打算等。

2. 你在报纸上看到某个公司正在进行招聘，在招聘的职位中有非常适合你的职位，而你也十分希望能够到该公司工作。请你写一份个人求职信，并附上你的个人简历。求职信的字数在 500 字左右，个人简历的字数在 1 500 字左右。

- 导游接站服务
- 入住酒店时沟通
- 旅途交谈服务
- 游览中讲解服务
- 餐饮服务
- 购物服务
- 突发事件的处理
- 送客人到机场（车站）

应用篇

旅游沟通实务

项 目 一

导游接站服务

【知识目标】

了解接站服务的程序。

掌握欢迎词的内容与种类。

熟悉首次沿途导游的主要内容。

掌握导游接团中常见交谈技巧。

【技能目标】

能圆满完成接站服务。

能进行欢迎词创作及讲解。

能进行规范的首次沿途导游。

能灵活驾驭自己的语言。

>>> 理论准备

所谓接站服务，是指地陪前往机场（车站、码头）迎候游客，并将游客转移到所下榻饭店过程中所要做的工作。地陪应使旅游团在接站地点得到及时、热情、友好的接待，了解在当地参观游览活动的概况。

一、旅游团抵达前的服务

（一）确认交通工具的准确抵达时间

接团当天地陪应提前去旅行社落实或打电话询问旅游团计划有无变更情况。出发前，向机场（车站、码头）问讯处问清所接旅游团所乘班次的准确抵达时间。一般情况下，至少应在飞机预定抵达时间前 2 小时，火车、轮船预定抵达时间前 1 小时向问讯处询问。

（二）与旅行车司机联络

电话通知司机出发的时间，商定碰面地点。与司机碰面后，地陪应先告诉司机该团活动日程和具体安排。

（三）提前抵达接站地点

地陪应提前半小时抵达机场（车站、码头），与司机商定车辆停放位置。如已安排行李员，地陪应与行李员取得联络，并向行李员交代旅游团的名称、人数，通知行李运送地点，了解行李抵达饭店的大体时间。

（四）再次核实班次抵达的准确时间

地陪在落实上述工作后，还须再次向问讯处确认或通过班次抵达显示牌确认班次准确抵达时刻。如果被通知所接班次晚点，推迟时间不长的，地陪可留在接站地点继续等候，迎候旅游团；推迟时间较长的，地陪应立即与旅行社有关部门联系，听从安排，重新落实接团事宜。

（五）持接站标志迎候旅游团

在旅游团出站前，地陪持接站标志，站在出口处醒目位置，热情迎候旅游团。接小型旅游团或无领队、全陪的散客旅游团时，要在接站牌上写上游客姓名，以便游客能主动与地陪联系。

二、认找旅游团

旅游团所乘班次的客人出站时，地陪要设法尽快找到所接旅游团。地陪在找到所要接待的旅游团后，及时向全陪或领队核实实到人数，并询问团队情况，集中清点并交接行李，然后集合登车。

三、见面的语言艺术

作为导游员，经常要与游客见面打交道，在初次见面的一瞬间，游客就对导游员产生了基本印象，也就是第一印象。

根据"先入为主"的心理规律，游客印象中的"第一印象"在心理上会产生微妙和后效很大的心理效应——首因效应。第一印象产生于游客最新感觉的新异性，这种感觉印象没有前摄抑制作用的影响。因为，在此之前感觉的新异性还处在空白状态，一旦受他人的服饰语、表情语、姿态语及口头语等刺激后，就会留下清晰的第一印象。当第一印象发生后，游客会以这一印象作为以后评价导游员的依据。在很多情况下，第一印象往往是最后的结论。可以说，当导游员与游客一见面，只需数分钟，游客就会在心里把印象和观念迅速组合成"山峰"矗立起来，以后便成为一种肯定的观念。故此，有人说，每个人在自己的生命中，都会有无数次机会"推销"自己，而导游员这种"推销"的机会，比一般的人多得多。因此，要在游客心目中树立良好的导游形象，必须严格按照见面的语言艺术要求

"塑造"自己,以给游客留下良好的第一印象。

(一)服饰语艺术

服饰语是指人通过服装和饰品传递的信息。导游员的服饰语在导游语言艺术中有着不可忽视的作用,它不仅代表着一个人的形象,而且体现着一个国家、一个民族的精神风貌。因此,导游员在服饰语方面必须讲究规范、整洁、协调、适度。

1. 服式

服式指服装的款式,包括剪裁及色彩方面的要求。导游员如果配上款式得体的服装,则显得高雅、庄重而增添魅力。反之,衣冠不整、穿着随便、奇装异服、不伦不类,都会给人一种漫不经心、马虎草率、缺乏郑重的工作态度,使人产生一种不信任感。

导游员在导游活动中,服装必须符合目前国际上公认的 TPO 衣着原则。"T"(time)指时间,通常也用来表示日期、季节、时代;"P"(place)代表地方、场所、位置、职位;"O"(object)代表目的、目标、对象。导游人员在工作时,应穿制服,或穿比较正式的服装并佩戴导游标志。通常,导游人员的制服为上下同色同质的毛料中山装或西装,配黑色皮鞋;便服则为各种式样的外衣与长西裤,配颜色相宜的皮鞋、旅游鞋或布鞋。女性可按季节与活动性质的不同,穿西装(下身为西裤或裙)、民族服装、中式上衣配长裙或长裤、旗袍、连衣裙等;夏季也可穿短袖衫配裙子或长裤;穿无袖的衣衫或连衣裙时,要注意修剪腋毛。

衣服要勤换勤洗,熨平整,裤子熨出裤线,保持服装美观、朴素、大方、整洁。对于不同款式的服装,穿着有不同的具体要求。西装袖长以达手腕为宜,衬衫袖长应比外衣袖长 1~2.5 厘米,与领口露出的衬衣大抵相当,以映衬西装的美观;西装上衣两侧的衣袋,一般只作装饰用,不可装体积较大的物品,上衣胸部的小口袋仅供插折叠成花式的手帕,随身携带的物品可装在西装上衣内侧的衣袋里。关于西装的穿法,有段颇流行的口诀可供参考:"上下都不扣——潇洒;上扣下不扣——豁达;上扣下也扣——端庄;下扣上不扣——流气。"穿中山装更要扣好领扣、裤扣。穿长袖衬衫,要将下摆塞入裤内,袖口不要卷起;长裤不卷起,女子的裙子不宜过长,也不宜过短。

2. 衬衫和领带

衬衫和领带的色泽相互协调方能给人以美感。一般说来,白色的、条纹的或是方格子的面料衬衫适合于穿西装系领带。穿粗花呢或随便一些的服装,衬衫的花纹可粗犷一些,可不系领带。衬衫配领带的普遍规则是:有花纹的领带配素色无花纹的衬衫;穿有花纹的衬衫应配无花纹的领带。领带不可太细,太细显得小气,也不可系得太松,太松显得别扭。领带的长度一般为 130~150 厘米,系好后垂到裤腰处为标准。

3. 鞋袜

导游人员一般应穿素雅、端庄、体面、大方的黑色皮鞋。皮鞋必须勤擦,保持皮鞋的整洁和光泽,袜子具有衔接裤子和鞋的作用,应与裤子、鞋相协调。黑色皮鞋一般应配比较深色的裤子,若袜子有刺绣花纹,也应以深色的为宜,浅色的或鲜艳颜色的花纹显得轻浮,男性导游人员应穿黑色或深蓝色的不透明的中长裤子,以免在坐下时露出皮肤和腿毛,不宜穿花袜子;女士的袜子,色彩可适度鲜艳,也可穿素色的长筒袜,避免露出袜口,夏天不可光脚穿凉鞋。

4．饰品

饰品是指个人的装饰和佩戴。导游人员的装饰、佩戴应有严格的要求。女性导游人员可略施粉黛，美化自己，但切忌浓妆艳抹。首饰不宜戴得太多，把自己打扮得珠光宝气，花枝招展，反而显得矫揉造作，不合身份。装饰佩戴的基本要求是美观、大方、得体、雅而不俗。

（二）语言艺术

招呼语言是礼貌语言中一个重要组成部分。招呼不招呼，如何招呼，同样可以体现一个导游人员的文明修养。

招呼语可分为2类，即招呼的口头语和招呼的体态语。

1．招呼的口头语艺术

（1）欢迎语　例如："欢迎光临！""欢迎各位前来游览！""初次为大家导游，我感到非常愉快。"

（2）问候语　导游人员应根据不同对象、时间、情景主动问候。例如："旅途辛苦了！""您早！""早上好！""昨晚休息得好吗？""感觉好了点吗？"对外宾应该注意少用或不用"Hello""Hi"等亲热有余、庄重不够的口语。

（3）称呼语　由于各国各民族的语言不同，风俗各异，因而称呼要因人而异。如果称呼错了，就会使对方反感或不悦。对境外客人，男子称"先生"，女子称"女士"或"夫人""小姐"。这些称呼均可冠以姓名、职称、衔称等，如"市长先生""议员先生""莱姆夫人"等。对医生、教授、律师、法官，以及有博士等学位的人士，均可单独称"医生""教授""法官""博士"等，同时也可以姓氏加"先生"，如"霍克先生"。

对国内游客，可称同志，亦可称职业，如"李同志""张老师""刘医生"等。也可以对长辈用敬称，如"老大爷""郭老"等。近几年，"先生""小姐"一类的称呼在国内时兴起来，在一定场合也可称"先生""小姐""女士"等。

（4）征询语　导游人员主动适当地使用征询语，能使客人感到备受尊重。例如："您有什么事吗？""您需要我帮忙吗？""我能为您做点什么？"

（5）祝愿语　大致可分为3类，①节日祝愿，如"祝您节日快乐！""祝大家圣诞快乐！"；②生日祝愿，如"祝您生日快乐！"；③一般性的祝愿，如"祝各位旅游愉快！"

（6）道歉语　例如："对不起，让大家久等了。""对不起，打扰了。""请原谅！"

2．招呼的体态语艺术

（1）微笑和点头　对男性客人，一般在同一场合已多次见面，可点头微笑，以示致意。对女性客人多用这种招呼方式，显得庄重而彬彬有礼。

（2）握手　在一般情况下，与对方的手握一下即可，不必用力。但对年长者或身份较高的客人应稍稍欠身，或向前跨出一小步，双手握住对方的手，以示尊重和欢迎对方。握手一般用右手，握时不紧不松，也不要左右摇晃。如果对方是女士，则应在她先伸出手后才与她握手，一般只握一下女性的手指部分。握手时一般应由主人、年长者、身份高者及女性先伸手后再握对方的手。握手时，双目应注视对方微笑致意，不要看着第三者握手。导游人员主动、热情、适当的握手，可以使客人增加亲切感。

（3）鞠躬　对日本客人打招呼时要鞠躬，即用立正姿式，双目注视对方，以身体上部向前倾 20 度左右为宜。鞠躬时，视线自然下垂，若戴帽必须先脱帽。对信奉佛教的客人，在鞠躬的同时，还要注意双手合十致意。

（4）亲吻　这是西方的一种见面礼。我国没有亲吻拥抱的习惯。有时为尊重对方，也可灵活使用。但女性一般不接受男性客人特别是青年客人的亲吻。女性导游人员可主动热情地伸出右手，与对方握手致意。

（三）自我介绍的语言艺术

在旅游团抵达时，导游员常常要与旅游团团长、领队及其客人接触见面，导游员即使佩戴了导游证或社徽，也得作自我介绍。自我介绍是推销自我形象和价值的一种重要方法，从某种意义上讲，自我介绍是进入导游活动的一把钥匙，这把钥匙运用得好，那么"良好的开端便是成功的一半"。

俗话说："出门看天色，进门看脸色。"游客初到一地，接触该地的第一个人，便是导游人员。导游人员能否迅速消除游客的陌生感，使他们迅速建立对本人的依赖感，在很大程度上靠自我介绍来实现。因此，自我介绍是给人以良好的第一印象的重要方法和手段。掌握自我介绍语言艺术，必须注意以下几点：

（1）态度要热情友善，充满自信。清晰地报出自己的姓名、单位、身份。介绍时，面带微笑，用眼神表达友善诚恳，并充满自信。如果嗫嚅含糊、态度冷淡、随便应付就会使人产生疑虑和不信任感，彼此之间产生隔阂。

（2）根据不同的沟通目的，注意介绍的繁简。与旅行团团长、领队或全陪接头时，自我介绍一般从简，讲清自己的姓名、单位、身份即可，不便过多地自我介绍，因为旅行团初到一地，还有许多事情需要与团长、领队或全陪接洽协商。在游客集中后，或去下榻饭店的途中，导游人员的自我介绍可以具体详细一些，以便于游客尽快熟悉自己。

（3）自我介绍要掌握方法。自我介绍不单纯是介绍自己的姓名、单位、年龄、身份等，往往还有一个自我评价的问题。恰如其分的自我评价是缩短与游客之间距离的重要途径。其方法有三：①自谦式。例如："我是去年从外语学院毕业的，导游经验不足，请各位多多关照。"对东方的客人用自谦式自我介绍未尝不可，但对西方客人大可不必用这种自谦式，不然"自我观念"的差异性会使客人产生对你的不信任感。更甚者，客人会提出调换导游。②调侃式。比如："十分荣幸能为各位导游，只是我的长相不太符合导游的标准。因为有名人曾说过，导游是一个国家的脸面，我这脸面能代表我们这个美丽的国家吗？……"其自我嘲讽中包含着自律，于诙谐幽默的自我揶揄之中露出一点自信和自得之意，既能增强言语风趣，又不流于自夸。③自识式。"我姓张，名曲，张是弯弓张，曲是弯弯曲曲的曲，但大家不要误会，我不是一个弯弯曲曲的人，而是一个十分正直的人。我为什么取名'曲'呢？大概是我小时候特别爱唱一首好听的歌曲，所以父亲给我取名'张曲'。现在，对于唱歌，我还是名副其实的。等会儿有空，我将为大家演唱一曲。"

导游员的自我介绍，既可用语言，也可借助名片。名片作为自我介绍的材料，古已有之，汉代时把通报姓名的单片叫"刺"，可见以名片为中介进行交际已是一种惯例。用名片是如今时兴的一种自我介绍方法。在导游活动中，对团长、领队、人数不多的客人皆可用这种自我介绍方法。赠送名片时要双手恭敬地递给对方，并附带说声"认识您很高兴""请多关照，今后保持联系"之类的话，这是一种高雅的自我介绍艺术。

四、致词的语言艺术

在导游活动开始之初和结束之时，导游员大都要向游客致欢迎词和欢送词，如果说欢迎词好比一首乐章的"序曲"，那么欢送词则是不可缺少的"尾声"。要使导游活动做到"善始善终"，就必须讲究致词的语言艺术。

（一）致欢迎词的语言艺术

致欢迎词是沟通导游员与游客的第一座桥梁，它体现着导游员的知识水平、风度气质和服务态度等，是赢得良好印象的关键所在。欢迎词大多包括向客人问候、自我介绍、代表旅行社向客人表示欢迎、表明自己的服务态度、祝客人旅游愉快等。但是，如果致欢迎词就是这些内容未免太单调、枯燥了，而且各地的导游员都是如此，那么客人就会反映冷淡，甚至引起客人情绪发生变化，以至于出现某些意外的情况。因此，导游员要善于根据不同对象的身份、职业、心情以及不同的时间、地点来确定欢迎词的内容，从而达到消除陌生、融洽关系、调节情绪的目的。

致欢迎词的形式是不拘一格的，没有固定的模式，这里从语言艺术的角度，介绍 3 种致欢迎词的方式：

1．风趣式

出语幽默、风趣、亦庄亦谐、妙趣横生，使游客听后轻松愉快，情绪高昂。请看一位导游员在接待一个由医生组成的旅行团时所致的一段欢迎词：

"各位早上好！我叫张××，是××旅行社的导游，十分荣幸能为各位服务。各位大都是医生吧？医生是人间最美好的职业。我一出生，就对医生有特别的感情，因为我是难产儿，多亏了医生我才得以'死里逃生'。长大之后，我立志当一名救死扶伤的医生，可是医学院却没有录取我，尽管我没有福气进医学院，但医院我每年都要去几次，我这人特别容易感冒。当医生不行，当'病人'却十分合格，真没有办法……今天的旅游节目是这样为大家安排的，首先参观岳阳楼、洞庭湖，然后去参观一家中医院。如果还有时间，我想请大家'参观'一个特别节目，就是看看我为什么老是容易患感冒。谢谢。"（游客大笑）

在致欢迎词时，幽默是导游员与游客建立友好关系的最有效的手段之一，它不仅能缩短导游员与游客之间的感情距离，而且能够调节游客心理、制造活泼气氛、激发游客兴趣，往往给人以热情开朗的良好印象。

2．闲谈式

闲谈式的欢迎词大都情感真挚、语气平和、不急不缓，娓娓道来，如拉家常似的，能给人以亲切自然的感受。请看山西一位导游员对日本客人所致的一段欢迎词：

"各位团友，大家早上好！欢迎来到风景美丽、气候宜人的北方名城——哈尔滨。我是你们这次的导游员张小丽。请大家务必记住我这张不算美，但总算对得起观众的脸吧！俗话说跟着导游走，吃喝啥都有，问啥啥都会，走着还不累。啰唆完自己之后，现在隆重给大家介绍一位重要人物，他就是我们的司机张师傅。大家别看张师傅年纪轻轻，但他开起车来可是相当有技术，用东北话说那是'冈冈地'。在旅途中，各位有啥事，别客气啊！

直接来找我和张师傅，我们很乐意为各位服务。最后希望各位在美丽的哈尔滨玩得开心、愉快!"

3. 感慨式

以善解人意的语言感而慨之，缓解客人低落的情绪，以引起感情上的共鸣。比如，有一台胞旅行团由香港乘飞机到重庆，原定上午到达，次日早晨乘游船游三峡，但因天气原因，延误至深夜11时才抵渝，客人心境不佳，情绪十分低落。重庆的导游员得知这一情况后，想在致欢迎词时改变一下客人的情绪。他在自我介绍、向客人问候、表示欢迎之后，感慨地说:

"中国有句古话说'好事多磨'嘛。各位昼思夜想地盼了40年，到了家门口却还要等十几个小时，中国人在中国的土地上却不能自由行动，这是一种很奇怪的现象。宋代诗人陈师道说:'去远即相忘，归近不可忍。'大家不是很心急吗?'去远即相忘'这句话怕是不很实际的，各位离别内地四十多年，哪里忘得了自己的故乡，忘得掉这么一片广大的国土? 忘得掉家乡的亲人，年节的风俗和生养我们的土地? 台湾有一支歌，叫《我的家乡在大陆上》，各位唱了四十多年，今日终于唱回家了。在自己家里，要唱就唱，要笑就笑，要想去哪就去哪。大家就尽情地唱吧，笑吧! 我谨以家乡亲人的名义，祝贺大家终于回—家—了……"

一番感人肺腑的话，立刻赢得了客人发自内心的热烈掌声。他们的精神为之一振，自发地哼唱着《我的家乡在大陆上》，思乡之情像火一样被点燃了。成功的欢迎词为之后的导游开了一个好头。

>>> 任务一 导游接机

任务情境

时间: 2014年7月30日16: 40

地点: 宁波栎社国际机场

人物: 地陪朱丽、司机马师傅、全陪华杰、行李员小李

事件: 地陪朱丽在提前全面检查准备工作落实情况后，与司机马师傅提前半小时抵达机场，并联络金港大酒店的行李员小李一同前往。

任务描述

地陪朱丽持接站牌，站在出口处醒目位置，热情迎候来自北京的旅游团队。机场广播航班抵达之后，地陪朱丽在出口处见到了有北京风采旅行社标志的旅游团。请学生扮演地陪朱丽完成下面对话:

地: ①_____

全: 是的，我是华杰。

地: 我叫朱丽，是你们的地接导游。

全: 您好! 朱导。

地：您好！欢迎你们！我们已经在酒店为你们订好了房间，你们是 10 个人对吗？

全：一共是 12 个人。

地：增加了两位是吗？

全：是的。

地：要分开住吗？

全：不用，是夫妻，同一房间就可以了。

地：②_____

全：加我的 1 件，一共 18 件。

地：我们的旅游车和行李车已经在外面等候。

全：谢谢，您辛苦了。

地：不用谢。我们先招呼一下客人。

（地陪朱丽举起导游旗，面向旅游者。）

地：③_____现在请大家跟着
我，在这边宽敞的地方停留一下，如果有要去洗手间的旅游者往左边走，10 分钟后在这里
集合。

任务分析

（1）认找旅游团。地陪举接站牌在明显的位置上，让领队或全陪前来联系，同时地陪
应根据旅游者的民族特征、衣着、组团社的徽记等作出判断，或主动询问，问清该团领队、
全陪或客人姓名、人数、国名，一切相符后才能确定是自己所要接待的旅游团。

（2）核实人数。地陪在找到所要接待的旅游团后，应及时向领队或全陪核实实到人数，
如与计划人数不符，则要及时通知旅行社，以便做相应的服务更改。

（3）询问团队情况。地陪还应向领队或全陪询问团内旅游者的身体状况，有无特殊要
求，如团体队系白天到达，则应与全陪、领队商定是先回饭店，还是马上进行游览。

（4）集中清点并交接行李。旅游团如乘坐飞机抵达，地陪应协助所接待旅游团的旅游
者将行李集中到指定位置，提醒他们检查各自的行李物品是否完好无损。与领队、全陪、
行李员一起清点并核实行李件数，并填好一式两份的行李交接单，与行李员双方签字，一
份交予行李员。如果在检查过程中发现有行李未到或破损现象，地陪应协助当事人到机场
失物登记处或有关部门办理行李丢失登记和赔偿申报手续。

>>> 任务二　认找外国游客

任务情境

某年秋季的一天，北京的导游员余先生到机场去接一对外国夫妇。由于同时到达了好
几个航班的飞机，机场大厅接机的人很多，显得很拥挤。余先生举着接机牌挤到出口处，
想尽快接到游客。好几对外国夫妇从出港的人群中涌出，看了看余先生手中的接机牌，便
摇着头走开了。等了近一个小时，余先生仍没有接到客人，但他看到本旅行社的一个同事

接到了一个没有领队的旅游团，正向门外走去。客人佩带的胸牌与他要接的客人均由同一个外国旅行社所发。余先生灵机一动，忙请司机代他举着牌子等在大厅里，自己赶到大厅外面去看一看。在停车场一辆大轿车旁，他见到一对夫妇与那个团的导游正在交涉什么。他连忙赶上前询问，果然找到了自己要接的客人。原来这对夫妇和那个团的游客在飞机上结识后，了解到他们所住的饭店、提供服务的旅行社都与自己的相同，而胸前所佩带的标记又由同一家国外旅行社所发，便以为和那些人在一起就能找到导游，所以出港时就跟着那些人，根本没注意接机人手中的牌子。来到停车场，那位导游员一数人数，发现多了两个，此时余先生刚好赶到。

任务描述

请分析导游员余先生是如何找到自己要接的客人的？

任务分析

本例中的余先生能够在没有接到客人的焦急等待中，通过客人胸卡相同的现象，敏感地推测出客人可能被其同事接走，这就是灵活处事的典型代表。与余先生相比，那个导游就显得较为粗心，如果他一接到客人马上清点人数，就不会把多余的游客带到停车场去了，而余先生也能及时找到客人了。

>>> 任务三 致欢迎词

任务情境

时间：2014 年 7 月 31 日

地点：旅游大巴上

人物：地陪、司机、全陪、全团旅游者

事件：你作为当地某旅行社的地陪，向来自某地旅游团致欢迎词。

任务描述

请学生模拟地陪角色，向旅游团致欢迎词。

任务分析

欢迎词的基本内容应包括以下几个方面：问候语（各位来宾，各位朋友，大家好），欢迎语（代表所在旅行社欢迎游客光临本地），介绍语（介绍自己和司机等），祝愿语（预祝旅途愉快顺利）。

学生可以自己假定该团基本情况，有针对性地准备欢迎词。由于不同的旅游团存在着差别，所以欢迎词也不应千篇一律。要根据不同对象采取不同的形式，以收到最好的效果。

任务四　接团提示

任务情境

"十一"黄金周过后，旅行社开总结会议。只有几次上团经验的小罗向大家说了他这次的带团经历。

"我在机场接到他们之后都挺好的，平时从机场到市区也就 1 小时，那天我们车堵了有 40 分钟，有几位客人说他们要上卫生间，可是我们被堵的地方前不着村，后不着店，没有卫生间。路两边又很开阔，也找不到可以方便的地方，很尴尬的！还好没多久车开了，最后车到了一个加油站，老人们争先恐后地往卫生间跑。全陪还埋怨我事先在机场没提醒大家上卫生间。"

这时社里的老导游老韩对小罗说："根据我的经验，接团时有 3 个细节要注意，可以总结成'三问'。"大家都等着老韩说，老韩喝了口茶，慢条斯理地说："第一句问全陪，团队计划有变化没有；第二句问客人，机场（或车站或码头）有卫生间，有没有想上卫生间的；第三句还是问客人，请各位检查一下自己的证件、行李有没有落在飞机（或火车或船）上。"

任务描述

本案例中小罗在接团时没有考虑到机场到市区 1 个小时的路程可能出现的意外，导致了客人上卫生间难的尴尬局面，老韩总结的"三问"还是很有道理的。从该实例中可以看出小罗在接团前准备工作做得不充分，请阐述导游在接团前应做好哪些准备？

任务分析

导游员在接团前应做好充分准备。从旅行社领取带团计划书后，导游就进入带团前的准备期，尤其是新导游更应好好准备。准备工作分为物质准备、精神准备和信息准备三部分。物质准备主要是扩音器、旗杆、防晒用品等；精神准备是指导游要在精神上放松，不要过于紧张；信息准备是指导游应提前了解旅游团成员的国度、文化习俗、饮食习惯等。

任务五　导游接站忌讳

任务情境

2014 年 3 月，某市天翼旅行社接待部经理老马分别跟了几位年轻导游的团，旨在检查督促，改进工作。5 个团跟完后针对接站这个环节，他对其中的两位导游小钟和小张提出了批评："小钟你在接团后，带着客人从出站口到停车场的过程中一直扛着导游旗，颇为不雅。小张你接到团后，在客人上车后清点人数时，你用手指点着客人数数，嘴里还念 123，念念有词的，这可千万要不得！非常不礼貌。希望以后你们不要出现相同的错误。"小钟和小张听完马经理的批评，表示今后在带团的过程中会更认真，更注重细节。

任务描述

本案例中两位导游的做法为什么错了？正确的做法是什么？

任务分析

导游旗是旅游团队的重要标识，导游应手举导游旗，而把旗帜扛在肩上，属于不当行为。清点人数时，导游员绝对不能用手指指着游客清点，一般采取的是默数法，也就是以目光来点数，人数多的旅游团，在车上清点人数时，可记住剩下几个空座位。

项 目 二

入住酒店时沟通

【知识目标】

掌握入店办理手续时的交谈技巧。

掌握游客住宿方面经常出现的问题及应对方法。

掌握入住时对游客的提示语。

【技能目标】

能顺利办理入店手续。

能灵活处理入店时出现的特殊情况。

>>> 理论准备

一、入住饭店前的注意事项

（一）下车前的提醒

导游员在引导游客下车之前，应该对游客进行必要的提醒。首先，要提醒游客带好自己的随身物品。游客来自不同的国家或地区，有着不同的生活习惯和文化习惯，因而出门时随身携带的物品是形形色色、大小不一的，有些还是很贵重的物品。游客的物品，有的放在包里，有的放在衣袋里，有的还要在乘车过程中拿出来观看，这样就增加了散落与丢失的可能性。导游员要想到这些可能性，当游客起身准备下车的时候，提醒他们注意检查自己是否已经带好随身携带的物品，以免丢失。其次，要提醒游客注意安全。旅游车有许多是车身比较高的豪华大客车，这种车的底盘低而车身却高，走起来既平稳又气派，只是上下车不太方便。导游员要提醒游客经过车门台阶时注意脚下，不要磕着绊着。做完这些提醒以后，导游员应该下车站在车门旁边，随时为游客提供必要的帮助或保护。

（二）下车后的提醒

导游员在游客下车以后应该再一次提醒他们，我们就要入住某家饭店了，请游客们检查一下自己随身携带的物品，有无遗忘在汽车上。然后安排游客进入饭店。导游员提醒游客对自己随身携带的物品予以认真关注，是完全有必要进行的一项工作。在以后几天的行程里，只要是遇到游客下车的时候，导游员都应该及时提醒游客注意检查自己随身携带的物品，防止丢失。事实上，游客在游览过程中往往会忽视这些关键的细节，有些游客将随身物品随手放置，接着就忘记了，虽然经过导游员提醒，也往往想不起来，非到再次用到此物的时候，方才想起，这才发现已经丢失。有些游客在丢失了随身携带的物品以后，甚至想不起来究竟丢在了哪里。所以，导游员要重视对游客的提醒，要从对游客财产高度负责的角度出发，拿出反映导游员职业特点和职业规律的科学态度来对待提醒游客注意随身物品的问题，既不要怕游客嫌麻烦，也不要自己怕麻烦。当然，提醒游客时采用什么样的方式方法，还是应该讲究一番艺术技巧的。

（三）游客下车后做检查

导游员要注意养成一种良好的习惯，游客下车以后，要在车里面认真检查一遍，看看有没有游客落下的随身物品。导游员养成这种习惯是有益处的，它费不了多长时间，却能够减少或避免许多麻烦。有时候，游客随身携带的物品会掉到座位下面，或是挤、夹在座位的缝隙间，游客一时粗心大意没有察觉，东西就丢在那里了。如果没有及时找到，很可能就真的丢失了。游客一旦发现自己丢了东西，情绪受到影响，就会影响他的旅游活动，甚至可能会影响到整个旅游团队的活动。

二、办手续前安排客人休息

（一）安排游客休息

办理饭店入住手续要花一些时间，导游员在游客进入饭店之后应该安排游客稍事休息。游客中有许多是有下榻饭店经验的，这些人不用过多关照；然而有一些游客是没有这方面经验的，导游员应该多予以关照。饭店大厅里有些区域和服务是单独收费的，导游员应该将这种情况告知那些不了解的游客，以免游客因不明原因进入其中休息，引来不必要的尴尬和麻烦。饭店大厅里可供游客休息的座位有限，导游员应该引导那些体弱的游客落座休息以后再去办理相关手续。

（二）介绍饭店环境

导游员引导游客进入饭店以后，应该向游客介绍这家饭店的环境和设施。游客颠簸了一路，许多人进入饭店以后需要方便一下，导游员要为他们指引洗手间的确切位置。此外，导游员应该向游客介绍饭店的环境和服务设施，告诉游客饭店的商品部、电梯、商务中心等服务设施的具体位置。

三、办理入住手续

（一）对照计划

导游向饭店联系办理入住手续，应该严格对照和执行旅行社的计划，一丝不苟。饭店方面有时会因为种种原因不能按照预定的标准安排游客入住饭店，或者提出调换、变通的入住办法，遇到这种情况，导游应该根据计划和预先协商好的条件与标准据理交涉，使游客按照预定的计划入住饭店。如果交涉不成，导游员应该及时和领队协商解决办法，并尽快向旅行社请示。总之，导游员要切实维护和保障游客的合法权益。有时候导游员也会遇到这样的情况，游客到了饭店以后感到不满意，认为这家饭店和计划约定的条件不相符合，提出更换饭店的要求，如果赶上旅游旺季，这实在是一件非常棘手的事情。此时，导游员应该对照计划，据实、据理、用情做好游客的工作，既要明辨权责，又要权衡利弊，说服游客接受事先制订好的住宿计划。如果游客仍然执意不接受，导游员应该及时和领队协商解决办法，并尽快向旅行社请示。

（二）如何处理游客的换房要求

有时候，导游员会遇到游客提出调换住房的情况，从而打乱了原计划安排好的名单，给导游员的工作带来混乱和被动，这种情况多发生在带国内团的时候。比如：有的游客会提出自己不愿意和某人住在一个房间，并希望调换到另一个房间与某人合住；也有的游客会提出不愿意两个人住在一个房间，希望安排自己单独住一个房间。遇到这种事情，导游员应该向游客据实讲明事先做好的计划安排，告诉游客他们既然已经和旅行社签约，事实上已经接受了这种住宿安排，现在再提出更改，是不合适的，也是违反约定的，希望游客予以配合。如果游客仍然执意要求更换房间，导游员应该向游客郑重说明，满足游客的任何超出计划安排的住宿要求，都需要游客额外付出相应的费用。如果游客同意额外付费，导游员可以为游客同饭店方面进行交涉，满足游客的要求，费用由提出要求的游客自理。新导游员遇到和处理游客提出的这类要求时，既不要着急，也不要怕麻烦，处理问题要把原则性和灵活性结合起来，既坚持按照规定来办事，又要想办法采取合理的变通方法，尽量满足游客的愿望和要求。

（三）规格和标准

导游员要注意以适当的方式将饭店的等级、规格、服务标准和收费标准向游客做出说明，以避免有些游客产生不必要的猜疑。尤其是新导游员带领国内旅游团入住那些条件相对来说差一些的饭店时，更要将上述情况及时向游客做出说明。饭店的情况往往是多种多样的，有的老饭店盖了新楼，有的老楼进行了设备的更新、改造，这些都可能会造成同一家饭店有两种规格不同的楼房，甚至同一幢楼房里有两种规格不同的客房。有的时候正好赶上同是一个旅游团的游客却偏偏遇到了不同规格的房间，尴尬在所难免，因为游客难免要问："为什么一样的游客却摊上了两样的待遇？"所以，导游员在办理入住手续的时候应该注意防止此类情况的发生。

四、入住时对游客的提示

（一）客房注意事项

并不是所有的游客都熟悉应该怎样使用饭店的客房，导游员应该有选择、有针对性地向游客说明使用客房的注意事项。例如：客房内的电话应该如何使用，怎样打电话通知饭店提供服务，拨打市内电话和长途电话付费有什么区别；怎样收看收费的电视节目，收看这些节目应该注意哪些问题；有些饭店的客房内设有冰箱，饮用里面的饮料是要收费的；有些饭店的客房内摆放着一些精巧的小型工艺品，如果游客喜欢，希望带走留作纪念，可以向饭店提出，然而有些东西是需要付费的。导游员应该提前将这些注意事项向游客介绍清楚，以免发生误会。

（二）用餐的注意事项

游客在入住饭店里用餐，如果是事先安排在旅游团集体用餐计划之内的，当然就不用额外收费了，然而导游员有时候会遇到个别游客提出单独用餐，或是叫餐厅提供送餐服务的问题。新导游员对此要有所准备。游客提出单独用餐，可能有许许多多的理由，都是可以理解的，作为导游员，应该想办法劝告游客和团队一起用餐，以避免造成不必要的麻烦和损失。如果游客执意单独用餐，导游员应该向游客说明他们需要为此额外付费，同时予以妥善安排和照顾，不要使游客感到因此受到了怠慢。针对游客要求饭店提供送餐服务，导游员应该先向饭店方面询问是否有此项服务，还应该问清楚饭店是否收取送餐服务费用以及餐点收费标准，然后逐一向游客说明，得到确认以后，再为游客安排送餐服务。

（三）服务项目的注意事项

导游员应该将饭店的服务项目、使用方法和收费情况向游客介绍清楚。比如，有的游客需要洗衣服、理发等服务项目，导游员应该提前向他们介绍饭店提供此类服务的时间、地点、程序、收费等各方面的具体情况，尽量为游客提供方便。有些游客在游览之余，要参加饭店内的游泳、健身、娱乐等活动，导游员应该提前向他们介绍参与这类活动的注意事项，如开放时间、如何办理手续、是否需要额外交费等，使游客的活动得到方便。同时，导游员还应当委婉而有礼貌地提醒游客注意节省体力和适时休息，以免影响了后面的旅游活动。

（四）请领队帮助分发钥匙

导游员在为游客分发钥匙或房卡的时候，可以请旅游团的领队（全陪）来协助分发，因为领队（全陪）比导游更熟悉游客。如果在向游客分发房间钥匙或房卡的时候，有游客提出异议或是额外要求，有领队（全陪）在场，也便于协助解决问题。此外，导游员请领队（全陪）帮助分发钥匙或房卡，也是帮助领队（全陪）借这个机会，了解自己的团员分别入住在哪个房间，以便有事时可以及时从容应对。

（五）集合的时间、地点

分发完钥匙或房卡以后，导游员应该再次提醒游客注意集合的时间和地点。这种提醒可以考虑多次进行，既有对游客群体的集中提醒，也有对不同情况游客的个别提醒。导游员要保证旅游团的活动遵守预定的时间计划，防止从第一项活动就出现拖沓、延误的情况。例如，团里的老年游客和年轻游客的时间观念有差异，生理情况也不一样，对他们就需要使用不同的方法。对老年游客，主要是确保他们准确记住队伍集合的时间、地点，防止他们出现由于忘记或误记而耽误了集合的情况；对年轻游客，主要是提醒他们要休息好，防止他们出现由于不能按时起床而耽误了集合的情况。

五、到客人的房间查看

（一）服务设施是否正常

游客各自拿到钥匙或房卡之后，陆续奔向自己的房间。此时导游员不要急于休息，而是应该到游客们的房间去转一转、走一走，认真检查一下有没有什么问题被遗漏了，有没有什么不正常的事情发生。导游员首先应该向游客询问，他们房间里的空调机、洗澡水、饮用水、电视机、电话机、电源开关等各项设备和服务是否都处于正常状态，是否正常工作、正常供给，如果游客反映有问题，应立即和饭店进行联系，敦促他们尽快为游客解决这些问题。

（二）行李是否送到

导游员到游客下榻的房间去查看的另一个重要目的是检查游客的行李是否已经送到了各自的房间。如果有游客的行李还没有送到房间里，应该劝慰游客不要着急，并及时设法查找。有关游客在饭店内发现遗失行李的处理办法是：首先，马上和领队一起找到饭店大堂值班经理，了解哪位行李员负责分送这批行李，询问是否还有其他旅游团同时入住了该酒店；其次，找到行李员并与其一同查找，看看是否将行李送错了房间；再次，如果还是没有找到，应该立即与自己的旅行社的行李员联系，也可能是他将行李搞混而送进了其他酒店；最后，行李如果确实找不到，地陪应一方面帮助游客购买一些生活必需品并提醒游客保留发票，另一方面要积极与有关部门联系索赔事宜。

（三）询问游客是否需要帮助

游客出门之前虽然做过准备，然而初到一个陌生地方，难免会遇到一些为难的事情，处理起来可能会感到力不从心，这时候，导游员应该主动提供帮助。导游员在离开饭店之前，到各位游客的房间去转一转、走一走，询问游客有没有什么需要自己提供帮助的事情，用这种方式向游客做一次道别，有助于取得游客的信任，与游客建立良好的关系。

>>> 任务一　办理入住手续

✎任务情境

地陪小路带领旅游团进入亚洲饭店后，让游客们在大厅一角休息，介绍完饭店设施后，自己去总服务台办理入住手续。下面是小路与饭店总服务台接待员的一段对话。

地陪："您好。我是妇女旅行社的导游，现在我要办理一下福建来的豪华旅游团的入住手续。"

接待："请稍候，我来查一下，共是12双、1单、1VIP房，对吗？"

地陪："对的，你能把房号给我吗？"

接待："这是房号。请您登记一下。"

　　地陪："都在同一楼层吗？我提前打电话确认过，需要2间离马路比较远的给老人住，都安排了吗？"

　　接待："对，都在6楼，其中601和602不仅离楼梯、电梯较近，而且也比较安静。"

　　地陪："请问其中哪间是单间，哪间是VIP房？"

　　接待："610是VIP房，611是单间。"

　　地陪："VIP房已经按我们的要求摆放鲜花和水果了吗？"

　　接待："都已经放好了，请放心。"

　　地陪："好，谢谢，我先分一下房，再给你登记表，行吗？"

　　接待："可以。"

　　（小路开始与领队一起商量如何分房。）

　　地陪："这是房号，一共14间，您来分配一下房间吧。"

　　领队："好的。团长的房间是哪间？"

　　地陪："我这里都已经做好了标记，您看VIP房是610，611是单间，其余都是标准间。"

　　领队："那两对腿脚不大利索的老夫妇怎么安排呀？"

　　地陪："那就分别给他们601和602好了，离电梯近又很安静。"

　　领队："好，房间已经分好了，这是团队的分房登记表。"

　　地陪："登记表需要三份，服务台一份，行李员一份，另一份是您留的。那您住612房间？"

　　领队："是的。"

　　地陪："好，我去领房卡。"

　　（地陪小路又来到总服务台。）

　　地陪："您好，这是分房登记表，一共两份，请你现在就给行李员一份，把行李尽快送进客人的房间。"

　　接待："好的，这是房卡，一共是14个，您数一下。"

　　地陪："14个，没错。早餐券呢？"

　　接待："在房卡里面夹着。"

　　地陪："谢谢。"

　　（小路开始协助领队分房。）

　　地陪："各位团友，对不起，让大家久等了，现在我们开始分房。我们全团的客人都将住在6层，非常方便。大家进入房间先检查一下，发现什么问题就给前台打电话找我好了，前台的电话是8300，领队的房间是612。大家把随身携带的物品带好，乘电梯上楼，大件行李马上就会送到您的房间。大家在房间休息一下，一小时后，也就是18:00到一层大堂集合，我们去用晚餐。好，现在请跟我来。"说着，小路将客人领到电梯口，让领队和客人一起上楼，自己则留在大厅等待行李员的到来。

🖋 任务描述

　　（1）结合上述任务情境，在入住酒店的时候，地陪应如何办理入住手续？

　　（2）地陪应怎样处理与领队、全陪的工作关系？

　　（3）请分别扮演地陪、领队或全陪、饭店接待员、行李员及客人等角色，模拟入住酒店时的情景。

任务分析

（1）办理入住手续，过程并不复杂，地陪一定要仔细核实每个环节。

（2）客人进房后，地陪要在大堂多等一会儿，以便出现特殊事件后可以及时解决。

>>> 任务二　分房卡

任务情境

2014年5月，导游员小李接待了上海一行18人的团队。第一天，他们来到宁波市的开元大酒店。小李在办理入住登记时，全陪小金肚子疼，去了卫生间。等前台把9张房卡给小李时，全陪还没有回来。小李就对客人说："两人一间，大家自由组合吧！"于是客人们很快把房卡拿走纷纷上楼了。

全陪这时才回来，听说小李已经把房卡分完了，突然问了一句："9个房间都在阳面还是阴面？"小李说："阴面4间，阳面5间。"全陪看了看小李道："你该让我来分房卡，希望没事。"

果然，晚餐后，就有一对住在阴面的夫妻来找小李，说他们的房间没有阳光要换房，小李也清楚，现在是旺季，连阴面的空房都没有了，怎么可能换房。最后在全陪的调解下，此事才解决。事后小李还纳闷，分房卡的时候怎么不早说？

任务描述

（1）在此事件中，小李分房卡犯了什么错？

（2）在无全陪情况下，如果游客来自同一单位，应由谁来分配房卡，为什么？

任务分析

本案中的小李擅自帮全陪分房间，结果引起游客不满，可谓好心办了坏事。小李未注意一个细节，一般情况下外宾团由领队分配房间，内宾团由全陪分配房间。在无全陪情况下，如果游客来自同一个单位，可以请团长分配。散客拼团由地陪分配。

一般而言，酒店给旅游团的房间阴面、阳面、主楼、副楼都可能有，楼层也不尽相同。有个别游客可能会因此提出异议，所以，导游分配房间也要讲究工作方法。

>>> 任务三　处理行李丢失事件

任务情境

一天，北京的地陪小吴从机场接到一个来自广东的25人的旅游团。到达宾馆后，干练的小吴办理完入住手续、将客人安顿好，坐在饭店大堂里看看是否还有什么需要协调的，如果没事就准备回家休息了。正在这时，他的手机响了，一看原来是领队，小吴暗自心想，多亏自己多坐了一会儿，这不就发生事情了。原来，有一对夫妻游客的行李找不到了，行李员送去的根本不是他们的行李。行李中有他们的换洗衣服、心爱的摄像机等，如果找不到，就没有办法换衣服、摄像，夫妻两人非常着急。

🖋 任务描述

（1）此时，如果你是地陪小吴，应该怎样处理呢？

（2）让学生分角色扮演地陪、领队或全陪、饭店大堂经理、饭店行李员、旅行社行李员，模拟他们之间就行李发生丢失或破损时的处理方法。

🖋 任务分析

针对这种情况，地陪要学会换位思考，体会客人焦急的心理。

（1）对客人进行安慰，告知自己会尽力寻找，请客人放心。

（2）马上和领队一起找到饭店大堂值班经理，了解哪个行李员负责分送这批行李，询问是否还有其他旅游团同时入住了该酒店。

（3）找到行李员并与其一同查找，看看是否将行李送错了房间。

（4）如果还没有找到，应立即与自己的旅行社的行李员联系，也可能是他将行李搞混而送进了其他酒店。

（5）行李确实已送进其他酒店，而又实在找不到，地陪应一方面帮助客人购买一些生活必需品并提醒客人保留发票，另一方面要积极与饭店有关部门联系索赔事宜。

>>> 任务四　处理客人加床事件

🖋 任务情境

2014年夏季，一个大连旅游团抵达北京后，开始在北京参观游览。抵达北京的当天，导游员小张在北京火车站接到该团后，直接带团入住酒店——北京科技会堂。旅游团队到达酒店后，导游员小张按照导游服务规范和导游工作程序将客人先安置在酒店大堂休息，他则协助全陪到酒店前台办理入住手续，这时，一位游客找到全陪和地陪小张，提出要为其儿子加一张床，请求导游人员协助解决。导游员小张看到，这位客人带的孩子是个已经上小学五年级的男孩，身高大约有1.5米高，和成年人的身高已经差不多，在来京之前，家长为孩子报旅游团时是按照儿童的费用交纳的团费，按规定孩子是不能占一张床的。到北京后，家长感觉有些不方便，而且孩子也提出不愿与家长合睡一张床，于是向导游提出要求，希望能够给予解决，并表示增加的费用由自己支付。导游员小张就此事与酒店前台进行了沟通，询问是否有可能加床或为小男孩另开一个房间。经酒店查询后，酒店前台答复，由于正处于旅游旺季，酒店床位已经全部预订满，不能解决加床和另开房间的问题，但答应帮助想办法，如果有空余的床位出来，会及时通知游客，及时给予调剂。导游员将此情况实事求是地转达给该游客，该游客表示接受，并希望尽快能给予解决，当天晚上就先和孩子挤着睡了。这时，酒店前台也将旅游团的房间钥匙交给了地陪导游员小张，小张又将钥匙交给全陪，由全陪将房间钥匙分发给等候在酒店大堂的游客。出于关心，还特意将朝向玉渊潭公园的几个房间分给了几位老人，将临街比较吵的房间分给了几位年轻人。游客在拿到房间钥匙后，纷纷回房间休息。临回房间，导游员小张再一次通知了明天的旅游行程安排，之后离开酒店。

任务描述

（1）游客提出要求加床或另行开房间时，导游员应如何处理？
（2）游客提出住宿更高标准的酒店或房间时，导游员应如何处理？

任务分析

导游人员拿到旅游计划行程时，应重点熟悉团队中的人员组成，尽快了解和分析团队的分房情况，但分房一定要由领队或全陪来完成；要注意儿童的收费标准；还应熟悉饭店各方面的情况。

>>> 任务五　处理客人要求调换房间事件

任务情境

承接任务四的任务情境。第二天清晨，导游员小张早早地赶到酒店，吃早餐时，有一对老年游客提出要调换房间，面向玉渊潭一侧的酒店楼下是迪斯科舞厅，昨天晚上直到后半夜三四点才安静下来，期间，舞厅中的音乐吵得他们无法入睡。

导游员小张得知此情况后，马上找到酒店前台，将老人的情况予以说明，希望酒店能够予以调换。酒店服务人员在检查了饭店入住游客信息后，非常抱歉地对导游员讲，由于目前酒店满员住宿，暂时没有办法帮助调换。希望导游员做工作，从旅游团内部予以解决。同时告诉导游员，昨天提出要求加床的游客目前也不能满足其要求。

任务描述

假如你就是导游员小张，你该如何处理此事？

任务分析

导游的工作实际也具有人际交往的性质。导游人员要训练自己能够积极调动游客的积极性，和游客搞好关系，果断处理问题，并在团队中消除矛盾，具有较强的独立处理问题的能力和应变能力。

一方面，导游人员要善解人意，关心团队中的每一团员，特别是老年游客，在细微之处见真情；另一方面，导游人员要迅速地了解所带团队的特点，善于运用内部资源，尽快化解矛盾。

项 目 三

旅途交谈服务

【知识目标】

掌握导游常见的交谈技巧。

掌握特殊情况下特殊语言应对技巧。

掌握常见的倾听技巧。

【技能目标】

能为游客排忧解难。

能灵活驾驭自己的语言表达。

能消除游客的不满和不快。

能与团队游客建立良好人际关系。

≫≫≫ 理论准备

美国的伦纳德·朱尼博士写过一本书，提出"五分钟交朋友"观点，他认为交谈时的第一个五分钟是十分关键的。只要双方在这五分钟之内谈得投机，之后的谈话才会继续下去，双方的感情就会逐渐融洽起来。

交谈是导游人员与游客之间增进互相了解和友谊的重要途径之一，在旅游的各种场合和闲暇时间内，导游人员常常要与客人进行交谈。因此，必须注意讲究交谈的语言艺术。

一、交谈的口语艺术

（一）开头要寒暄

不寒暄就开始进入交谈，往往显得唐突而不礼貌。例如，"你觉得刚才看到的怎么样？"冷不丁一句，对方要不就莫名其妙，要不就只能"嗯啊"几句，很难进入实质性的交谈。因此，交谈之前，先寒暄一番，则可以缩小彼此之间的感情距离，打破双方陌生的界限，即疏通信息传递的渠道，使彼此之间有一定初步了解。寒暄的方法很多，下面介绍几种常见的方式：

1．问候式

如"你好，挺辛苦吧？"显得亲切自然。

2．询问式

一般用于询问对方的姓名、职业，如"您贵姓？""您从事什么工作（职业）？"等。但不能直接询问对方的履历、工资、收入、家庭财产、衣饰价格、女性年龄、婚姻状况等私人生活方面的问题。

3．夸赞式

如"胡小姐，您的时装真漂亮！""教授，您的身体比我们年轻人还棒啊！"诚心的赞美是一种活泼的寒暄方法。

4．描述式

以友好的语气描述对方正在进行的动态，如"您累了，休息一下吧！""您对此挺有兴趣呀！"

5．言他式

用双方都认同的话打破沉默，引出话题，如"今天天气真热！""唉，又下雨了。"

进入交谈的方法，不仅仅局限于寒暄，寒暄也不必拘泥于谈话的内容，但切忌干涉对方的事，如"你这衣服穿着不怎么合身。""你是大学毕业吗？"等。

（二）说话要真诚

给人留下良好的印象，不能忘记真诚。这决不是出于说话策略的需要，而是做人的准则。所谓真诚，就是敢于把自己真诚的思想开诚布公地说出来。同时，当对方真诚地对你时，你也要以诚相待。对人真诚，并不是毫无节制地说话，也不是无原则地什么话都谈，必须符合处事纪律和道德规范。

（三）内容要健康

交谈的内容一般不要涉及疾病、死亡等不吉利的事情，不要说荒唐离奇、耸人听闻、黄色淫秽的事情，不要说他人的坏话，更不要谈有损国格、人格的事情。

（四）言语要中肯

喋喋不休、夸夸其谈，或吞吞吐吐、欲言又止，或故弄玄虚、矫揉造作等，都是交谈时的禁忌，必须注意。

（五）把握谈话过程

交谈要有始有终。在交谈过程中，要注意以下几点：

（1）切忌在对方谈兴正浓时戛然中止交谈，应待交谈告一段落时，再设法收场。

（2）不要勉强延长交谈。当发现自己或对方交谈的内容临近枯竭，应及时结束交谈。对方谈兴已衰时，不要无话找话。故意延长话题是最不明智的。

（3）要留意对方的暗示。若对方已无交谈兴趣，大多会利用身体或言语来作希望结束谈话的暗示，如故意看表、如坐针毡地改变坐势、心不在焉地游目四周等，遇到这种情况，就要知趣地结束谈话。

（4）结束交谈要恰到好处。准备结束谈话之前，可先预定一段时间，以便从容地停止。突然中止交谈，匆匆离开，显得粗鲁无礼。若因别的事需要打断对方的谈话，可说一句道歉的话，然后再离开。

（5）结束交谈时，要给对方留下一个愉快的印象。笑容往往是结束交谈的最佳"句号"，几句幽默的话更是结束交谈的"休止符"。

二、交谈的态势语言艺术

交谈时的表情要端庄大方，双目要注视对方，以示专心致志地听对方的谈话，切不可流露出漫不经心或站（坐）立不安的神情。自己谈话时，可适当辅之以态势语言，但不要手舞足蹈、指手画脚、拉拉扯扯。谈话现场超过2人时，应不时与在场的所有人攀谈，不可只和其中一人谈话而冷落其他人。男性导游员一般不要主动参与女性游客圈的交谈，也不要与女性客人无休止地交谈。与女性客人说话要谦让、谨慎，不得与之开玩笑，争论问题要有节制。

站立交谈时，要直立站好，身体重心线应在两腿中间向上穿过脊柱及头部，重心要放在两脚前脚掌，双臂自然下垂，眼睛平视，面带微笑。女性站立交谈时，双脚呈"V"字形，膝和脚后跟要靠紧；男性站立时，双脚与肩同宽，身体不歪斜，脚可呈稍息状，但上身仍要保持正直。

坐着交谈时，人体重心垂直向下，腰部要挺起，双目平视，面带微笑，双手自然放在双膝上，男性可架脚，但不要随意摇摆。上半身与腿要同时转向谈话的对方。

手势是交谈时的辅助动作。一般认为，掌心向上是虚心诚恳的表示，上半身要稍前倾，以示敬重，切忌用手指指点点。交谈时，手势不宜太多，幅度不宜过大，否则容易给人以做作之感。

三、道歉的语言艺术

在导游工作中，导游员难免因工作失误或意想不到的麻烦，造成游客的不满或不悦。不管造成其不愉快的原因是主观的还是客观的，导游员要妥善处置，息事宁人。首先必须掌握好道歉的语言艺术。真正的道歉并不完全是认错，而是为了消除怨气与误会，求得谅解，恢复和睦关系，将自己从游客的对立面中摆脱出来。道歉的语言艺术，寓于下述3个方面：

（一）运用微笑

微笑是通过不出声的笑来传递信息，在道歉的语言艺术中，它是通过不出声的笑传递歉意的一种"载体"。在道歉时，运用微笑并不是奴颜婢膝，而是一个人涵养的外化，是对他人一种和蔼友善真诚的表示。例如：

一位日语导游员初次接团，由于紧张，把日语"津京间乘火车往返"，翻译成"津京间乘汽车往返"，这时，日方领队及时向她指正，她才察觉译错了，于是对日方领队莞尔一笑，抱歉之意尽在不言之中，很快得到了日方领队的谅解。

在口头道歉时，微笑不失为一种"润滑剂"，它有助于强化口头道歉语言的功效。例如：

一个原计划乘软卧车厢的旅游团，因故必须改坐硬卧车厢。游客对此意见很大，纷纷找导游员质询。这位导游员面带歉意的微笑，向游客解释说："大家有意见是应该的，可以理解，但因正值旅游旺季，铁路客运十分紧张，我们已经作了很大的努力，这次只好委屈各位了，请多多谅解。"

俗话说："伸手不打笑脸人。"即使面对刻薄的挑剔者，或出言不逊、咄咄逼人者，只要你微笑冷静，就能稳控局面，减缓对方的刺激，化解对方的攻势。正如法国作家阿诺·葛拉索说的："笑是没有副作用的镇静剂。"

（二）迂回致歉

在导游工作中，导游员难免会因一些小事得罪旅行团队中的某些客人，而导游员出于某种原因又不便公开道歉，这时，就可采用迂回致歉的方法。比如，导游员对甲女士关照过多，却忽略了乙女士，并引起了乙女士的不悦，察觉之后，便要"特别"关照乙女士，如下车时扶她一把，提醒她一句，都能使她明白你的体态语言中所含有的歉意，从而达到使她冰释前嫌的目的。

此外，在口头道歉效果不明显的情况下，也可采取迂回致歉的方法。例如，一个旅行团因飞机延误造成了旅行日程的重大更改。导游员在公开道歉中反复说明日程更改的理由之后，仍不能得到大部分客人的谅解。于是，这位导游员在征得旅行社领导同意之后，给每一位客人赠送了一份纪念品，既让客人感觉到了旅行社对他们的诚心和歉意，也使他们要求补偿的心理得到了满足，纪念品分量不重，但它蕴含着人间化戾气为祥和的三个字——"对不起"，使游客得到心理平衡。

（三）勇于自责

道歉的语言艺术并不仅仅是讲几句动人的道歉语，还必须勇于自责，使对方感到你的道歉是诚心诚意的。例如，一个旅行团的行李在通过铁路托运后少了一件，这位客人指责陪同的导游员说："你们旅行社偷了我的行李！"导游员听了大吃一惊。这位游客的指责显然是无根据的，但这位导游员并没有针尖对麦芒地与他摆事实讲道理。他理解这位游客的心情，并不计较他气头上的话。于是以自责的口吻说："您的行李不慎遗失了，不管怎么样，这是一件不光彩的事。我作为陪同，心里十分不安，不过我们马上就会尽力去寻找的。"

尽管这位客人行李的遗失是一次偶然事故，但这位导游员勇于自责，大而言之是"这是一件不光彩的事"。小而言之是"我作为陪同，心里十分不安"。这种自责的道歉方式，体现了对客人的歉意和帮助客人解决问题的诚心。由此可见，道歉的语言艺术只有在理解对方的基础上，才能成为沟通人际关系的"疏导器"。

在运用道歉语言时，还必须把握分寸感：①如果你没有错，就不要为了息事宁人而认错。这种没有骨气的做法不一定有利于问题的解决。要分清深感遗憾和必须道歉两者的区别。②道歉次数不宜太多，老是道歉没完，不仅会有损自己的人格，而且会使对方厌烦。

③道歉要及时，有"歉"就道，有错即改，越耽搁就越难启齿。

四、拒绝的语言艺术

在导游工作中，导游员常常会遇到这样的情境：客人向你提出某种要求，从情理、规范、逻辑等方面讲，应该加以拒绝。但又囿于人情义理，或者互相关系的束缚，而自陷于说不出"不"的心理状态之中。这时，要使客人能够高兴地或平静地接受你所传递的"NO"信息，就必须学会掌握拒绝的语言艺术。下面介绍几种拒绝的艺术，以供借鉴：

（一）微笑不语

俗话说"上山擒虎易，开口求人难"，当客人向你提出某种请求时，往往有种惴惴不安的心理，你想拒绝却无法说明原因，也不便向对方多说什么道理，但又不能不让对方"下台"。说"行"不好，说"不行"又会使对方产生紧张不安的心理。这时，微笑不语便是最佳选择。它既能缓和紧张的情绪使对方不至于难堪，又能免去言语不周而导致的麻烦，取得"此时无声胜有声"之效。例如，有一位举止轻浮的男游客向女导游发出"今晚请你跳舞"的邀请，在公开场合，她想拒绝，但又怕失对方的面子，只好微微一笑，面带歉意地摇头，那位客人见此"信号"，也只好作罢。这就是"微笑不语"的典型拒绝法。

（二）"先"是后"非"

在必须向客人就某个问题表示拒绝时，先肯定对方的动机或表白自己与对方一致的主观愿望，然后再以你无可奈何的客观理由为借口予以回绝。譬如，一个旅游团在离境时，领队代表全团非要送陪同的导游员一大笔酬谢费，这位导游员谢绝说："您和大家的一片好意我心领了，但这钱我不能收，我所做的一切都是应该的，不用酬谢。"又如在故宫博物院，一批美国客人纷纷向导游员提出摄像拍照的请求，导游员诚恳地说："从感情上讲，我愿意帮助大家，但从规章的角度看，我实在无能为力。"这种"先"是后"非"的拒绝法可以缓解对方的紧张感，使对方感到，你的拒绝与他们的意愿并不是完全对立的，在心理上容易被接受。

（三）婉言谢绝

婉言谢绝是利用委婉含蓄的语言予以拒绝。例如，一个旅行团正按预定的日程观光游览，有几位客人途中要求增加几个观光点，但因时间关系，又不可能满足。这位导游员说："这个意见很重要，如果有时间，我们将尽量予以安排。"这位导游员没有给予明确答复，只是用模糊的语言暗示了拒绝之意。又如，一位美国客人表示要介绍陪同他们的导游员到国外谋一个既能施展才干又能赚钱的职位。这位导游员谢绝说："谢谢您的一片好心。我扎在中国的根太深了，一下拨不出来啊。"这位导游员没有直截了当地表明是同意还是不同意，而是用"谢谢您的一片好心"表示了否定的意思，随后又作了委婉拒绝的补充。

（四）顺水推舟

在拒绝对方时，以对方言语中的一点作为你拒绝的理由，顺其逻辑，得出拒绝的结果。

例如，一位外国游客在离开一地时，把自己喝剩的半瓶酒送给当地一位导游员，并奚落说："这是我最喜欢喝的酒，特意送给你作纪念。"导游员谢绝说："既然是你最喜欢的酒，送给我太可惜了，还是您自己带回去更好。"这位客人哑然。为了维护国格和人格，这种顺水推舟的拒绝，显得极有涵养，既达到了断然拒绝的目的，又不至于伤对方的面子。

（五）破唱片法

在对方反复坚持要你做（决定）而你又必须拒绝做（决定）的某种事情时，你可以同意对方所说的，但又强调你拒绝的理由，如果对方反复纠缠，你就重复使用同样意思的话。国外有人称之为"破唱片法"。请看实例：

游客："这里的河水很迷人，我想下去畅游一下，可以吗？"

导游员："水是很迷人，但河水又深又急，太危险了。"

游客："没关系。我的游泳水平是第一流的。"

导游员："你的游泳水平可能是第一流的，但这里不是游泳池，太危险了。"（开始用破唱片法）

游客："好不容易到桂林一游，总想做件回去后值得留念的事。"

导游员："你的心情可以理解。值得留念的事情很多，你可以选择别的，但在这里游泳太危险了。"（再用破唱片法）

游客："这里河水就这么危险？难道有鲨鱼、鳄鱼不成？"

导游员："没有鲨鱼也没有鳄鱼，但水流急、漩涡多，太危险了。"（又用破唱片法）

游客："好吧，既然这么危险，我也真不敢游泳了。"

在导游活动中，运用"破唱片法"，即使面对顽固不化、最委婉动听的纠缠，你仍然可以维持你自己的立场——坚定不移。

五、答问的语言艺术

来自不同国家和地区的游客出于各种动机，常常要提出各种各样的甚至是稀奇古怪的问题，需要导游员给予回答。这时，应对的要义主要是遵循灵活的原则，灵活就是要根据具体场合、对象以及个人的各种实际情况采取应对方式。如果说导游员是"民间外交家"，那么答问的语言艺术最能体现"外交家"的风度。因此，我们有必要掌握以下4种答问的方法：

（一）是非分明

在回答客人的提问时，能够给予明确回答的，就要是非分明、毫无隐讳地予以回答，以澄清对方的误解和模糊认识。例如：

一批西方游客在参观河北承德时，有客人问："承德以前是蒙古人住的地方，因为它在长城以外，对吗？"

导游员答："是的。现在还有一些村落是蒙古名字。"客人又问："那么，是不是可以说，现在汉人侵略了蒙古人的地盘呢？"

导游员说："不应该这么讲，应该叫民族融合。中国的北方有汉人，同样南方也有蒙古人。就像法国的阿拉伯人一样，是由于历史的原因形成的，并不是侵略。现在的中国不是哪一个民族的中国，而是一个统一的多民族的中国。"游客们听了都连连点头。这位导游员在回答提问时，沉着冷静，是非分明，有理有据，因而具有一定的说服力。

（二）曲语回避

有的游客提的问题很刁，导游员答问时容易陷入"两难境地"，不论你的回答是肯定还是否定，都能被抓住把柄。这时只能以曲折含糊的语言予以回避，不给予正面回答。例如：

有位美国游客问一位导游员："你认为是毛泽东好，还是邓小平好？"

这位导游员很机智，立即用曲语回避道："您是否能先告诉我，是华盛顿好还是林肯好？"这位客人哑然。

（三）诱导否定

对方提出问题之后，不马上回答，先讲一点理由，提出一些条件或反问一个问题，诱使对方自我否定，自我放弃原来提出的问题。例如：

有一次，一位法国游客向陪同的导游员提了一个有关西藏的问题，他说："我认为西藏应该是一个独立的国家，你怎么看？"这位导游员问他："你知道西藏宗教领袖班禅、达赖的名号是怎么来的吗？"他摇摇头说："不知道。"导游员说："我告诉你吧，是清朝皇帝册封的。由此可见，西藏早就是中国的一部分。比如说，布列塔尼是法国的一部分，却有许多本地方的风俗，但你认为它应该是一个独立的国家吗？"这位客人摇摇头，笑了。

这就是用诱导的方法，使对方陷入自我否定之中。

（四）借言发挥

借言发挥常常是因为对方的问题不好回答或情况复杂而采用的回答技巧，它往往需要更高的能力。例如：

山东蓬莱有位导游员，一次为8位日本游客服务。当从"八仙桌"讲到"八仙过海"的故事时，有位日本游客问道："八仙过海漂到哪里去了？"面对这一突如其来的问题，导游员灵机一动，巧妙地应对道："我想，为了中日两国人民的友谊，八仙过海东渡到邻邦日本去了！现在又渡回来了，就在我的眼前。"日本游客听罢，开心地笑了。

该例中导游员利用借言发挥的方法灵活地进行了应答，妙就妙在针对游客的日本国籍的身份、结合眼前的情景、借着游客的问题巧妙发挥，把中日两国人民的友谊自然地联系在一起，应答得既得体又意味深长。这样巧妙的应答不仅使气氛变得轻松、融洽，而且也赢得了游客的由衷赞赏，有效地缩短了与游客之间的心理距离。

六、劝说的语言艺术

在导游过程中，导游员常常需要就某件事、某种行为对游客进行劝说。这里根据表示本意所需要的语言特点，介绍3种劝说的语言艺术方法：

（一）诱导式劝说

诱导式劝说是指在劝说对方时，有意引出一个对方感兴趣的话题，诱使对方顺其自然赞成你的意见。例如：

　　一个台胞旅游团原定从北京乘飞机去南京，因没有订上飞机票，只能改乘火车，游客对此十分不悦，纷纷指责陪同的导游员，导游员以十分诚恳的态度说明改乘火车的原因并向游客道歉后，说："大家外出旅游是不是想多看看一些地方？"游客们说："当然想啊。"导游员说："如果乘火车去南京，沿途还有不少景点值得看一看，有许多风味小吃值得尝一尝，乘飞机在时间上快一些，但却领略不到这种旅游情趣。"接着，导游员又把乘火车的旅游情趣作了一番有声有色的描述，游客们听入了迷，纷纷觉得如果不乘火车去南京就太遗憾了。

　　这位导游员以乘火车旅游的"长处"比乘飞机旅游的"短处"，并着意渲染，诱使游客感到"乘火车"也是个可尽人意的选择。

（二）曲语式劝说

　　曲语式劝说就是用曲折、含蓄的语言和商洽的语气表明自己看法。例如：

　　一个旅行团在赴敦煌"唐城"参观途中，一位游客随手将一个空易拉罐扔出窗外。这时，坐在车前的导游小姐站起身来，笑容可掬地说："今天去'唐城'参观，我把'唐城'的来历讲给大家听吧。前几年，我国一个电影制片厂和外国一家公司在敦煌合拍一部故事片，外方出资数百万元在戈壁滩上修了一座仿古城堡。影片拍完后，外方准备把它拆了，就地销毁。我们敦煌人说，仿古城堡你们随意处置，因为是你们花钱建的，可烧毁后的所有灰烬都得拉走，撂在这里可不行，我们戈壁滩再穷，也不是堆垃圾的地方。外方反复权衡，可能觉得不合算，当然更可能考虑到双方的友谊和防止人为环境污染，最后决定将城堡无偿赠送给敦煌人民。如今它已成为古老敦煌的一处人文景观，参观的人络绎不绝，还有许多电影电视拍摄的外景地也用上了它，它就是我们今天要去的'唐城'。"导游小姐停了一下接着说："当然，你们可能会觉得敦煌人精明，'讹'了人家'一座古城'，可'讹'的道理没错吧？戈壁滩再穷，也不是堆垃圾的地方，因为这儿毕竟是我们的家乡啊！"说完，导游小姐"咯咯"地笑了起来。那位扔易拉罐的游客脸红了，连忙叫了起来："师傅，您停停车，我——我把那个易拉罐捡回来得了。"车厢里顿时掌声一片。

　　这位导游小姐在尊重对方的前提下，曲折地表达了她的劝说意见。含蓄的言语中透着幽默的意味，使对方容易接受。

　　在进行曲语式劝说时，必须注意3点：①劝说者的态度要和顺、谦虚，表达含蓄而有意味，不要挖苦或冷嘲热讽；②不要过于艰涩、隐晦，不然会使对方不知所云，达不到劝说的目的；③要根据不同对象调节劝说时的措辞和表达方式。

（三）暗示式劝说

　　暗示式劝说是指用一种隐蔽含蓄、不公开的语言给对方以启示，以达到劝说的目的。例如：

　　有位游客在车内吸烟，使得车内空气混浊，导游员又不便直说，于是用手捂着鼻子轻轻咳了两声，吸烟的游客连忙知趣地掐熄了烟头。

　　导游员的副语言——两声轻轻的咳嗽，也就暗示着"请勿吸烟"的劝说含义，从而引起了对方自觉的反应。总之，劝说的方法很多，要因人而异，对不同性格的游客采用不同的方法。

》》》 任务一 应对游客刁难

任务情境

某年秋天，西安的导游员厉小姐接待了一个美国的旅游团。在去往兵马俑博物馆的途中，游客们问了许多关于当地人民生活的问题。厉小姐给他们简单介绍了本地居民工作、学习和收入的情况，客观地反映了我国在政治、经济和文化领域中所取得的进步。突然游客们看到了车窗外几个市民抓小偷的情景：一个抢了一位中年妇女手提包的小偷在逃跑，随着妇女的叫喊声，几个小伙子追了上去，将小偷擒获。看到那情景，有些游客用照相机拍照，还有一位一贯爱挑别的女士突然指着车窗外问道："厉小姐，刚才你不是说西安是历史古城，民风淳朴吗？怎么在旅游途中还会遇到贼呢？难道到你们社会主义中国来旅游也有安全问题吗？"这突如其来的问话立即使车内的气氛紧张起来。大家颇为担心地望着厉小姐，接着纷纷向发问者投去不满的目光。此时，厉小姐微笑地看了发问者一眼，以幽默、平和的口吻回答道："目前，世界上任何地方都会有犯罪现象，但中国的犯罪率是非常低的，在中国是非常安全的，根本不会发生小学生持枪杀人事件，因为我们手里根本没有枪械，你们到中国旅游比美国总统在国内出行还要安全，不信大家可以打电话问一问总统，哪里更安全。"

任务描述

假如你是这位导游员，在这种情况下你该如何回答？

任务分析

在导游接待过程中，导游员使用得体的说话方式非常重要。本例中的厉小姐在遇到游客挑衅时，回答适度得体，巧妙地协调了团队的气氛。适度得体的语言表现形式来源于导游员的修养。只有热爱生活、敬业爱岗、热爱艺术、综合素质高的导游员，才能针对不同的游客、不同的情形、不同的场合，灵活处理，在为人处世和导游接待过程中，闪烁出机智和巧妙的光芒。

》》》 任务二 游客上下车时导游的服务

任务情境

小赵是旅游专业刚毕业的学生，跟着老导游老马上了两次团，一个北京团，一个美国团。两个团都是老人居多，小赵发现了一个有意思的现象，老马在带内宾团时挺热情，上下车时帮老人提提行李，有时还搀扶一把。但是在带外宾团时，一般上下车时他就微笑着站在车门边，不主动帮外国老人提行李，看到有的老人行李实在太大，他会小声地问一句然后再帮他拖一下行李。下团后小赵笑着问老马原因，老马却回答："小赵，我们带团虽然有规范的程序，但是要根据客人的情况灵活掌握，区别对待。"

🖱 任务描述

思考一下，老马这样做的真正原因是什么？另外，游客上下车时导游还应注意哪些细节？

🖱 任务分析

本情景中老马的"内外有别"，主要原因还是国情不同。在中国，我们提倡"尊老爱幼"，所以老马才会在上下车时帮老人提提行李，有时还搀扶一把。这样做老人会有受尊重的感觉。但是在美国，人们很重视自己的隐私，尤其是年龄，不希望别人认为自己是"老人"，所以导游人员如果过于热情去帮助他们，反而会引起他们的误解，产生不必要的误会。

另外，游客上下车时导游还应注意以下几个细节：①导游员要微笑着站在车门的靠车头一侧，对于不需要帮助的游客，微笑着向其问好。②对于提行李较多的客人或老人，如果是有尊老爱幼传统国家的客人，我们可以提供热情、直接的帮助；如果是欧美客人，我们尽可能让客人身体力行，如果感觉他们确实需要帮助，在征得其允许的情况下再提供帮助，最好以不明显、好似不经意的方式帮助他们，切记不要刻意。③在旅游车上还要提醒游客把行李包放好，以免丢失或跌落使自己或别人受伤。

≫≫　任务三　不卑不亢，敢于说"不"

🖱 任务情境

某年春天，广州的导游员杨小姐接待了一个 12 人的日本旅游团。那个团都是男性，走到哪里都带着不怀好意的笑。在车上他们总是谈论强身酒、女人和一些下流的内容，有时还作出下流的手势。见此情景，杨小姐决定对他们采取不卑不亢的策略。当他们对她提出一些无理的要求时，杨小姐就郑重地回绝。当他们提出下流的问题和要求时，她便义正词严地予以反击，如有人问："这车上没有随地大小便的标记，我能在此小便吗？"杨小姐反唇相讥道："你在你母亲面前也是这样，况且不怕触犯法律的话，就请试试好了。"受到几次反击后，他们老实了很多，不再向杨小姐本人无理取闹了。但在吃午饭的时候，杨小姐见到团中的一个人在餐厅与一位小姐搭讪上了，并让小姐晚上去饭店找他。杨小姐忙告诉小姐不要去，否则她便将此事报告有关单位。

晚上，那个人随同几位看热闹的同伴果真来到大厅等候。杨小姐告诉领队，那位小姐不会来了，请他通知客人回房休息。领队无奈地说，他也很少遇到这样的团。那些人来华的目的就是想找中国女孩"玩玩"，他们听说中国改革开放以来，有些女孩也很"开放"，就想证实一下，看个究竟。杨小姐微笑着对领队说："那他们的目的是无法达到了，因为我们的开放指的是接受和学习国外先进文化意义上的开放，而不是出卖资源和出卖人格的开放。"领队听了连连点头。

📑 任务描述

导游员在接待过程中，有时会遇到一些游客因失恋或目的不纯而引起的无理提问和要求，有时甚至还会遇到一些谩骂、侮辱和挑衅。对此导游应采取不卑不亢的态度对待之。在此种情况下，导游人员在语言上应注意什么？

📑 任务分析

导游员在接待过程中，有时会遇到一些游客因失态或目的不纯而引起的无理提问和要求，有时甚至还会遇到一些谩骂、侮辱和挑衅。对此，导游员应采取不卑不亢的态度对待之。

（1）分析问题的性质。客人的问题和要求可分为以旅游为目的的、合理合法的，以旅游为目的的、不合理不合法的，不以旅游为目的、非理非法的等。我们所指的不卑不亢，主要是针对那些非理和非法的行为。

（2）维护国格和民族的尊严。不卑不亢的目的是为了在接待中更好地维护国家的荣誉和民族的尊严。当游客的行为和要求有损于国家和民族的荣誉时，要予以反击。例如，游客挑衅时，可义正词严地说："请注意你们的风度和举止！你们在旅游方面的要求和不满可以提出，并会得到解决。但在中国的领土上诋毁我们的国家、政府和人民是不明智的，也有失绅士风度。"

（3）维护个人的尊严。导游员面对一些违反道德标准的行为和要求，也要不卑不亢，以正压邪。国外的文化内容和旅游形式有时与我们的服务方式和内容差距甚大，如赌博和嫖娼在国外的某些地区是合法的，但在我国则是非法的。对于游客的这类要求，要以法律和道德为武器予以回绝，以正义的行为抑制非理的行为。

采取不卑不亢的态度并不是意味着拒绝游客的所有要求，而是要通过讲道理的方式来分清是非。在采用此法时，仍不要与客人争吵、对骂，尽量不用否定的语言，如采用的语言中没有否定词，但能够充分体现否定、讽刺和反击的含义，则说明水平已经提高了。

>>> 任务四　记住游客的名字

📑 任务情境

某年 6 月的一天，北京的导游员田先生接待了一个 40 人的美国旅游团。田先生深知，尽快熟悉和记住客人的名字可以缩短与他们的距离，得到他们的信任，因此他在接团前背记了客人的名单。在北京旅游的第一天，他就能够丝毫不差地叫出很多客人的名字和爱称，大家对此感到十分惊奇，同时也感到十分亲切。有人问他记住那么多人名有什么窍门时，他幽默地回答："在见到你们之前，我觉得大家的面孔一定非常友好，见面后果然感到似曾相识，所以就有了过目不忘的灵感。"大家听后，都高兴地笑了。

由于田先生能够迅速熟悉客人，叫出游客的名字，所以大家对他非常信任和友好，感情交流也很快。游客们在参观长城过程中，购买了攀登长城纪念证书，要求田先生为其签字证明，还买了中国图章让田先生为其起中国名字，然后刻章。有一位叫 Hill Tail 的老人请田先生为其起个中文名字。田先生说："Hill 有山的意思，可以叫'泰山'，表示雄伟，但'泰山'在中国的称谓中又有'岳父'的意思，因此起这个名字容易有占人便宜之嫌。"听完田先生的解释，老人哈哈大笑，忙让田先生叫他"泰山"。田先生也开玩笑说："那你一定要把女儿嫁给我。"就这样，田先生根据客人的特点和要求，用音译和意译的不同方式，为每个人都起了一个中文名字，大家都十分惬意。

任务描述

记住游客名字是很重要的，因为这样可使大家感到你对他们的重视。请同学们认真研究外国人的"百家姓"，了解其常用的名字。

任务分析

如果游客人数不多，而且和他们相处时间较长，就应该尽量把全团每个人的名字都记下来。如果人数较多，且相处时间较短，那么也应该记住其中比较典型的人物，如领队以及比较活跃的游客。

要在较短的时间内记住许多游客的名字，不是件容易的事情，但只要坚持这样做，时间长了你就会发现也并不难，关键在于你要掌握一定的窍门。这里介绍一个简单有效的办法，就是将客人身上的某些特征与其名字联系起来，加以想象，客人的高矮、胖瘦、衣饰等都可以用来作为辨认的标记。比如约翰（John）是个瘦高个，你就想象他的第一个字母是一个又细又长的 J，这样，你见到这个瘦高个，很容易能联想到他叫 John。案例中田先生把老人的名字 Hill Tail 用音译和意译的方法结合起来，联想出"泰山"这个中文名字，得到了客人的认可。

>>> 任务五　处理敏感问题

任务情境

导游小王接待了一所大学组织的庆"三八"女教师旅游团。在旅游接待过程中，小王努力工作，行程也比较顺利。在和客人聊天的时候，小王了解到有位中年教师是位旅游专业的副教授，而且在旅游培训方面有着丰富的经验，也经常听到同行提起她的鼎鼎大名。于是她非常高兴地和那位女教师攀谈起来，言谈举止中对这位老师充满了尊敬。最后她问那位教师："您是不是参加工作已经二十多年了？"谁知那位老师脸色一变，回答到："我有那么老吗？"随即便走开了，小王被晾在了那里，摸不着头脑。后来才得知那位女老师刚刚满 36 岁。

任务描述

　　分析导游员小王在与游客交谈时，本着尊敬之情，夸奖女教师经验丰富、德高望重，为什么仍会引起该女教师的强烈不满？

任务分析

　　小王没有考虑到，如果按她的说法，那位教师工作了20多年，至少也40多岁了，会让那位老师觉得自己看上去真有那么老。虽然小王本身并无恶意，但这样肯定会引起那位教师的不快。作为导游员一定要了解中年女士的心理，她们都希望别人说她们年轻漂亮。所以在导游与女游客交谈时，无意中涉及年龄，如果你说她看起来比实际年龄至少年轻10岁，她会心花怒放的。这方面也是导游在接待妇女团队时要注意的服务细节。

项 目 四

游览中讲解服务

【知识目标】

掌握导游讲解的原则。

掌握特殊情况下特殊语言应对技巧。

掌握在游览时难题的应对方法。

【技能目标】

能为游客排忧解难。

能成功引导和吸引游客。

能灵活驾驭自己的语言。

能为游客提供满意的服务。

>>> **理论准备**

一、引导游客

（一）向游客交代计划

导游员在游客开始一天的游览活动之前，一定要将当天的旅游计划再次向游客做出详细介绍。要让每一个游客清楚地了解，他们的游览线路是怎样的、到达每一个景点是什么时间、在哪里逗留多久、什么时间离开、上车的确切地点在哪里、游客乘坐的汽车牌号是多少等，要做到细致入微，不厌其烦。到达景点以后，导游员仍然要继续提醒游客，加深游客对计划中预定的时间及游程安排的印象。例如，某导游员带领游客游览故宫，进入午门的时候，导游员应该再次提示游客："现在是 9 点钟，我们将在故宫里逗留两个半小时，我们在故宫里将沿着中轴线向前游览，11 点钟我们将在神武门外的停车场上车，请大家记住我们的车号；故宫里面游人比较多，请大家在游览的时候注意紧跟队伍，不要掉队。"导游员向游客多次进行这种看似内容重复的交代，其实是非常有必要的。这种重复的交代将给游客留下深刻的印象，绝大多数游客会以此为参照来规范自己的行为，他们会遵守计划的时间，紧跟旅游团的队伍，服从导游员的安排。即使有个别游客不慎走失，由于导游员反复强调了队伍行进的方向和集合上车的时间，这些游客也有可能自己找到景点的出口或乘车的场地。

（二）利用讲解吸引游客

利用出色的讲解吸引游客的注意力，即使在行进过程中也能够做到不停顿地向游客提供高质量的讲解，吸引游客始终跟在自己的左右，也是一种积极引导游客的好方法。导游员要做到这一点，还需要下工夫提高自己的讲解水平。导游员可以利用讲解前后的空隙检查游客人数。例如，当游客人数少的时候，可以在开始讲解之前，提醒游客围拢过来，趁机清点一遍人数；也可以在讲解完毕的时候，结合讲解的内容向游客提一个小问题，趁他们思考的时候，清点一遍人数，而将答案放在一会儿的行进途中去揭晓。

（三）保证游客跟上队伍

导游员在引导游客观光游览的时候，脑子里不能只是想着自己怎样来说精心准备好的导游词，还要同时关注整个旅游队伍的行进状况，时刻关注如何使每一位游客跟上队伍，跟上自己。遇上景点里游人多的时候，导游员更需要认真细致地关注游客，不断提醒他们注意跟上队伍。新导游员要学会如何调度游客，根据需要保持和调整游客队伍的形状，使这支队伍的形状既适宜旅游环境的要求，又适宜导游员观察和清点人数。例如，当导游员进行景点讲解的时候，他应该把这支队伍调整为扇面形或是椭圆形，而在队伍行进途中应该使它保持基本的队列形。导游员应该学会利用队伍行进过程的间隙清点游客的人数，防止个别游客因人多拥挤而走失。导游员是这个旅游团的核心，但是他并不一定总要走在游客的前面，导游员应该学会根据不同的情况合理安排自己的位置，有时候走在队伍的前面，有时候走在队伍的后面，有时候停下来等待后面的游客从身边一一经过。无论选用哪种形式，都可以默默统计游客的人数，及时掌握游客的情况。前面已经讲过导游员清点游客人数的几种基本方法，新导游员要善于学习、总结和进行创造，掌握一套适宜自己的清点人数的有效方法，以保证游客跟上队伍。例如，新导游员可以将一个完整的游程分解成若干个阶段，利用这些阶段的间隔，一方面安排游客小憩，一方面及时清点游客人数，由于间隔时间不长，便于及时发现和找回走失的游客。

二、执行旅游计划

导游员在设计执行旅游计划的时候，特别是在计算游程线路和时间的时候，已经考虑过执行计划要留有余地的问题，现在就要实际处理这个问题了。执行旅游计划留有余地的问题是导游员带团过程中的普遍性问题，新导游员要认真对待，深入思考，结合自己的实际情况设计出简便而有实效的办法。

（一）时间留有余地，游客留有余兴

导游员在向游客公布观光游览时间的时候，应该考虑将时间做一点扣除，即向游客公

布的时间少于导游员实际掌握和控制的时间。例如，在某一景点计划游览 2 小时，可视游客的不同情况告知他们，我们将在此地游览 1 个半小时，或 1 小时 45 分钟。不要满额计划分配时间，要留有余地。导游员在安排游客进行自由活动时，更需要把时间把紧，要求游客返回集合的时间要适度提前，为防意外，一般应考虑留出 15～30 分钟的富余。导游员应该从妥善把握"客我"关系的角度来认识这种做法的意义，不要认为这只是在扫游客的兴致。事实上，游客的兴致既取决于在每一处景点的感受，更取决于对整个游程的感受，导游员对游客徜徉某一景点的时间控制，恰恰是照顾了整个游程的需要。否则，一旦在某一景点耽误了时间，出现了问题，游客的兴致就从整体上被破坏了。况且，导游员适度控制阶段性观光游览活动的时间，客观上造成了游客对某些景点留有余兴，是一种有利于观光游览的群体心理现象，导游员对此应该有所准备，有所把握。当然，导游员并不需要对在所有的景点的逗留时间都实行一样的控制，要视具体情况而定，要有张有弛，要针对游客的心理变化，处理好不尽兴和留余兴的关系。

（二）景点留有余地，游客留有回味

导游员在向游客介绍旅游景点的游览项目时，是不可能面面俱到的。在旅游活动中，"看景不如听景"是普遍现象，然而游客和导游员地位不同，对这种现象的反映自然存在差异。对游客来说，下车伊始，走马观花，浮光掠影，眼花缭乱，看到的景致比听到的少，比希望看到的更少，这种差异在游客中是普遍存在的。面对这种情况，导游员应该从 2 个方面发挥自身的职业优势：①将景点中最有价值、最精华的部分展示给游客；②帮助游客把看景和听景结合起来，既讲解游客看到的精华，又介绍游客看不到的文化背景。例如，到达故宫之后，导游员应该向游客说明，此地的景点我们不可能全部游览一遍，由于时间关系，我们今天只能游览中路景点；然而导游员可以利用中路高低错落的地势，将故宫里东西两路隐约闪现的景点加以适度讲解。当游客行至保和殿后面的时候，导游员可以先为游客做一个紫禁城后宫的全景式讲解，使游客望着遥遥可见的东西两路宏伟建筑萌生联想，留下"可远观而不可亵玩焉"的回味。

（三）打消游客的顾虑

在具体执行旅游计划的时候，导游员不能只考虑自己的良苦用心，也要考虑游客的切身感受，不要做那些只是一厢情愿的事情。拿处理执行计划的问题来说，新导游员就需要不断和游客进行沟通，反复向游客说明为什么要做出这样而不是那样的安排，争取游客的理解和支持。游客的个人兴趣不同，对旅游景点了解的程度不同，对旅游行程的期望值不同，对于导游员的要求自然也不同。对导游员做出的安排，有的游客认为是正常的，能够很自然地接受，有些游客就会提出疑问，新导游员要注意把握和处理好这种差异。例如，某一个景点里有两条观光游览线路，由于时间限制，只能选择其中的一条进行游览，导游员根据计划已经选好了一条线路，然而有些游客会对导游员的选择提出异议，怀疑自己的权益可能会因此而受到损害。面对这种情况，导游员应该坚持执行计划，同时注意做好两方面的工作：①要及时稳住大多数游客，防止出现群体心理的动摇。导游员要把走自己选择的这条线路的明显优势和不能看完全部景区的遗憾，入情入理地向游客作出解释，打消游客的顾虑。②要争取说服持有异议的游客。导游员应该肯定这些游客所提意见中的合理部

分，然后说明自己的安排是在不能两全的前提之下做出的更好选择，双方应求同存异，相互理解，使这些游客也能够打消顾虑。

三、计划的调整和改变

计划和变化永远是矛盾的，当发生了新情况之后，原定的计划就要根据这些新情况做出相应的调整和改变。新导游员在根据旅游计划做准备的时候，就为将来执行计划的时候可能遇到的情况变化留有余地。

（一）调整计划

导致导游员调整计划的原因主要有 2 类。第一类原因发生在旅游活动开始之前，主要是由于游客所乘飞机、火车延迟到达而产生的。例如，计划原定游客到达以后先到饭店休息，然后到某景点开始游览活动，但是由于飞机或火车晚点，导游员接到游客之后应该直接开始景点游览，然后再到饭店休息。这样调整计划可以将游客晚点的时间补回来，不减少观光游览的内容，但是可能会使游客感到疲劳。导游员做这种调整时，要考虑游客的意愿和承受能力，要与领队、全陪、司机协商一致后方可实行。第二类原因发生在旅游活动开始之后，主要是由于自然条件变化、游程进展状况和游客要求而产生。例如，天气突然变坏，已经坏到明显不适宜游客再到预定景点进行游览的程度，导游员可以考虑调整执行计划的前后顺序，如将当天预定去长城的计划推迟一天，而将第二天去雍和宫的计划提前到当天。又如，一天的游程进行很快，而离计划内容进行完毕还有相当长的时间，应游客要求，导游员可以再适度增加一些活动。

新导游员遇到上述情况的时候，要慎重对待，妥善处理好 3 个关系：①要及时向旅行社汇报和请示；②要多和领队、全陪、司机进行沟通、协商；③要准确把握游客的一致意见，一定要注意防止出现那种从一片好心变成一厢情愿，或者从锦上添花变成画蛇添足的失误。

（二）减少项目

导游员不能擅自减少旅游计划中的活动项目，新导游员一定要自觉遵守这条对导游员的基本规则。但是，在旅游活动中确实存在着减少旅游活动项目的事实，新导游员应该正确处理事实和规则的关系。新导游员需要注意，在带团过程中发生合理减少旅游项目的事情时应该具有 3 个方面的条件：①由客观原因所引起；②须经过请示获得上级同意；③须得到游客的赞成。例如，出现上一段中说到的引起计划调整的客观原因，如飞机、火车晚点很长时间，已经无法执行旅游计划中的预定内容，勉强执行又势必影响后面的计划内容，此时导游员只有取消当前的活动项目，保证整个旅游计划的实施。游客对于由此而引起的减少活动项目的举措，是能够接受的。又例如，出现由于天气变化的原因，又无法调整计划，因而不得不取消某项活动的时候，导游员要及时向上级汇报和请示，要多做游客的解释工作。如有可能，应该考虑在后面的活动中安排对游客进行变相的补偿。

（三）增加项目

导游员不能擅自减少旅游计划中的活动项目，同样也不能随意增加旅游计划外的活动项目，这也是新导游员应该自觉遵守的一条基本规则。新导游员上团伊始，百术待学，执行旅游计划要考虑规范、稳定、安全三者并重，其他的考虑可以暂时往后放一放。但是，导游员在旅游活动中适度增加一些项目的现象已经比较普遍，大多数游客也能够接受，新导游员对此应该有所了解。事实上，旅游活动项目的增加与减少总是互为因果的，既然存在着调整计划和减少活动项目的合理的可能性，也就存在着增加活动项目的合理的可能性。在实际过程中，减点儿和补点儿、赶点儿和增点儿经常是互为条件、互为补充，交织演变在一个过程中的。对于新导游员来说，执行计划是朝着维持顺利局面的方向努力，而考虑修订计划、增减项目则是做应对复杂局面和化解矛盾的准备。例如，旅游团增加旅游项目，在大多数情况下是由游客主动提出来的，然而导游员要把住决策关，最后的选择和决策要经得起时间的考验。新导游员面对游客提出增加景点的要求的时候，要做好3件事：①顺其自然，导游员选择是否增加项目一定要尊重游客的意愿；②及时请示，事关重大，应该请求旅行社的指示；③充分准备，导游员应该提早了解游客的心理动态，及时和游客协商解决问题的办法，做好充分准备。

四、关键是提高导游讲解质量

导游员的工作质量，最为关键的因素还在于导游讲解本身的质量。导游员要导"食"、导"住"、导"行"、导"购"、导"娱"，然而这些行为最终都要集中于导"游"这一中心环节。导"游"是导游员的正业，景点讲解是导游员最见功力的基本业务。作为一名新导游员，应该把提高导游讲解的水平和质量放在突出的位置。

（一）怎样做好第一次景点讲解

导游员带团，要经历无数个第一次，每一次都是新考验，都要承受得住，这样才能逐步走向成熟。前面讲过的许多第一次，新导游员可以用作参考：第一次和司机、领队、全陪、摄像合作，第一次到飞机场迎接游客，第一次和游客说话，第一次向游客做自我介绍，第一次向游客讲解窗外的景致，第一次带游客入住饭店，第一次回答游客的提问……然而真正关键的第一次，正是现在将要开始的第一次——为游客做现场讲解的第一次。

1. 看准对象

导游员的讲解质量，当然取决于他们带团之前的准备工作的质量，然而看准听讲解的对象，做到"因材施教"，也是保障讲解质量的一个关键因素。游客的文化层次和欣赏习惯是存在差异的，导游员要学会针对这种差异准备自己的不同版本的解说词。导游员应该在熟悉景点的基础上，为同一个景点准备2种解说词，一种针对文化层次比较高的游客，另一种针对文化层次比较低的游客。版本不同，材料的取舍和选择、讲解的程度，以及讲话的技巧自然也不同。在实际讲解过程中，导游员应该学会辨别游客的文化层次；对文化层次比较高的游客，应该讲得深一点，对文化层次比较低的游客，应该讲得浅一点。深和浅是比较而言的，它们是导游员在为游客提供讲解服务时的一种相对的选择和区分，导游员可以随着游客的游览兴趣和认知程度的变化而随时进行双向的调整，处理好"尺有所短、寸有所长"的比较。善于讲解的导游员，无论是给文化层次比较高的游客做讲解，还是给文化层次比较低的游客做讲解，一样能使游客把握到其中远近高低、错落有致的韵味。因此，导游员所讲的深和浅主要是适用于不同人的方法和手段，其本身绝没有高低贵贱之分。新导游员从第一次起就要运用这种方法，不必暗示自己还需要等到日后达到某种成熟以后再来尝试。第一次讲解是起定调作用的，导游员应该充分展示才华，树立信心，找到一种良好的职业感觉。

2. 定准基调

导游员应该坦然承认并且正确面对自己职业素质中存在的某些稚嫩，在第一次讲解中做到扬长避短，不要搞什么花架子，讲解要定准基调。导游员在带团之前都做过全面、深入的准备，就讲解一项来说，也是经过了从写稿到演说多次反复的，从一个方面来看，也可以算是有备无患了。你看，经过查找和阅读相关的旅游资料，发现景点中该讲的事情有很多；经过学习和演练，感觉自己能讲的事情也有很多。这时候，新导游员应该学会从中选择出究竟哪些是适宜讲解的内容。导游员在准备导游词的时候，要考虑重点讲解景点的核心内容，而且要使讲解内容合乎规范，因为这些内容虽然并不一定都是游客急于想知道的东西，却是介绍这个景点必须要交代的关键内容，把基调定在这个位置，可以进退自如。对于导游员来说，在一个景点里究竟向游客讲解些什么，选择怎样的讲解尺度和分寸，应该与自己事前定下的基调保持和谐。有些话，即使游客听得十分着迷，由于已经离景点讲解的核心内容比较远，就该适可而止，顺势打住。有些话，虽然在现场讲解的感觉不十分好，由于是景点讲解的核心内容，就该打起精神讲下去。

3. 追求风格

导游员的讲解应该做到内容和形式相统一。为了重点讲解景点的核心内容，应该突出准确、清楚、简练的讲解风格。新导游员的讲解首先要准确，要据实而讲，多采用类似小说中白描的手法，要向游客传达准确的、规范的信息；不要穿凿附会，加入过多带有个人感情色彩的内容。其次是要清楚。清楚是准确的保障，导游员把话讲清楚才能做到与游客的沟通。有些导游员和游客沟通不好，一个重要原因是游客无法习惯他的讲话风格。新导游员在实际讲解之前，应该先对着镜子给自己讲几遍，或是给别人讲一讲，让人家听一听，感觉一下言辞语句是不是通顺，如果有不够通顺的地方，坚决改正。新导游员要虚心听取别人的意见和建议。再次是要简练。导游员讲话应该简练，不能啰唆，不应该保留多余的口头语。讲话简练可以节省时间，同样讲 5 分钟，讲话简练的导游员可以向游客提供更多准确、清楚、有价值的信息。简练是一种由准确和清楚带来的风格，是一种美，应该成为导游员的追求。

（二）怎样吸引游客

1. 知识的魅力

导游员吸引游客最突出的地方在于他的知识。导游员以讲解旅游景点为职业，经过长期积累、深入研究、反复运用和切磋比较，他们对于经常接触的景点以及相关问题理应有着超越常人的知识水平和认识能力。导游员应该善于运用这种专业知识和能力吸引游客的注意。新导游员也是一样，要在第一次为游客讲解的时候就主动自觉地运用和展示自己的知识魅力，不要总是暗示自己这还要学习那还要学习，放不开手脚，这会导致在讲解实践中展示出来的总是不自信和不成熟，引起游客的怀疑。导游员要对自己的专业知识有自信，要相信许多事情并不是先学好了再干，而是干起来再学习、干就是学习的道理，在展示知识魅力方面给自己提一点比较高的要求。例如，有些老导游员的景点讲解很有魅力，能够讲人、讲物、讲景，做到三者统一，这自然不是一日之功；新导游员不要因为一时达不到这样的程度便放弃了朝这个方向的追求。新导游员将人、物、景融为一体进行景点讲解的时候，应该有意识地展现自己的英气、朝气和活力，吸引游客的注意力。例如：讲人要有神，就是要突出神韵。历史人物很值得讲，首先在于他的精神价值，新导游员应该使所讲的人物从历史故事中站立起来，突出他的神韵。讲物要有识，就是要发掘其中的知识和文化。在旅游讲解中，可讲之物都是有着鲜活生命力的，都是生生不息的，新导游员要深入研究其中的文化问题，讲解才能做到言之有物，言之有理。讲景要有情，就是要融入感情，做到情景交融。对于新导游员来说，这里有 2 个关键点：①自然风景要人用心去观察和体验才美丽，新导游员要启发引导游客的情感投入；②导游员要感动别人，首先得感动自己，只有以情动人，才能吸引游客注意。

2. 语言的魅力

导游员的语言魅力是他吸引游客的重要条件。新导游员从第一次带团讲解开始，就要注意锻炼自己的语言风格，锻炼自己的口才艺术。导游员是吃开口饭的，应该拿出"食不厌精、脍不厌细"的态度来检验自己的语言作品，即使练到出口成章的状态也仍然有着提高的余地，这才是吃开口饭者对开口说话这项职业技术应取的态度。新导游员要使自己的语言富有魅力，锻炼过程大致需要经历 3 个阶段。第一阶段是认真观察、刻意模仿。处在这个阶段的导游员，无论是语言的内容还是形式，都要采取"拿来主义"的态度，只要碰到好的，只要是有利于为游客做讲解的，就拿来使用。一首诗词，一句格言或警句，一篇导游词，甚至是一种悦耳的语音、语调，导游员都不妨拿来模仿一番，而且现练现卖，自然而然；什么感觉窘迫、不好意思、怕游客说长道短、怕同行讽刺讥笑等统统放在一边，切莫让这些东西影响了自己的模仿大计。第二阶段是博采众长、充实自己。这一阶段是导游员开始逐渐形成自己语言风格的时候。新导游员在第一阶段的功课做得越扎实到位，第二阶段便来得越早，进行得越顺利。第三阶段是融会贯通、形成风格。导游员应该相信自己一定会有凭借出色的语言魅力吸引游客的那一天。但是，这一天并不是等来的，要靠自己的努力实践去探索，去争取。为了使这一天早日来到，导游员需要从带团的第一天开始，就尝试用自己的语言魅力吸引游客。

>>> 任务一　处理免景点门票事件

🖋 任务情境

2014 年 8 月，上海某单位组织职工去洛阳、开封、郑州等地旅游，费用由单位承担大部分、职工自理小部分。该单位委托上海 A 旅行社安排景点、住宿、餐饮、交通等。A 旅行社组团后，即委托洛阳 B 旅行社做地接。旅游期间，该单位有一职工拿出自己的导游证给洛阳的地陪看，说可以免费进入景点，要求退还个人的门票费用。该地接社导游是这样回答的："_____

_____。"

✎ **任务描述**

假如你是该地陪，你该如何回答？

✎ **任务分析**

本情境涉及导游员的概念问题。《导游人员管理条例》第二条规定："本条例所称导游人员，是指依照本条例的规定取得导游证，接受旅行社委派，为游客提供向导，讲解及提供相关旅游服务的人员。"这表明，导游人员的概念有 3 层含义：①担任导游工作的人员必须是通过导游人员资格考试，并按规定取得导游证的人员；②导游人员是接受了旅行社的委派后，从事导游业务的人员；③导游人员的工作是为旅游者提供向导、讲解及相关的旅游服务。这里需要特别强调的是，导游人员的职业性质必须是经过旅行社的委派才能显现并是合法的。简单说，只有经过旅行社委派的导游人员才能行使其职业行为。这就意味着，非法承揽导游业务私自带团，即使是有导游证也是违规和违法的，将受到旅游行政管理部门的处罚。理由就是，这不是你的职务行为，因为你没有经过旅行社的委托。因此，本情境中该职工虽然具有导游证，但由于他在旅游团队中是以游客身份参加旅游的，导游并不是他现实的工作职务，所以他不具有享受导游人员免费的权利。仅由此一点来看，该旅行社就完全有理由拒绝该职工退还票款的要求，而无须另找其他理由。

>>> # 任务二 导游景点讲解

✎ **任务情境**

某年夏天，北京的导游员钟小姐接待了一个台湾的旅游团。在导游接待过程中，她按照接待西方人的方式，讲解中国的历史、对外政策、改革开放和人民生活水平的变化等。虽然她讲得很认真，但游客们的反应却不是十分热烈。钟小姐征求了领队的意见，领队告诉她：要多讲一些轻松的话题，如老百姓的吃、穿、住、行、收入、工作和生活情况，多一些笑话、野史、趣闻等，不必讲太多的政治形势，因为游客来中国是散心、游玩的，不是来上课的。听了领队的意见，钟小姐注意改变讲解的内容，果然得到了游客们的响应。在讲解故宫时，它把溥仪皇帝从 3 岁登基到成为普通公民的历史讲了一遍。她虽然讲得十分紧凑，但客人却经常打断她，让她讲一些皇帝日常的起居生活和三宫六院的趣事，于是她又改变讲解内容，讲皇帝结婚、用膳、宗教活动……游客们深为她的讲解所吸引，越听越感兴趣，再也不打断她的讲解了。

✎ **任务描述**

请总结钟小姐的这些接待经验，前面讲解为什么效果不好，改变策略后游客才感到满意？

✎ **任务分析**

导游员在接待过程中，应根据游客的爱好和特点不断改变讲解的内容，做到因人而异，因景而异。钟小姐在接待台湾旅游团时，按照接待西方人的方式去讲解，效果自然欠佳。之后，她根据客人的要求改变了策略，因而收到了成效。可见，不断总结接待经验，更新接待方法，是导游员应该注意的。在对外宣传方面，导游员应讲解得自然、诚恳，最好用个人感想的形式来表达，否则，有的游客就会认为你在搞政治宣传，说的都是政府规定好的内容。

　　导游在讲解过程中，最好不要千篇一律地按书上的导游词来讲，否则会显得机械和死板。当发现游客对你的讲解的内容不感兴趣时，应及时调整，尽量符合他们的口味。当然，对于一些庸俗、低级和违背原则的内容，决不能迁就，要坚持原则。

>>> 任务三　合理安排参观游览顺序

✍ 任务情境

　　唐山某旅行社接待了一个 100 多人的大型旅游团，共两辆车，每车派了一名导游。在游览清东陵时，由于正值五一黄金周，陵区内游客众多。在游览乾隆皇帝的裕陵地宫时，由一名导游带领游客进地宫讲解，另一名导游断后组织游客。由于地宫内面积狭窄，游客又多，有的游客还没有进入墓室，前面的游客已返回了。这样，很多游客既没看见也没听见，感到非常气愤，后来向旅行社提出投诉。

✍ 任务描述

　　两名导游应怎样安排才会更合理，请提出合理游览方案。

✍ 任务分析

　　两名导游应该带好自己车上的游客，分开游览。如果这辆车上的游客先游览隆恩殿，那辆车上的游客就先游览地宫，这样交叉游览，可以避免大量游客拥挤在同一景点。所以，在接待大型团队时，合理安排参观顺序，打好时间差，也是导游必须要注意的细节。

　　大型团队在游览景点时，由于人数太多，游客有可能听不清、看不见，不能游览尽兴，肯定会进行投诉的。因此各车导游人员一定要带好自己车上的游客，打好时间差与空间差，相互交错游览，避免同时拥挤在一处而影响观赏效果。同时还要注意，各车导游员应按照事先约定的内容进行导游讲解。讲解内容要一致，风格和细节可以有区别，但内容要做到基本一致，以避免游客下车相互交流后提出意见。

>>> 任务四　处理游览中旅游团骚动

✍ 任务情境

　　小常的旅游团按照计划在 C 市游览一天半，但由于交通的原因，该团的游览被缩短到只有大半天。C 市是著名的历史文化古城，风景秀丽，人文景观也非常多，游客都把它作为华东旅游的一个重点。小常心想：与其每个景点都走马观花地看一遍，还不如实实在在地看一个景点。选一个最著名的景点带客人去游览，其他的景点就用导游词来好好地作一番介绍，激起他们下次再来的欲望，岂不事半功倍？在出机场的路上，小常就把计划的变动、变动的原因以及旅行社补偿的办法等，都向客人作了简要的解释。随后，小常就以自己在本市导游比赛中获得第一名的水平向客人介绍起 C 市来。

小常的介绍可谓声情并茂，十分精彩，连来过 C 市好几次的全陪，都觉得这段导游词极为动人。然而，问题却出现了。听了小常如此动人的讲解，C 市的美景仿佛就在眼前，一想到要提前离开，客人们禁不住议论纷纷。"这么好的城市，这么美丽的风景，这么迷人的风土人情，如果不好好地看一看，那真是太可惜了！""这不行！我们花了这么多的时间，走了这么多的路，好不容易才来到这里，就这样把我们给打发了？绝对不行！"住进酒店，客人的议论越来越多，也越来越激烈。吃完晚饭，全团游客集合在大厅，向小常提出了一个完全出乎意料的要求，"我们决定明天不走，我们要按原定的计划在这里游览！"小常试图说服团队中的某些人，可是都失败了。

✍ 任务描述

让客人回房间休息以后，小常便坐在大厅的沙发上考虑如何解决他所遇到的问题。让他想不通的是：情况为什么会这样呢？

✍ 任务分析

本情境中主要讨论"旅游团骚动"。"旅游团骚动"是指旅游者由于对现实的认知发生了偏差，引起了情绪的剧烈波动，在情绪感染和循环圈的作用下，所形成的破坏旅游计划与和谐气氛的共同行为。情绪感染和循环圈相互促进，这是触发"旅游团骚动"的首要因素。游客都会对即将开始的旅游有种种美好的想象，这种想象与对现实旅游认识的差距就是认知差距。

本情境中造成小常团队旅游者情绪动荡的最直接因素恰恰是小常引以为豪的那一段精彩的导游词。原来游客得知必须提前离开 C 市时，现实与原先想象已经形成"认知差距"。小常的那段精彩的导游词不仅使旅游者美好的想象得到了他人的证实，而且还"放大"了原来的美好想象，使他们认为该市的景观一定比想象的还要好，造成了"认知差距"急剧地扩大，情绪也就剧烈地动荡起来了。就这样，小常用他那精彩异常的导游词点燃了"旅游团骚动"的导火索。

正确的方法是，小常应该把导游词重点放在他决定要带游客去游览的那个景点上。让旅游者在游览该景点时产生一种"心满意足"的感觉，不再去多想那些尚未游览的景点。引起"旅游团骚动"的原因，还有服务水平低下以及民族冲突、文化冲突等原因。

≫≫≫ 任务五　　不要让游客单独行动

✍ 任务情境

北京导游小王在五一期间接待了一个山东旅游团。在游颐和园时，一位游客提出不跟团了，想自己游览。小王想，颐和园面积也不大，应该不会出现什么问题，就同意了，约定 2 个小时后在颐和园的东宫门门口集合。2 个小时后，小王带游客出了颐和园，而那位游客还没有回来。小王让游客先上车，自己在门口等那位游客。可是半小时过去了，仍不见其踪影。车上的客人已经等急了。小王急忙给那位游客打电话。原来，由于五一园内人太多，那位游客已经迷路了，不知该往何处走。小王只好让他在原地等候，并让司机师傅带其他游客先到中午吃饭的餐厅等候，自己去接那位游客。这时小王真后悔，不该让那位游客单独行动。

✑ 任务描述

游客要求自由活动时，导游员该如何处理？

✑ 任务提示

游客到游览点后要求自由活动，对于这种情况，导游人员要视情况而定。

（1）如环境许可，在游人不多、秩序不乱的景点，可以满足其要求。

（2）如果景点内路线复杂，游人较多、较乱，地陪应尽力劝说其随团参观，以免走失。在本情境中，当时正是五一黄金周，景点游人很多，导游小王应劝说游客随团游览。

（3）若旅游者一味坚持，劝说无效，应告知其后果自负。

导游员应该做的是：提前提醒旅游者注意安全，看管好个人的物品；将集合时间、地点、旅游车的车号、用餐地点以及饭店名称等一切相关事宜，向旅游者讲清，如需要可将其写成便条，以便旅游者能及时归队，以备不时之需。

≫≫ 任务六 不能说"不"

✑ 任务情境

某年秋天，北京的导游员郭先生陪同一美国团去八达岭长城游览。大家在长城玩得很开心。下午参观完定陵后，有些客人提出要继续参观长陵。郭先生告诉他们旅游计划上没有安排，况且时间也不够用，所以不能满足他们的要求。那些客人听后，不以为然，仍坚持要去长陵，并讲自己另付门票也愿意去。经与司机商议后，郭先生同意了客人的要求。由于去长陵游览了，晚饭很晚才吃上，但那些客人没有怨言，仍要求在适当的时候再去慕田峪长城游览。这回郭先生没有像上一次那样直接拒绝他们的要求，而是对他们说，可以去与旅行社联系一下，尽量满足大家的要求。第二天，他对客人讲，已经与旅行社联系过了，由于旅游日程安排太紧，无法抽出时间去慕田峪长城游览，希望大家谅解。客人见他确实为此事尽了心，便没有坚持去慕田峪长城。

✑ 任务描述

分析导游员第二次为什么没有直接拒绝客人要求？如果直接拒绝后果会怎样？

✎ 任务分析

　　在接待过程中，经常会遇到游客提出某些难以办到的要求。例如，游客在旅游旺季要购买去旅游热点的机、车票，游客要求在短时间内去参观长距离的旅游景点，客人要求在不增加费用的情况下增加旅游项目等。遇到此类情况导游员应该注意：

　　（1）不能直接说"不"字，因为那很容易伤害客人的自尊心，会使他们感到你对工作不负责任。

　　（2）要表现出尽心的姿态，并通过行动让客人看到，你确实是在为他们提出的要求而努力。

　　（3）不能马上说不行，也不要急于解释为何办不到的原因，这样客人不但不会接受，甚至还会引起反感。

　　郭先生在客人第一次提出要求时，就是因为急于向客人解释不能去长陵的原因而没能得到客人的理解。第二次客人要求去慕田峪时，他采取了积极的态度，让客人感到他确实为此事尽了力，终于得到了客人的理解。可见，只要通过努力，尽管事情没有办成，客人是会理解你的。经过努力后的解释，不但不会引起客人的不满，还会赢得游客对你的信任。当然，对于客人提出合理的要求应尽力去帮助解决，而对不合理的要求则应说明原因或向旅行社汇报。无论如何，导游员要重视游客的要求，并对此作出积极的反应。

项 目 五

餐饮服务

【知识目标】

掌握导游员餐饮工作范畴、程序。

掌握导游员餐饮服务细节。

掌握餐饮服务中常见问题的解决方法。

【技能目标】

能为游客排忧解难。

能为客人安排个性化的餐饮服务。

能用灵活语言处理餐饮中出现的问题。

>>> 理论准备

俗话说，民以食为天。导游员要经常提醒自己：游客用餐，事大如天，来不得半点马虎。对于新导游员来说，安排游客用餐除了需要协调好用餐和实施整个旅游计划的关系以外，还应该关注用餐的标准，处理好围绕游客用餐标准可能发生的问题。

一、用餐标准

（一）检查用餐标准

导游员有义务核实餐厅为游客提供的用餐标准，维护游客的权益。导游员需要注意，这种核实通常包含两方面的内容：①检查餐厅为游客提供的餐饮质量是否符合旅游计划的预定标准，防止出现因餐饮水平大大低于预定标准而引发游客的不满；②检查游客对有无超出用餐标准的特殊需要，以便提前有针对性地做好相应的准备。如有可能，导游员在带领游客用餐之前，最好去那些餐厅走一走，看一看，围绕那里提供餐饮的品种、质量、价格以及信誉等问题做一番实地考察，掌握基本情况，做到心里有数。导游员可以根据这些情况决定如何与餐厅方面做交涉，同时也便于对照游客对用餐标准的期望做出方向正确的引导和必要的心理调节。

（二）掌握游客心理

导游员为了做好接待服务工作，应该学习掌握游客的思想脉络和心理规律。国内旅游餐厅的服务水平正在逐步改进，然而这种改进还需要一个过程，导游员应该针对餐厅的实际状况和游客的心理期望之间可能产生的差距和矛盾，针对游客有时候可能因用餐不愉快而产生的心理落差，积极为游客做排解和疏导的工作，引导游客以平常心对待用餐时可能会遇到的事情，尽量使游客保持一个好心情。

（三）提前通知餐厅

明确告知餐厅方面要求提前做好准备的具体内容，是新导游员带领游客用餐之前需要做好的另一项准备工作。导游员应该注意，旅游定点餐厅的规模和提供餐饮服务的标准和水平是参差不齐的，有些餐厅常备的餐饮品种不齐，提供某些平平常常的餐饮品种也需要导游员提前通知他们单独准备，如果是临时通知，往往难以办到。例如，有些餐厅常备的主食只有米饭，如果有的游客需用馒头，导游员就要提前通知餐厅另外准备，以免游客用餐时出现尴尬。特别是带国内旅游团的新导游员，应该在游客用餐以前掌握他们中间有多少需要提前告知餐厅的特殊要求。又例如，导游员出于工作需要，有时候会在用餐标准以外为游客加一些特色菜肴，如烤鸭一类需要专门准备的菜肴，也需要提前通知餐厅，以便对方另行准备。此外，导游员遇到为避开用餐高峰期而改变游客的用餐时间，或是遇到由于行程受阻而延误了用餐的时间，也需要提前通知餐厅。

二、用餐计划的改变

导游员应该树立这样的观念：旅游团的用餐计划是不能轻易改变的，导游员有责任尽全力克服困难、创造条件，维护和执行预订的用餐计划。但是，由于种种原因的影响和制约，旅游团用餐的计划难免会发生这样或那样的改变，导游员应该熟悉这方面的工作。

（一）退餐

退餐是指旅游团取消预先安排好的用餐计划，不去预订的餐厅用餐了。旅游团不管是由于什么原因而退餐，都会给餐厅带来经济损失和接待工作中的不便，新导游员应该以谨慎的态度对待这类问题。首先，导游员应该有敏锐的观察力，一旦发生可能引起退餐的事情，导游员要及时根据情况变化和发展的趋势做出判断，并及时向旅行社汇报和请示。其次，导游员应该讲究效率，如果真的需要退掉原订的用餐，导游员应该立即通知餐厅，讲明不得已而退餐的原因，一方面尽量减少由此给餐厅带来的干扰和麻烦，一方面表示诚挚的歉意。第三，导游员应该切实负起责任，一旦真的退掉原定用餐，导游员应该尽力协调旅行社和餐厅之间由退餐引起的善后事宜和关系，尤其是作为一名新导游员，处理此类问题不能只是想着眼前这一件事情，还要考虑到这件事可能会影响旅行社和旅游合作单位的关系，所以要从既有利于当前的工作，又不给今后的工作和双方的合作带来负面影响的方向去处理。

（二）换餐

换餐是由退餐而引起的问题，游客总要吃饭，不在此地用餐，就需要改到别处用餐。换餐的问题看似寻常，其实并不简单，需要导游员谨慎对待。导游员要注意把握 3 个问题：①导游员要看清楚并把握住引起换餐的原因。一般来说，旅游团所以要换餐总是和改变或调整旅游计划有关系，而对旅游计划的任何改变都事关重大，不可不慎重对待。②导游员要安排好换餐的细节，保证游客的用餐质量。例如，某旅游团因为临时增加到天津的旅游活动，取消了原定在北京的午餐计划，改到天津某餐馆用午餐，导游员应该确保换餐之后的用餐标准。③导游员要关注游客对换餐的后续反应。游客的心理回味往往和他们当时的感受有着比较大的差异，导游员对此不仅要提前想到，而且要提前做好相应的准备。对于新导游员最为重要的一条，就是保证游客对于换餐和由此带来的一系列后续问题取得一致的意见，达成共识。

（三）加餐

一部分游客为了尽兴，在三餐计划之外提出加餐要求，是比较常见的事情，对于导游员来说，考虑和处理这类问题应该自觉依据 2 个基本前提。一是游客的用餐计划中没有加餐的安排，因此无论游客依据什么理由（比如不享用计划内的餐饮，或是用计划内的餐饮来交换），加餐都属于游客的个人行为，所需的费用应该自理。导游员应该针对一部分游客在这个问题上可能存在的误解进行解释，防止他们由于误会而引发不必要的纠纷和烦恼。二是导游员应该尽量为提出加餐的游客提供方便，照顾他们的合理要求，使他们吃得尽兴，得到满足。例如，一些游客提出利用晚上的时间逛一逛夜市或食品街之类的地方，品尝地方小吃，或是到富有当地风味特色的餐厅去用餐，导游员可以酌情帮助安排，适度予以方便。同时，导游员应该提醒游客在单独行动的时候要注意安全，小心不要上当受骗，提醒他们记住和识别返回的道路，必要时可以提供接送服务。如果游客邀请导游员一起用餐，导游员应该婉言谢绝。有时候，有些游客请导游员预订了加餐服务，如品尝风味特色食品一类，可是临到赴约之前由于种种原因又提出退掉，面对这种情形，导游员应该力劝这些游客履行约定，并提醒他们违约应该承担的赔偿责任。如果游客实在不愿前去，导游员应该及时通知对方，并妥善处理好游客的违约赔偿事宜。

三、照顾特殊要求

（一）照顾不同的饮食文化

导游员应该关注游客的民族及宗教信仰问题。游客由于民族不同、信仰不同而产生不同的用餐习俗和用餐要求，是导游员在接待、安排游客用餐的过程中常见的事情，如果处理不当，就会引起不良影响，因此必须认真对待。一般说来，导游员接待由同一个民族、有着相同信仰及饮食要求的游客组成的旅游团，可以通过制订合乎游客要求的订餐计划来保证游客用餐满意。但是，有时候一些有着特殊用餐要求的游客会同普通游客混编在一个旅游团里，接待起来就比较复杂和麻烦，这种情况在接待国内旅游团的时候常能见到。遇到这种情况，导游员应该开动脑筋想办法，尽量照顾那些有着独特饮食习俗的游客。例如，旅游团里如有信仰伊斯兰教的游客,在可能的条件下应该安排他们单独在一张桌子上用餐。如果条件不允许,导游员应该和这些游客讲清楚,安排他们和其他游客一起用餐,并为他们单独准备一定分量的清真菜肴,同时向其他游客讲清楚,这是专门为少数游客特殊准备的菜肴,请大家对他们予以方便。导游员还应该关注这些特殊游客使用的餐具,如要求餐厅对他们使用的餐具要清洗干净,告诉他们可以放心使用。又如,同是吃涮羊肉,在不能做到分桌用餐的情况下,导游员要刻意提醒其他游客尊重和照顾少数游客的特殊要求,千万不要把自己的筷子探到清真锅里。

(二)照顾特殊口味

导游员要在餐饮服务中使游客产生宾至如归的感觉,就需要关注和满足游客的特殊口味。这就需要认真做好一些小事情,这些小事情说起来虽不难,做起来却不易,它们影响着游客的满意度,衡量着导游员的工作质量。例如,前面已经说到的有的游客习惯吃馒头,导游员应该提前和餐厅打招呼予以满足,如果游客连吃馒头的愿望都得不到满足,那么无论导游员说出多么有理、有力的原因也无济于事。为了照顾好部分游客的特殊口味,导游员应该关注一些常见的小问题。例如:有些游客习惯吃酸,用餐的时候应该为他们摆上两个碟醋;有些游客习惯吃甜,那就为他们准备一些白糖。又例如,有些游客喜欢吃辣,可以提醒餐厅方面把辣味菜中的辣味做足,或单独摆上一碟辣酱。如果导游员细心观察,就能够发现不同游客偏好辣味的差异,从而有针对性地予以满足。例如:北方的辣味就不同于南方的辣味,酸辣不同于麻辣;同是北方的辣味,北京的辣是一种略带些甜味的辣,不同于其他地区的"纯辣""生辣"与"干辣"。此外,游客食用辣味的程度也是因人而异、有所不同的。导游员应该注意照顾好游客口味,高度重视此类个别要求,并认真、热情、耐心地设法予以解决。

(三)照顾老人和孩子

导游员应该注意对游客中的老人和孩子予以格外的关照。例如,遇到游客中有牙口不好的老年人,或年龄比较小的孩子,可以酌情安排一些适宜的食物,或是请求餐厅方面将一些食物再做一番加工,煮得更容易咀嚼、容易消化。又例如,老人和孩子对事物的反应比较慢,动作也比较迟钝和不协调,这些特点可能会影响到他们的正常用餐,导游员对此要拿出相应的对策。比如在安排座位的时候,应该优先把老人和孩子安排到最适宜的位置上;如果椅子不舒服,不适合老人使用,应该尽可能想办法予以调换,如果条件不允许,可以考虑适当加高一些,垫厚一点,尽量使老年人感到舒适,保证他们能够正常用餐。如果餐厅备有专供幼儿使用的座位,导游员应该为有这种需要的游客提前做好预订,使他们既便于照顾孩子,又便于自己用餐。

四、查看用餐状况

(一)转桌查看

导游员照顾游客用餐要做到不怕劳累,不怕麻烦。当游客围绕餐桌坐定之后,导游员应该转桌查看一番,一方面清点一下人数,另一方面查看一下座次。服务员上菜的时候,导游员要在旁边细心观察，看有什么需要自己协助来做的事情。有时候由于餐厅人多，服务员忙不过来，为了争取时间，导游员还要临时充当服务员，端菜、上汤，跑前跑后地为游客提供服务。在游客用餐的过程中，导游员应该安排自己到每张餐桌转两遍，查看饭菜是否符合游客的口味，是否够吃，查看游客吃得怎么样，询问他们对饭菜的感觉以及还有什么要求，如有需要，应该为游客适当添加饭菜。

（二）重点关照

导游员在游客用餐的过程中要注意观察，照顾那些需要帮助的游客。例如，有些外国游客由于是第一次吃中餐，使起筷子来很不方便，又没有刀叉可用，结果是左顾右盼，进退两难。又例如，有些游客第一次吃北京烤鸭，不知道烤鸭应该怎样吃，他们可能会使用自己认可的方法，结果引出麻烦和不快。游客遇到这种情况，是很影响进餐情绪的。导游员应该设身处地地为游客着想，切实帮助这些游客，为他们做出正确的示范，教会他们使用中餐餐具和食用中餐的正确方法。如果游客一时实在难以掌握中餐餐具，应该及时为游客换上刀叉，不要让游客由于不习惯中国餐具而感到尴尬。

（三）必要提示

游客由于出门在外的缘故，用餐速度一般会比平时要快，吃的也可能比平时要少，导游员要提醒游客慢一点吃，多吃一点，提醒他们在吃饭的时候间或喝一点水或者汤，不要噎着，要吃得舒服。针对有些游客吃饭比较快的特点，导游员应该提示他们用餐以后就近休息，不要离开餐厅太远，以免耽误了集合。有些餐厅的门口设有小摊贩的摊位，卖一些烟酒、食品或小商品，打出的都是地方特色的牌子，往往又使用着餐厅的营业位置，很容易使游客相信他们和这家餐厅是一体的，导游员应该提醒游客注意不要轻易在这种地方买东西，因为游客购买的商品万一发生质量问题，再回来找这些商贩要说法是十分麻烦的问题。

五、把握用餐的节奏

（一）把握用餐的时间

新导游员要把握住用餐过程中简洁明快的节奏，并从总体上把用餐过程限制在计划规定的时间里。游客的普通用餐不同于宴会，导游员对此要有认识，既要讲究用餐的礼仪，又不要搞得过于烦琐。在保证游客用餐质量的前提下，导游员应该尽量不拖延整个旅游团用餐的时间，其中还包括自己和司机用餐的时间，要防止因为用餐占用时间过多而影响了后面的旅游行程和其他活动。

（二）安排好自己和司机用餐

新导游员在关注游客用餐的同时，也应该想着妥善安排自己和司机用餐，不要像姜太公，分封了诸神之后才想起没有给自己留下一个合适的位置，于是再通过搞特殊化来弥补。导游员和司机的用餐质量关系着旅游团的行动，导游员和司机吃不好饭，自己饿着肚子难受不说，也会影响后面的工作，所以不能不引起新导游员应有的重视。为保证自己和司机的用餐，新导游员要注意 2 个方面的问题：①把自己和司机的用餐列入计划，切实提供满足自己和司机用餐的基本保障。照顾游客用餐的工作诚然十分重要，有时候会占用甚至挤掉导游员用餐的大部分时间，但是导游员也不要忽略自己和司机，一定要学会统筹兼顾，用餐条件再差，服务工作再紧张，导游员也要为自己预留出能够安心用餐的必要时间，使自己能够踏踏实实地吃饭。②养成适宜工作条件和节奏的良好的饮食习惯。即使用餐条件比较差，也能够有效保障自己吃好喝好，使自己始终拥有充沛的体力和旺盛的精神，避免因为片面追求工作效率勿忽视自身饮食，久而久之对身体造成损害。

（三）关注游客的感受

导游员在游客用餐以后要关注他们的感受，要有意识地听一听游客对餐饮质量的反馈意见。导游员不一定要对餐厅的饭菜质量做出直接的正面评价，但是应该实事求是地对待游客对于饭菜质量的评价和意见。有些导游员围绕游客对于用餐的感受和评价，总结出一套和游客进行求同存异的交流办法，往往是比较奏效的。例如，有些导游员顺着游客抱怨用餐水平差的话题，和游客讨论吃饱和吃好的关系，讲一些"吃好由人，吃饱在己"的道理，引导游客饭要吃饱，图的是有个好体力，提高旅游观光活动的质量。有些导游员宽慰对饭菜有意见的游客："谁家的饭也不如自己妈妈做的好吃，出门在外不是为了图好吃、好住、好条件。"帮助游客合理调整自己的期望值，引导他们遇事要往宽处想，保持自己的好心情。

>>> 任务一 处理游客特殊饮食要求

✍ 任务情境

导游员小王接待一个入境旅游团，其中有一天晚上要到北京全聚德和平门烤鸭店吃烤鸭。当天下午，小王在带领游客参观完天坛后，驱车前往和平门烤鸭店。由于刚刚参观完天坛，许多游客表现出疲惫的样子，再加上早上在去珐琅厂参观购物时，小王与团队中的一位游客发生了小的不愉快，所以，小王没有进行沿途的导游讲解，而是一直在与司机聊天。到达和平门烤鸭店后，小王将客人带至就餐的大餐厅。客人落座后，小王与餐厅服务人员简单交接后就去司陪餐厅用餐了，用餐过程中再没有回到游客这里照顾游客。然而，团队中有两位游客是素食主义者，在来餐厅之前由于对北京传统风味食品——烤鸭缺乏了解，也没有向导游提出额外的要求，但在就餐过程中，由于不适应餐饮，当其他游客用餐时，这两位游客一直在餐厅外边闲坐，饿着肚子没有用餐。

用餐结束后，小王从司陪餐厅出来，看到两位客人没有用餐，只是简单地询问了一句，也没有做更多的处理，待其他游客用餐完毕后，直接带领游客去天桥看京剧表演了。事后，旅游团中的游客针对小王的服务向旅行社提出了投诉。

✍ 任务描述

导游员应如何对待游客提出的特殊饮食要求？分析情境中导游员小王工作中的失误之处，分组讨论导游员提供餐饮服务的程序、餐饮服务过程中可能出现的问题，以及各种问题的处理方法。以小组为单位，利用角色扮演的方式进行任务情境的处理。

任务分析

导游员安排餐饮服务的程序如下：①提前根据要求订餐；②落实相关事宜（游客用餐的时间、地点、人数、标准、形式、游客的饮食习惯及特殊要求等）；③向游客介绍用餐的餐厅及特别的注意事项（酒水问题、加菜问题、时间要求、特色饮食的吃法等）；④引导游客进入餐厅（向引座员介绍信息，把领班或餐厅主管介绍给领队）；⑤协助安排游客入座，介绍餐厅设施，并约定出发时间，同时告诉领队自己的用餐地点；⑥客人用餐过程中，巡视游客用餐情况（介绍菜肴、监督餐厅服务及菜肴质量等）；⑦与餐厅结清账目，然后带领游客离开餐厅。

>>> 任务二　游客用餐时导游员要注意多关照

任务情境

某旅行社全陪带一批台湾客人游览华东五地，第四天抵达杭州入住黄龙饭店（四星级），晚餐预订在酒店三层宴会厅。地陪与全陪18：00在餐厅门口迎候大家，客人一一落座后，导游看客人的桌上凉菜已上齐，酒水也斟满，于是与客人、领队打过招呼请客人慢慢用餐，就与全陪到一楼用工作餐去了。一般习惯，导游和全陪会在客人用餐中去看望几次，查看有无问题。谁知这天吃工作餐的地方同时招待会议团的大量工作人员，造成导游一直等待用餐，忽略了照顾客人用餐。40分钟以后，领队找全陪，全陪才意识到出了问题，随领队来到客人用餐的地方，一看傻了眼：三桌饭除凉菜外，一点菜没上，客人已经走光了。原来，因有宴会人手不够，酒店竟忘记给团队餐上菜，领队找了服务员，回答是马上来。过了半小时后，还不见热菜上来，客人一生气都回房间了。

任务描述

导游员在客人用餐时要巡视用餐情况，应做好哪些方面的工作？

任务分析

在情境中，虽然事故的出现是饭店的责任，但长达40分钟的时间未去关照一下客人，导游员也是有责任的。导游员在工作中不能有半点疏忽，要忙而不乱，眼观六路，耳听八方，否则出现问题，前功尽弃。所以，游客用餐时，导游员要注意多关照，及时处理出现的问题，也是导游员需要牢记的服务细节。

>>> 任务三　合理安排游客用餐

任务情境

某年5月，苏州的导游员周小姐到码头去接一个香港旅游团。由于游船紧张，该团的游客分两批从无锡到达，领队带一部分游客下午5点钟到苏州，另一批由全陪负责，晚上8点到达。当周小姐接到第二批客人时，全陪说领队要求将他们直接送到饭店。当大家到达饭店见到领队后都说还没吃饭时，领队与全陪争吵起来，没吃饭的游客也显得很不高兴。周小姐见状忙与全陪商量，询问能否在饭店为游客们安排晚饭。由于领队与第一批客人已在其他饭店用过餐了，况且驻地饭店的餐费标准较高，不好安排。但经过联系，周小姐得到了肯定的答复。她向游客们讲了晚餐如何安排，表示自己也有责任，因为如果事先向领队问明情况，就会避免误会。现在已经与派送全陪的旅行社联系过了，为大家安排了超标准的晚餐，希望大家马上去用餐。周小姐的讲话既给领队留了面子，也打消了客人的怨气。而且客人们表示愿意支付超标准的费用。这场风波就这样平息了。

🖎 任务描述

以小组为单位，利用角色扮演的方式演示本情境的处理过程。

🖎 任务分析

在接待中，导游员有时会遇到日程安排不当或某个环节的疏忽所造成的误餐问题。用餐在旅游活动中的地位很重要，误餐问题会给整个旅游活动带来不好的影响，使游客产生不满情绪。试想，游客在经历了丰富多彩的旅游活动后，一定非常疲惫，此时如果吃不到可口的饭菜，甚至失去品尝地方风味食品的机会，该是多么遗憾和恼怒！

▶▶▶ 任务四　面对游客用餐时挑剔

🖎 任务情境

秦先生是某市国旅的导游员，同事们都称赞他是一名"很不错"的导游员。对此，秦先生却不以为然，他自嘲说："不错，那就是合格，不用再加上一个'很'字。"秦先生认为：作为一名合格的导游员，得有一个好心态。导游员以一种好心态来和游客交往，才能处理好突发的各种大事小情。

拿游客用餐来说吧，虽没有发生过食物中毒一类的大事故，但一点儿小事，也可能导致游客和导游员的严重冲突。游客着急，人家有自己的道理；导游员不能跟着着急。秦导游员说："3年前的夏天，我带过一个贵阳的旅游团。那个团的人挺多，游客对游程中遇到的一些小事情，也比我带过的其他游客更爱挑剔和计较。我想，这些游客来自西部，那里的经济和社会发展水平低一些，不能拿他们与东部沿海地区的游客相比，凡事自己应该多担待一点儿。所以，我对这批游客还是比较照顾的。前两天的游程挺顺当，谁知第三天安排游客用午餐时，突然出了事。当时，游客围着5张餐桌刚坐好，菜就上来了，我和往常一样，绕着餐桌转了一圈，没看出什么异常，便回到自己的位置上去吃工作餐。我刚刚拿起筷子，突然听到有游客在餐厅里高声叫骂起来，于是又赶紧转回来看看发生了什么事。一进餐厅，我就见到两位40来岁的先生站在餐桌旁边，指着桌上的饭菜破口大骂。一起用餐的其他游客都停下筷子，缄口不言，任由这两位先生尽情宣泄。'这也能算是炒菜吗？''这是人吃的吗？简直像是猪食！''你们导游真是黑了心了，竟然安排我们吃这样的饭菜.'这两位先生指桑骂槐,一唱一和,骂声忽高忽低。我赶紧走上前,问他们究竟怎么啦。其中一个留着胡须的先生指着一盘木樨肉,高声对我说:'你看看,这叫人怎么吃?'另一个戴着眼镜的接过话茬:'你们竟然拿这样的饭菜来糊弄我们?收了那么多的钱,就让我们吃这些东西?'我看了看那盘已经吃下去一部分的木樨肉,真是感慨良多,要是站在游客的角度说话,这木樨肉的色、香、味、形的确不能说好,然而从游客用餐餐馆的档次来说,又并不是说不过去。事情往往就是这样,公说公有理、婆说婆有理,只是把我们做导游员的夹在中间。有什么办法呢,处理这种事情,我心里别扭,还得开导游客:出门在外图的是一个好心情。于是,我安排餐厅把每桌的木樨肉都换了,又为每桌另加了一道菜,游客终于安静下来继续吃饭。饭后,那位戴眼镜的先生对我说,他们是心里有火,借题发挥罢了。我问他们火从何而来,游客就七嘴八舌地说起来,有的嫌吃得差,有的嫌住得不好,有的嫌花销不值,有的嫌购物时间太长,总之,都是那些堪称经典的老问题,是我们导游员拿不起来也消除不掉的。其实,游客并不是要我来解答和解决这些问题,因为他们也知道这并不是我所能解决的。我耐心听完他们的抱怨,他们再听我说一遍'出门在外图的是一个好心情'的道理,游客的情绪慢慢地好转起来。待到游客上了汽车,他们的情绪已经完全恢复正常了。"

任务描述

面对少数游客用餐时候的挑剔,秦导游如何处理的?假如你面对这样情况,你应如何应对?

任务分析

从本情境来看,秦导游之所以能平息游客的愤怒是做到了 3 点:①定位准确;②知己知彼;③以诚相待。导游员解决问题,首先,要对问题做准确定位,既要认清问题发生的大背景,又要认清它所处的小环境。"这些游客来自西部","不能拿他们与东部沿海地区的游客相比","站在游客的角度说话,这木樨肉的色、香、味、形的确不能说好"。这种认识,从大处着眼,小处着手,把问题定位在一个进退自如的位置上是高明的,既能知己知彼,又能设身处地地为对方着想,这是化解矛盾的基本方法。如今,人们在饭馆用餐日益成了家常便饭,然而吃这种家常便饭却不像在家里一样好凑合。游客要吃好,饭馆要赚钱,二者还要双赢,自然会有难度。导游员是一个"夹在中间"的重要环节,秦导游这种处理事情的"能模糊就是真认真"态度,符合实现双赢的大目标,既是原则,又是手段,既好用又实用。秦导游员的"以诚相待"做得很实在:他一面耐心倾听,一面真诚诉说,全心全意地为游客提供力所能及的帮助。难能可贵的是,他并没有抱怨什么,心理活动并没有说出来。我们也知道,团餐只能吃饱,是不能吃好的,须常常告诫游客:"吃饱不想家"。

>>> 任务五　更换预订餐

任务情境

导游员小熊和一个来自德国的旅游团坐长江豪华游船游览长江三峡,一路上相处十分愉快。游船上每餐的中国菜肴十分丰盛，且每道菜没有重复。但一日晚餐过后，领队对小熊说："你们的中国菜很好吃，我们每次都吃得很多，不过今天我们的肚子有点想家了，你要是吃多了我们的面包和黄油，是不是也想中国的大米饭？从明天开始，大家一致要求取消中餐安排，全部换成西餐。"

任务描述

针对这种情况，导游员该如何处理？

任务分析

外国游客不习惯中餐的口味，在几顿中餐后要求改换成西餐，针对此种情况，导游员处理时应考虑到以下几个方面：

（1）要看是否有充足的时间换餐。如果旅游团在用餐前3个小时提出换餐的要求，导游员应尽量与餐厅联系，但事先向游客讲清楚，可能存在由游客自付的差价。

（2）询问餐厅能否提供相应服务。如果计划中的供餐单位不具备供应西餐的能力，应考虑换餐厅。如果是在接近用餐时间或到餐厅后提出换餐要求，应视情况而定：若该餐厅有该项服务，导游员应协助解决；如果餐厅没有此项服务，一般不应接受此类要求，但应向游客做好解释工作。

（3）若在不能换餐的情况下，游客仍坚持换餐，导游员可建议其到有西餐供应的餐厅自己点菜或单独用餐，费用自理，并告知原餐费不退。

>>>　任务六　导游员不慎碰翻酒水或餐具

任务情境

导游员在宴会上不慎碰翻酒水、饭菜、打碎餐具等都是属不小心或有点冒失，发生这种情况确实有点"失礼"，也是不应该的。

任务描述

一旦发生上述情况，正确弥补这种失礼的方法是什么？

任务分析

导游员首先要保持冷静，不要慌乱和失声叫喊，更不要亲自动手收拾酒杯和餐具，而是应请餐厅服务员前来收拾干净，调换餐具；同时要对邻座客人打招呼，并且说："对不起，我失礼了。"若是自己的衣服弄脏了，要等到服务员收拾干净后，方可离开去处理脏物，不过，离开前和再返回后都须和邻座客人打招呼。若是把邻座客人的衣服弄脏了，导游员不但要在当时向邻座客人道歉，用餐结束后还要再次向人家赔礼道歉。

项 目 六

购物服务

【知识目标】

了解购物的重要性。

掌握促销讲解的技巧。

掌握适当的促销方法。

【技能目标】

能为游客排忧解难。

能正确引导游客购物。

能用灵活语言处理购物中出现的问题。

>>> 理论准备

导游员要对游客购物进行积极正确的引导，无非是要处理好 3 个关系：①满足游客的购物愿望，要引导他们到旅游定点商店；②面对游客提出介绍商品的请求，要真实客观地进行说明；③为游客提供购物服务时，要尊重游客的选择。处理好这 3 个关系，说起来不难，真正做起来却并不容易，导游员应该从实际出发，结合自己的条件，拿出一套切实可行的办法，把这项工作做好。

一、购物应该到指定商店

（一）提醒游客购物要慎重

导游员正确引导游客购物，应该掌握和运用"保护游客利益，让游客满意"的操作态度，尝试着先从购物的反面做起，先从提醒游客不要随便购物做起，先从郑重告诫游客不要到非旅游定点商店去购物做起。这是一个行之有效的办法，合乎游客参与购物活动的心理规律，容易为游客所接受。现在有些导游员，引导游客购物过于直截了当，连一点必要的铺垫都不讲。一上来就"引导"游客购物，很容易引起游客的反感和抵触。鲁迅在《药》里写过一个经典的细节："华老栓为儿子买药，把老伴递过来的银元仔细地收在内衣口袋里，一路走来，不时用手在上面按一按，感受一下硬硬的还在。"写得非常传神。我们有些导游员好心引导游客购物，结果却每每将游客引导成了华老栓：只要导游员一提购物，甚至不用提购物，只要在不是景点的地方一停车，就引得游客下意识地把手在衣兜上按一按，证实那"硬硬的还在"，几乎成了一种条件反射；把购物从乐趣变成了负担，实在是太不应该了。导游员应该尝试走一条新路，用科学的方法引导游客的购物活动，如先从劝慰游客不要在没有实施规范管理的商店里随意购物做起，看一看效果如何。

（二）介绍指定的购物商店

　　旅游定点商店经过了旅游管理部门和有关单位的认真检查和确认，是管理规范的定点商店，专门提供给游客进行购物，导游员应该把这样的商店介绍给游客，使他们能够安心购物。导游员向游客介绍旅游定点购物商店时，应该切实负起责任来，要把定点商店的功能、环境、特点、保障向游客做出全面而准确的介绍，同时要将其和那些经营管理不规范的商店进行比较，和那些更加不规范的小商小贩进行比较，要郑重告诫游客，如果要购物，一定要去定点商店，不要去那些管理不规范的商店，更不要到小商小贩的地摊上购物。导游员向游客介绍指定的购物商店时，要注意3个方面的问题：①态度要诚恳。导游员诚恳的态度出自于对游客的责任，要说出让游客感到"你是为我好"的效果来。②话语要自然。话语自然的基础是态度诚恳。我讲的是实话，是对你有用的好话，话语当然是亲切自然的。导游员要自信，不要受外界对购物问题的某些片面评价的干扰，防止出现让游客误解的现象。③内容要准确。实话实说有时候还只是一种应有的态度，并不就等于内容的真实准确。导游员要做到准确介绍，还要对所介绍的定点商店做一番深入细致的了解。

（三）制止强买强卖

　　经过多年的综合治理，旅游环境和旅游购物环境有了长足的进步，但是仍然不能令人满意，特别是旅游购物环境还存在着不同程度的混乱，应该引起导游员的高度警惕。导游员需要注意，强买强卖有显性和隐性2种，而隐性的强买强卖危害更大。在旅游景区中，强买强卖的活动已经得到了日益精巧的包装，一些小商小贩经过几年甚至十几年的经营磨炼和经验积累，在制假、售假方面已堪称专家，他们自有一套能在短时间里使游客对其产生好感和信任的办法，而且多有奇效。如果导游员对这些人的强买强卖行为予以揭露和制止，这些人很会利用现场的气氛制造矛盾、挑起事端，或是伪装成无辜的弱者，使游客感到导游员的干预似乎有些过分，甚至从感情上站到强买强卖者一边。一旦游客购买了他们的商品，发现自己已经上当受骗，再去找他们理论公道是非时，情况会立刻发生逆转，这些人的表现会让游客彻底明白什么叫做强买强卖，印象深刻，然而此时游客有可能会抱怨自己的导游员，抱怨他们为什么不及时制止自己的错误行为。面对这种情况，导游员需要开动脑筋想办法，既要有效制止强买强卖的恶劣行为，又要自然获得游客的理解支持，同时打赢两场"局部战争"。为此，导游员应该注意：①要在事发之前揭露强买强卖者的伪善面孔，告知游客需要提防什么，为游客注射识别虚假的"疫苗"，期待事发时的验证和抵制；②导游员应该知己知彼，了解某些不法商贩的经营策略和心理规律，掌握他们的要害，关键时刻要能够震慑住对方，从而稳定住局面。

二、客观真实地介绍产品

导游员不是职业导购员，没有主动向游客介绍和兜售商品的职业义务，如有介绍，也是应游客之请。但是，随着旅游业的发展，游客的购物活动在旅游诸要素中的地位不仅日益突出，而且和旅游过程中的其他活动的联系也日益紧密，这就向导游员提出了新的要求。对于新导游员来说，应该关注游客的购物活动，妥善处理好购物活动和旅游过程中其他活动的关系，如有必要，应该有效介入这项活动，切实为游客提供帮助。

（一）客观公正的态度

导游员应游客之请，向他们介绍商品，应该注意 3 个方面的问题：①注意摆正自己的位置和说话的角度。在游客和商家之间，导游员应该是中立的，中立才能做到客观公正。当然，中立并不是要摆出"事不关己，高高挂起"的超脱姿态，使游客和商家都感觉冷漠。什么是导游员应该采取的中立立场和讲话角度呢？导游员向游客介绍商家的售品，既不站在购物者一边，也不站在出售者一边，而是就商品本身的情况做出客观的说明，就事论事，实话实说。②履行保护游客的职责。在购物活动中，游客和商家比较，游客往往是弱者，导游员应该把保护游客和保护消费者权益的责任统一起来，切实负起责任。所谓负责，并不是要直接干预游客的购物行为，而是要重点保护游客的知情权。导游员要尽量把应该让游客了解的情况事先告诉游客，使他们的购物选择能够体现出自主性，是在充分掌握信息的基础上的理智选择。③掌握一些商品知识。知识就是力量。导游员要使自己真正做到客观公正、实话实说，就需要了解和掌握一些游客所要购买商品的相关知识，特别是对那些游客经常购买的商品，要有比较深入的了解，实话实说是需要以言之有物来做支撑的。

（二）介绍要留有余地

导游员要有这种自觉意识，当你在向游客介绍店家的商品的时候，正好处在一种两难的境地，这是一种重要的、引人注目的境地，同时也是一种尴尬的、容易落下埋怨的境地。我们要为游客服务，要讲究诚信、友善和求真务实，同时也应该追求有效的方式方法。导游员应该记住，在向游客介绍商品的时候需要留有适当的余地。首先，任何商品的质量都是和同类商品相比较而确定的，所谓以质论价也往往是一种带有模糊性的大致确定。例如，张小泉、王麻子每每难分高下，全聚德、便宜坊各有千秋，同仁堂、达仁堂因地而异，徐悲鸿、张大千也各有一好。对于导游员来说，介绍商品很难达到专家的程度，要做到客观公正，就需要留有一些余地。其次，导游员在介绍商品的时候，面对着店家和游客的不同的心理期望，要站在客观公正的态度和位置，介绍商品就不应该也不能够把话说死、说绝。商家讲究和气生财，这个和气里面就包含着某种模糊性的东西；对于商家来说，和气也是在客我之间留出一个有事好商量的余地。导游员要注意观察和学习商家这种做买卖留有余地的深远用心和实用技巧。

（三）引导游客自己观察

导游员引导游客自己观察、评判所要购买的商品，正是在兑现方才介绍过程中留有余地的良苦用心，这是一个前后相继的过程。在介绍过商品之后，导游员应该向游客说明，请大家自行选购，并祝愿游客选购到自己喜欢和满意的商品。在陪伴游客购物的时候，导游员要默默地跟随左右，随时为游客提供服务。游客的购物心理和行为是各有特征的，有时候在同一个旅游团里会遇到反差巨大的不同游客，有的人急切，有的人迟缓，有的人做决定干脆利落，有的人则是瞻前顾后、犹豫不决。新导游员不应该以自己的性格特征和购物心理去衡量或评判游客，要尊重游客的选择权利和他们的选择方式。无论是对待哪一种性格类型的游客，导游员都应该一视同仁，引导和鼓励他们对自己所要购买的商品做出自主的评判和选择。此外，当游客人数比较多且又分散购物的时候，新导游员要注意把握好照顾"点"和照顾"面"的关系，要注意在游客间多走动，尽量照顾更多的游客。

三、尊重游客做出的选择

（一）游客的选择才是合理的选择

"游客的选择才是合理的选择。"导游员在为游客购物提供服务的时候，要准确、完整地理解这句话的含义。首先，新导游要做到尊重游客的选择，就应该自觉认同，只有游客自己做出的自觉、自主的购物选择，才是唯一合理的选择，而一切有违游客自主意愿的选择，都是不合理的选择。其次，导游员应该保证游客的购物选择要在完全自主、自愿的基础上进行，保证游客的购物选择不受到某种故意传达给他们的错误信息的误导，保证游客做出的购物选择是在充分了解了相关信息之后的行为。这两件事说起来容易，做起来困难，尤其是做到第二件事就更加困难。如果导游员出于自己利益的考虑，不能够及时把游客从错误的信息环境中拉出来，不能够及时把自己掌握的重要信息告知游客，那么，就没有了真正意义上的游客的选择，也就失去了选择的合理性。出现这种后果就是导游员的失职。当导游员面对这种后果和由此引起的复杂局面需要承担责任的时候，一定是得不偿失的。导游员要把握住自己，不要卷入这种明知故犯和可能导致严重后果的错误之中。有些不法商家常常借导游员的手来蒙骗游客，结果不仅损害了游客的权益，也损害了导游员的权益，导游对此要保持警惕。

（二）游客的选择并不就是对的

选择本身的合理性和选择的结果是否正确是性质不同的两件事情。游客的选择并不就是对的，这是一件显而易见的事情，如果游客的选择是对的，那么导游员在这方面所做的任何工作都将成为多余，问题在于导游员应该怎样对待和处理这种事情。细想一下，这个问题又分为 2 种情况：①导游员并不了解究竟哪一位游客的购物选择出现了问题，只需要从一般意义上对游客做出善意的和必要的提醒；②导游员了解到某一游客的购物选择可能要出现问题，或者正在出现问题，甚至已经出现了问题，需要自己介入进来为游客提供帮助。针对第一种情况，导游员要对游客进行反复提醒，不厌其烦，不怕琐碎，要给游客留下深刻印象，使他们在购物时自觉提高警惕。如果新导游员发现了第二种情况的苗头，要及时对当事游客做出郑重提示，劝其慎重行事，并委婉地告之其后果自负的道理，尽可能制止或扭转事态的不良趋势。

（三）游客的选择是第一位的

游客的选择是第一位的，这句话并不是针对游客说的，而是针对导游员说的，目的是提醒导游员注意履行自己的职业责任。游客的选择究竟是第一位的，还是第二位、第三位的，在很大程度上要看导游员把它放置在了第几位。导游员要把游客的选择切实放在第一位，因为这同时也是把自己的职业选择放在了第一位。如今，游客购物和导游员的工作正在发生着越来越密切的关系，一损俱损，一荣俱荣，双方在根本利益上是利害一致的；让游客满意购物，合乎导游员的利益与要求。遗憾的是，有些导游员却是反其道而行之，摆不正位置，引出两败俱伤的结果。许多游客在发现上当受骗、购物失败以后，不仅投诉商家，同时也投诉导游员，甚至对导游员更加不满意，更加愤恨。在游客看来，商家的唯利是图并不难以理解，因为双方本来就没有建立互相信任的关系；导游员就不一样了，那是自己寄予信任的人，为什么在关键的时候也不能（或不肯）站出来为自己主持公道呢？尤其是当游客后来了解到，导游员事先了解情况却站在一旁一言不发，其内心中萌生的愤恨和寻求报复的情绪，会产生很大的冲击力。遇上这种麻烦事的导游员常常自叹倒霉，流露出既有今日、何必当初的悔意。导游员要引以为戒。

四、处理好购物和观光游览的关系

（一）购物是旅游计划的组成部分

购物是游程的组成部分，在整个旅游计划中占有重要的位置。导游员在带团之前安排整个旅游计划的时候，要结合执行旅游计划的条件，对这部分工作予以妥善的安排，合理设计出引导游客进行购物活动的具体计划。对于游客来说，购物和旅游观光是互相补充的，没有适当的购物安排，游客的购物欲望得不到满足，旅游活动就是不圆满的。绝大多数游客不会对旅游过程中的购物活动怀有先天的不满意，没有购物，哪里来的对购物的不满呢？游客对购物活动的意见，往往产生在购物活动过程中，其原因一半在于商家的经营，另一半则在于旅行社和导游员的工作。从旅行社和导游员方面来看，引起游客对购物活动不满的一个重要原因，是作为旅游活动组成部分的购物活动，却和游览活动的其他部分不和谐，购物活动在整个旅游过程中被人为突出了，而且突出得极为不自然，这是不能被游客所接受的。

（二）考虑游客的感受

旅游活动是一项很注重参与者感受的活动，在整个旅游活动中，导游员在食、住、行、游、购、娱中的每一个环节，都要特别重视游客的感受。导游员能否自觉关注游客的切身感受，直接影响和制约着他们的工作效率。导游员应该从 3 个方面关注游客对购物活动的感受：①购物活动的次数和时间在整个旅游活动中所占比例安排得是否合适。如果购物活动的比例安排得不合适，游客就会有不舒服的感受，自然就会有意见。新导游员要注意从游客反映出来的感受中检查购物活动的比例，看看是多了还是少了，并在计划范围内做出可能的调整。②购物活动和游览观光活动的时间安排是否合适。导游员如果把购物活动与游览观光活动的时间安排得互相干扰，游客的感觉自然会不舒服。游兴未尽被拉去购物，购物未满足又被拉去游览，这种互相干扰的结果，不仅会使游客对购物活动感到不满意，也会让他们对观光游览活动感到不满意。③每一次购物活动时间的长短安排得是否合适。游客中人和人的情况不一样，同一个人的情况此一时和彼一时也不一样。购物活动安排在游览的间隙，时间长一点或短一点，会引起不同人的不同感受，同一个人在不同的条件下也会对购物时间长短产生不同的感受。因此，新导游员应该根据游客的感受，合理调节每一次购物活动的时间。

（三）尊重游客的意愿

老北京人好讲一句话，叫做"有钱难买我愿意"，话说得虽然有一点矫情，然而还是颇有几分道理的。导游员安排游客购物，应该尊重游客的意愿，来不得一点勉强和凑合，这很重要。但是，导游员尊重游客的意愿，应该体现出"导向明确，协调各方"的要求，这很重要。新导游员尊重游客的意愿，既要全面，又要准确。游客往往具有变化着的心理状态，上一次对导游员安排购物活动不满意的游客，对这一次的购物安排可能感到满意；上一次对购物活动满意的游客，对这一次的安排却可能不满意。导游员要真正做到尊重游客的意愿，就不能不对游客做具体分析。我们既要尊重不喜欢购物的游客的意愿，也要尊重喜欢购物的游客的意愿，既要尊重游客上一次针对购物活动所表达的意愿，也要尊重他们针对这一次购物活动所表达的和上一次不同的意愿。总而言之，导游员要在为游客购物活动提供服务的过程中充分尊重游客的意愿，无论对购物活动抱有何种态度的游客，都要尽量使他们满意，这就叫做"导向明确，协调各方"。

五、方便游客购物

（一）统筹安排

落实"导向明确，协调各方"的要求，统筹安排游客的购物活动，是方便游客购物的基本保证。导游员需要弄清楚统筹安排要统筹什么、安排什么？所谓统筹安排，就是要把旅游购物活动的人员、时间、地点、条件、过程等多方面的因素联系起来，结合执行整个旅游计划的需要，做出统一的安排。统筹安排是对全局工作的安排，是对工作全过程的控制。统筹安排游客的购物活动，要求导游员组织和控制好游客购物活动的总次数和总时间，以及每一次的时间，组织控制好每一次购物活动和其他活动之间的衔接与转换关系，组织控制好游客购物活动的秩序。导游员作为主持统筹工作的主角，要有信心、有办法，通过其工作将分散的购物地点和旅游团的行程联系起来，使商店的工作人员和旅游团的工作人员配合起来，把游客的购物积极性调动起来，围绕执行旅游计划中关于购物活动的具体安排，实行一种有效率的操作，最大限度地方便游客的购物活动。

（二）重点关照

有些游客不喜欢购物，有些游客却偏爱购物。对于偏爱购物的游客，导游员应该尽量予以关照，满足他们的愿望和要求。例如，有些游客会向导游员提出利用晚上的时间出去逛街、购物。面对这种情况，导游员应该向游客介绍值得一去的定点商店或是大型商场，如果自己没有重要的事情，应该考虑陪同游客一起活动，保证游客购物活动的质量和安全。如果导游员有重要的事情，不能陪同这些游客一同前往，应该为这些游客的购物活动全力做出安排：①告知游客可去的购物地点；②详细说明游客来回的准确线路；③为游客安排出租车；④嘱咐注意安全等事宜。导游员对偏爱购物的游客予以重点关照的行为，还可以融会贯通在日常安排的购物活动中。例如，有些游客在第一次的购物活动中感觉不够尽兴，或是遗憾没有选购到称心如意的商品，导游员应该看在眼里，记在心上，在安排第二次购物活动的时候，要加强对这些游客的照顾，提供重点服务，帮助他们满足购物愿望。

（三）顺序和节奏

导游员安排游客的购物活动，不仅要对涉及购物活动各方面的人员、时间、地点、条件、过程进行统筹安排，而且要使实施统筹安排的顺序合理、节奏适中。导游员要注意安排好购物和游览的顺序和节奏，先做什么，后做什么，再做什么，安排出能使游客感到满意的衔接顺序，每一天、每一项活动都要好好设计，要讲究一点运筹学。

六、维护游客的合法权益

（一）执行规章制度

维护客人的合法权益要靠导游员自觉执行规章制度，这一点，在导游员正确引导游客进行购物活动的时候尤其重要。导游员经过严格的培训，对于其应该认真遵守的规章制度大多是耳熟能详的，要注意在结合实际方面下工夫。首先，作为一名职业新手，在初始阶段死守规章制度没有坏处，也是必要的。导游员应该有这样的认识：游客的合法权益能否得到保障，导游员的职业活动能否正常进行，都系于自己能否认真执行规章制度。其次，在工作中遇到问题和矛盾的时候，导游员应该想到和做到的是如何一丝不苟地严守规章制度，而不应该是如何灵活掌握和运用规章制度，更不应该是为了谋求一点眼前利益而企图设法变通规章制度。第三，导游员认真执行规章制度，从根本上有利于推进自己的工作和维护自身的权益。许多游客投诉表明，游客在购物活动中合法权益受到损害，凡涉及导游员的，都与该导游员没能认真执行规章制度有关。为此而遭到游客投诉的导游员，最终结果总是得不偿失的，甚至付出了沉重的代价，导游员务必要吸取许多同行的惨痛教训。

（二）向游客做宣传

导游员向游客做关于维护游客合法权益的宣传，应该成为一项日常工作，应该成为导游员的一种职业习惯。有些导游员反对说空话、唱高调，这是好现象，然而简单地把积极宣传维护游客合法权益斥为唱高调，是不准确、不恰当的。第一，导游员对游客的宣传应该是多方面的，为游客讲解景点、讲解中国的大好河山、悠久历史、绚烂文化是宣传，为游客介绍购物知识、介绍烹饪酿造、古玩字画、戏曲相声、风土人情等是宣传，向游客解释我国关于维护游客合法权益的法律、法规和相关的规章制度，呼吁游客自觉保护自己的合法权益同样是宣传。第二，我国对旅游市场环境和秩序进行的综合治理虽然取得了很大成绩，但是如今的旅游市场环境和秩序仍然存在不同程度的混乱。导游员向游客做宣传，提醒他们注意维护自己的合法权益，有着现实的必要性。第三，导游员宣传推销商品要实事求是，价格要合理公道；不得作不实的介绍，不得以次充好，以假乱真；严禁导游员为了私利与不法商户勾结，坑蒙游客。

（三）维护游客的合法权益

游客购物以后感觉不满意，找回商家做交涉，应该分为主观原因和客观原因两种性质不同的情况。例如：有些游客一时心血来潮在不正规的小商店买下了某件商品，事后又感觉后悔，要求退货，由于这种后果是由游客的主观原因引起，并不是商品的质量和销售有问题，商家和导游员都不负责任，但是导游员应该做游客的安抚工作，不要因此造成游客的情绪大伤，影响了其他活动；另一种情况就不同了，游客由于发现商品的质量问题或发现销售过程中有问题，向商家提出退货、索赔的要求，导游员要维护游客的合法权益，为游客提供帮助。

>>> 任务一　购物前提醒

✎ 任务情境

"作为导游员，游客购物我高兴；要是游客购物以后不满意，要求退货，我该怎么办呢？"别看北京的高先生做导游员才不过半年时间，对于处理此类事情已经颇有经验和体会了。高导游员说："游客的事情，导游员无论如何总要帮着办；但是有些事还是应该事前和游客说清楚，要有一个界限，要有一个度。2004年初，我带一个福建旅游团，游客大都比较殷实，购物也挺痛快。在去八达岭长城游览的间歇，游客对一家定点购物商店的珠宝很感兴趣。当时，我提醒游客注意，选购珠宝之类贵重的商品一定要慎重仔细，并且告诉他们，购物的地点离游客下榻的饭店距离比较远，而且旅游团后面的行程将不再路过附近，要是事后对自己购买的商品感觉不满意，再想退换是很麻烦的。后来，游客中的很多人还是购买了为数不少的珠宝。这自然是一件好事。就在旅游团要离开北京的当天早上，有几个游客找到我，要求退掉那天他们购买的珠宝。我问他们退货的理由是什么，他们说怀疑这些珠宝的质量有问题，又说怀疑自己已经上当受骗了。我向游客解释，在定点商店购物是不会发生他们想象的那种事情的，他们尽可以放心。可是这几个游客情绪十分激动，非要退货不可。我知道，他们是嫌这些东西太贵，买了以后又后悔了。但是问题也不能就这么僵下去，否则可能会引起其他游客的连锁反应。我和全陪交换了意见，权衡利弊以后，决定帮游客退货。于是，我负责为游客们集中办理退货，全陪带领游客去飞机场，最后在飞机场集合。货可以帮助游客去退，然而有些必须得说的话也必须和游客交代清楚，因为这件事情的起因和过失在游客。交涉退货的复杂和困难就不用说了，单是从饭店出发赶到八达岭高速公路再按时到达首都机场，就不是一件容易事。这件事告诉我，以后再遇到游客购物，尤其是比较大宗的、价值比较高的购物，一定要反复提醒游客注意甄别和挑选，把丑话充分说在前面。"

任务描述

假如你是高导游员，你将如何对待这种购物事故？请在班级内分组、分角色模拟该事故发生场景。

任务分析

导游员对于游客在观光游览中的购物，总是欢迎的，希望它多多益善也是正常的。但是，导游员要关注游客购物以后可能发生的问题，要提前采取防范措施。导游员要尊重游客自主购物的权利，尊重游客做出的购物选择，但是也要及时予以必要的提醒。特别是遇到有些购物受情绪影响比较大的游客，更要提醒他们注意，防止游客在情绪来时只想货物（或购物）的好处，情绪过后再看货物的缺憾，再提出退货，引出不必要的麻烦。新导游员对待游客的购物也要辩证地看，既要为游客踊跃购物创造良好的条件，同时也不要忽视防范购物过程可能出现的隐患。

>>> 任务二　游客购物时导游应提供的服务

任务情境

导游员小刘带领来自于云南的一个旅游团在北京参观游览。按照旅行社的安排，旅游团抵达北京的第三天，导游员应带领旅游团游览长城和十三陵定陵，其间还要到指定的三家旅游定点商店参观购物。

当天，小刘带领游客早早地从酒店出发，前往位于北京北部远郊的长城和十三陵等景点。上午，在游览完八达岭长城景点后，旅游车往昌平行驶，途中，将旅游团带至位于南口的旅游商店——金殿参观购物。金殿是北京市旅游局认定的旅游定点商店，位于昌平区南口镇的东面，店内主要经营北京地区传统特色工艺品，包括景泰蓝、玉器、牙雕、雕漆、宫灯、丝绸等商品。游客在进入商店之前，由商店服务人员发给每个人一张优惠购物卡，购物卡上明确地告诉游客，持此卡在店中购物，可以得到八八折的优惠。

游客进入商店后，首先由店内的导购人员介绍店内的情况，并带领游客参观北京的一项传统特色工艺产品——景泰蓝的制作过程。游客饶有兴致地在导购的带领和讲解下参观了景泰蓝从制胎、掐丝、点蓝、烧蓝、打磨到镀金的各个程序的工艺制作情况。随后，游客进入商店中巨大的展示和展销大厅。在这里，小刘强调了在商店中停留的时间和购物时的注意事项后，游客分散开去，自行观看展品和购买商品，小刘则跟随在游客的身边，随时为游客提供购物的参考和介绍商品的有关情况。在商店中，旅游团队共停留了40分钟的时间，有很多游客购买了特色工艺品，其中一位中年妇女购买了一件标价18 800元的翠玉挂件，经多方努力最后以11 280（六折）的价格买下……待游客集体登车后，小刘忙跑到商店业务室签单。一天的行程结束后，在回程的路上，小刘依然为游客提供了非常到位的导游讲解。

任务描述

结合上面情景，分析购物时，导游员应为游客提供哪些服务？

任务分析

帮助游客买到称心如意的旅游商品是导游人员的一项重要任务。地陪严格执行接待社制订的接待计划，根据游客的需求安排购物活动，满足他们的要求；不得擅自更换购物场所、增加购物次数，更不得强迫、欺骗游客购物。游客往往对旅游目的地的情况缺乏了解，尤其是对当地的特产、可值得购买的物品到底是什么常常知之甚少，如果没有导游人员的协助，旅游者的购物活动往往比较盲目。导游人员在旅游购物活动中的作用是非常明显的：适时地介绍当地的纪念品及特产可以加深游客对商品的了解，并激发其购物欲望。导游人员根据游客的需要，安排一定的时间，带领游客选择商店进行购物体现了导游人员在旅游中的主导作用。

≫ 任务三　导游购物促销

任务情境

西安的导游员张先生说："我第一次出全陪，接待的是一个来自武汉的教师旅游团，行程是成都、峨眉山、乐山。我们在成都的时候，当地的旅行社派来了一位地陪导游员。等我们到达峨眉山的时候，当地的旅行社又派了一位导游员。这位导游员姓胡，是一位20多岁的女士。胡导游员刚刚接触游客的时候，表现得很热情，也很有经验，很快拉近了自己和游客的距离。可是没过多久，游客便开始疏远她，并且开始抵制她所讲的内容。原来，胡导游员总是在向游客强调，不要到某某地方去购买某某物品，说那里的商摊儿没有合法的营业执照；如果要购买某某物品，一定要到某某地方的商店去买，那里是旅游定点商店，货真价实，并且说她可以带游客们去买，一切包在她身上。这批游客中大多数是青年人，对胡导游员所说的东西显然没有兴趣，更看不惯她那种颐指气使的做派。起初，他们碍于面子，耐着性子听胡女士讲解如何购物。

后来，终于有人打断了胡女士的话头，说：'我们不准备购买你所说的那些东西，你能不能讲一点儿别的？' 一旦有人开了头，游客中便有不少人跟着七嘴八舌地议论起来。自然，有的游客可能是讨厌胡导游员的这种半哄半绕的推销方式，也有的游客可能是想起了以前旅游购物中不愉快的经历，有的话说得挺难听，让胡导游员感觉有些下不来台。说实话，游客有些话说得并不准确，甚至有牵强之处，但胡导游员的做法也的确是欠妥当的。搞不好会和游客发生直接冲突。果然，到了峨眉山的某处购物点，胡导游员执意要求游客进店购物，游客集体拒绝。这一次的冲突比刚才那一次还要大，胡导游员和几名游客发生了激烈争吵。胡导游员一气之下甩掉旅游团，自己下山去了。游客此时已是愤怒到了极点，有的人当时就要回去投诉胡导游员。我对游客们讲：'胡导游员的行为，是非常错误的。大家要投诉她，这是你们作为游客的权利。但是我劝大家还是先消消气，不要因小失大。我们不远千里来峨眉山一趟，最重要的是什么呢？是旅游，是饱览峨眉山的自然风光和名胜古迹，如果因为一些不顺心的事破坏了心情，干扰了游兴，归根结底是划不来的。'听了我的劝解，游客慢慢冷静下来。后面的行程，由成都新来的地陪导游员接待，他就做得比较好。关于购物，这位导游员的办法是，用实话实说来赢得游客的理解，结果，游客中许多人购买了当地的土特产。据这位导游员说，游客们的购物热情可踊跃了。下山后，这批游客对投诉胡导游员的事情，也处理得比较理智、妥当。"

任务描述

结合上面情境再现，分析胡导游员在游客购物前失误之处，并以小组为单位，利用角色扮演的方式进行课堂演示。

任务分析

作为导游员，要在"事物始生之处，心意初动之时"多多注意，及时检点自己的行为。胡导游员把游客当成阿斗，把自己当成诸葛亮；只顾自己，不顾对象，只看目的，不看手段，明明已经把要求游客购物的意图说破了，自己却还以为做得瞒天过海、天衣无缝；态度上又是表面和气，内里骄横。这些都难免引起游客的反感。这是聪明反被聪明误，是导游员最要不得的工作方法。弃团而去，自己下山，这更是非常严重的错误。她遭到游客的投诉，是顺理成章的事情。张导游员面对导游员和游客的冲突，化解矛盾，因势利导，既维护大局，又照顾重点，其可贵之处在于站在游客的一面，真正替游客着想。导游员的出发点如果是维护游客的利益，那么，他们用自己的职业经验来指点游客的行为，特别是指点那些正处在某种情绪化中的游客，不仅十分重要，而且多有奇效。

全陪张导游员对游客的点拨就是及时有效的。正是靠着这种对游客的善意点拨，张导游员及时稳住了游客的情绪，为后面新导游员的工作准备了条件，同时也对胡导游员与游客之间发生的冲突起到了降温作用，这种降温有助于问题的解决。张导游员这样做，是在不违背原则的前提下，既照顾了游客的利益，也为那位犯了错误的同行提供了帮助。因为胡导游员在遭到游客投诉的时候正是自己情绪最坏的时候，其反应很难理智，弄不好很有可能会采取抗拒的态度，从而使本已严重的问题进一步加剧，甚至横生枝节，引发更坏的连锁反应。在这个情境中，胡导游员和张导游员的所作所为，形成了鲜明对照，其中的是非与利害关系是值得新入职导游员思考的。

>>> 任务四　游客提出晚间购物

任务情境

游客晚上想出去购物，其原因也是多方面，比如，有的游客晚间没事做想出去逛商场，有的是兴趣爱好，有的购物"任务"没有完成，还有的想去"凑热闹"等。

任务描述

　　游客晚间出去购物，作为导游员一般要给予满足和协助，必要时可陪同一起去。若导游员有事一时走不开，但也要做好必要工作。假如你就是当事导游，你如何应对？

任务分析

　　一般来讲，应做好如下工作：提醒游客妥善保管好自己的钱包；带好饭店店徽，以防迷路；建议游客去定点商店或大型正宗的商场，并为其写好商店名称与地址；为游客安排好出租车；关照游客要尽早回宾馆；告诉游客返回宾馆后要和导游员取得联系等。

项目七

突发事件的处理

【知识目标】

掌握导游处理突发事件的原则。

掌握特殊情况下特殊语言应对技巧。

掌握解决难题的应对方法。

【技能目标】

能为游客排忧解难。

能解决处理突发事件。

能为游客提供满意的服务。

>>> 理论准备

一、接团时可能遇到的问题

（一）空接、漏接、错接

1. 空接

空接是指导游员没有能够接到接待计划中指明的旅游团或游客。导致发生这类事故的原因可以分为外在原因和内在原因两个方面。外在原因是指导游员个人行为以外的原因，又分为2种情况：①旅游团在行程中遇到天气变化或交通工具故障等原因，不能按时到达，计划实际上已经改变，导游员所在的旅行社未能及时接到对方的通知，致使导游员仍然按照原定计划执行；②旅行社接待部门的工作出现差错，未能将接到的旅游团行程时间改变的信息及时通知导游员，致使导游员仍然按照原定计划执行。内在原因是指导游员的个人行为，如导游员看错或记错时间。

遇到空接情况，导游员要做2件事：①立即向旅行社汇报情况、了解原因；②原地等待旅行社的明确指示。如已经证实旅游团短时间内到不了，应及时联系饭店、车队等合作单位，减少因此造成的经济损失。

2. 漏接

漏接是指旅游团或游客到达目的地以后，没有导游员迎接。导致发生这类事故的原因主要是导游员的内在原因：①导游员接到了接待计划更改的通知，但是没有认真对照新旧计划的区别，没有认真掌握已经更改了的接团时间；②导游员记错了接团的时间、地点；③导游员迟到。当然出现这种问题也可能是由外在原因引起的，如旅行社没有及时将计划改变的信息通知导游员。处理漏接事故时，导游员要向游客赔礼道歉，要设法用实际行动安抚游客、挽回损失。必要的时候，应该请示旅行社酌情给游客一些物质补偿，并由领导出面向游客致歉。

3. 错接

错接是指导游员接了本不应该由他来接的旅游团或游客。导致发生错接有客观原因，如旅行社布置的接待任务内容不清楚；但主要原因在于导游员自己，如导游员凭经验和印象办事，工作马虎，接团的时候没有问清楚。发生了错接事故，导游员应该采取两步走的处理方法：①按照规范的程序接待游客；②立刻向旅行社汇报、请示。得到明确指示之后，可以向游客解释。如果错接的旅游团属于同一个旅行社，导游员可以继续接待这个团。如果错接的旅游团属于别的旅行社，要设法尽快交换旅游团。交换时，导游员要当众向游客赔礼道歉。在以后的行程中，导游员要设法用实际行动安抚游客、挽回损失。

（二）送团时可能遇到的事故及突发事件

1. 找不到游客

找不到游客这种情况多发生在送散客的时候。从内在原因看，可能是由导游员迟到所致。从外在原因看可能有3种情况：游客不在房间，仍在饭店内；游客临时离开饭店办事；游客自己提前办完离开饭店的手续去了机场或车站。处理这类问题，导游员应该立即与饭店总服务台进行联系，查询游客是否结账离店，是否有留言。如证实游客还在店内，导游员应和司机分头去找。如证实游客已经结账离店，导游员不能马上离开，要想到游客有可能回来找自己，待请示旅行社并得到明确答复以后方可离开。

2. 晚点

火车极少有晚点发车的情况，但飞机晚点起飞的情况却时有发生。造成飞机晚点起飞的原因多种多样，导游员、旅游团和游客往往是在到了机场之后才得知飞机将要晚点起飞的消息。导游员在得到飞机晚点起飞的消息之后，首先要控制住自己的情绪，不要徒劳地怨天尤人，要安抚住游客，并亲自向机场方面核实情况、问明原因以及飞机起飞的确切时间，回来告诉游客。如飞机起飞的时间没有确定，导游员要将游客照顾好，等待确切的消息。此时，导游员应该与领队、全陪共同商量对策。如等候时间不长，导游员可安排游客就近参观、购物，如到了吃饭时间，应该为游客联系用餐。如等待时间要拖至第二天，导游员要向机场方面问讯、证实，并向旅行社汇报、请示。导游员除了安排好游客的活动以外，不要忘记办好游客行李的交接事宜。如有必要，导游员应设法将此情况通知下一站的地接社。

3. 误送

误送是指游客没有在原定的时间乘坐交通工具离开，导致他们暂时滞留在原地的情况，包括误机、误车、误船等不同形式。外在原因有：送客车辆在途中遇到堵车、交通事故或自身故障等问题，致使游客迟到；旅行社没有将计划变更的情况及时通知导游员。内在原因有：导游员将送客的时间、地点弄错；导游员没有安排好游客在出发前应该办妥的事宜，耽误了时间。发生了误送事件以后，导游员应立即向旅行社汇报、请示，并请求交通部门予以协助，设法安排游客乘坐下一个航班（车次、船次），或改乘其他交通工具前往目的地。同时，导游员要安抚好游客的情绪，并安排好游客在滞留期间的食、住、行、游等事宜。如果游客要继续旅游，导游员应设法将此情况通知下一站的地接社。

（三）接送游客时可能遇到的其他问题

1. 游客丢失交通票据

游客不慎丢失了飞机票、火车票或轮船票，将给自己的旅行造成很大的麻烦和损失，也会增加导游员的工作难度。发生这种问题多是因为游客保管不慎或一时大意所致。遇到这种情况，导游员应该安抚游客，设法使他们的情绪稳定下来，帮助游客仔细回忆细节并设法寻找。如果实在找不到，导游员应该耐心向游客说明处理遗失交通票据问题的程序。例如，如果在出行前发现遗失飞机票，游客必须以书面形式向航空公司方面申请挂失，并且提供有关的证明材料。如果游客在出行前遗失了火车票、轮船票，应按照铁路交通部门或航运部门的规定另行购票；如果游客的票在中途遗失，应该按照有关部门的规定补票。遗失交通票据的游客改乘下一班航班、车次、船次出发，如果继续旅游，导游员应该把下一站的旅游计划和活动安排向游客做详细介绍，特别要交代清楚住宿的饭店以及当地导游员的联系方法。

2. 游客要求终止旅游及退票

游客在旅游活动中要求终止旅游及退票的事情并不多见，其责任在游客本身，游客应该负责由此产生的经济损失。处理这类问题，导游员要做3个方面的工作：①向旅行社汇报；②满足游客的要求，帮助游客按照交通部门的有关规定办理退票手续，并帮助游客妥善解决返程的交通票据，但是需要游客自己付费；③对于是否应该退还游客未享受到的服务费用的问题，要等到旅游活动结束以后由旅行社决定，导游员不应该自行在游客终止旅游活动的时候与其结算。

3. 游客因故延长在一地的停留时间

由于天气原因等不可抗拒的力量造成游客不得不延长在一地的停留时间，会给游客带来很多实际困难，造成游客的心理压力。遇到这种情况，导游员应该做好游客安抚工作，并迅速向旅行社汇报、请示，按照旅行社的指示和要求落实新的旅游接待计划，安排好游客的住宿、用餐、用车和游览等事宜。在游客的延长停留期间里，导游员要尽到责任，设法安排新的游览和娱乐活动，帮助游客转移注意力，恢复好心情。此外，导游员应该协助旅行社有关部门及时通知下一站的旅行社，以便他们对自己的接待计划做出相应的调整。

二、游客丢失旅游证件

游客丢失证件虽然是由游客的个人行为所致，导游员还是应该对丢失证件的游客做好安抚工作，并给予帮助。处理游客丢失证件以后的善后问题，会涉及法律和行政规范，导游员要依据这些规范为游客提供帮助。

（一）中国游客丢失了身份证明

1．中国游客在境内丢失身份证明

中国游客在境内丢失身份证，导游员要及时向旅行社汇报，请旅行社开具证明。失主持此证明到当地公安部门报失，经查实后由当地公安局为其开具身份证明，待游客结束旅游返回驻地以后，再向其户口所在地公安机关申请办理新的身份证。

2．中国游客在境外丢失护照、签证

中国游客在境外丢失护照和签证，首先应由当地旅行社开具证明，并准备失主照片，到当地警察机构报案，取得报案证明以后再到中国驻该国大使馆或领事馆办理新护照，最后要到该国移民局办理签证手续。

（二）港澳游客、台湾同胞及华侨丢失了身份证明

1．港澳游客丢失通行证

港澳游客丢失了通行证，导游员要及时向旅行社汇报，请旅行社开具证明，失主持此证明向当地公安部门报失，经查实后由公安（出入境管理）部门签发一次性有效的《中华人民共和国出境通行证》。

2．台湾同胞丢失台胞旅行证明

台湾同胞丢失了台胞旅行证明，导游员要告诉失主及时报失。报失应由失主向当地的中国旅行社或侨办、公安局户籍管理部门提出，经查实后发放一次性出境通行证。

3．华侨丢失中国护照、签证

华侨丢失了中国护照、签证，导游员要及时向旅行社汇报，请旅行社开具证明，由失主持旅行社证明及本人照片到市级公安局（或授权的公安机关）报失，申请办理新护照，再到其侨居国驻华大使馆或领事馆办理入境签证，所需费用应由失主自理。

（三）外国游客丢失了旅游证件

1．外国游客丢失证件、护照

外国游客丢失了证件、护照，导游员应该及时向旅行社汇报，请旅行社开具证明，由失主持此证明及本人照片到当地公安局（外国人出入境管理处）报失，办理遗失证明，再持此遗失证明到所在国驻华大使馆或领事馆补办新护照，然后持新护照返回当地公安局办理签证手续。

2．外国领队丢失了团队签证

外国领队丢失团队签证，导游员应提醒领队准备好必备的资料，包括签证副本、旅游团成员护照、重新打印的全体成员名单等，并认真填写有关的申请表，持申请表及上述资料到省级公安局（外国人出入境管理部门）或其派出机构补办团队签证，所需费用应由失主自理。

三、游客丢失行李

（一）游客在机场丢失行李

游客在飞机场丢失行李的原因有多种，有的是因为同机旅客拿错了，有的是因为航空

公司弄错了，也有的是因为游客自己粗心大意导致丢失了。无论是由于何种原因导致丢失，都会给游客造成旅行不便和心理压力。导游员在机场一旦发现游客丢失了行李，首先要安排好旅游团的工作，然后安抚失主，带其到机场的失物登记处去办理有关丢失行李的登记手续，并记录下团队下榻的饭店以及航空公司的通信方式，以便保持联系。如果一时找不到行李，导游员应该设法帮助游客解决生活上的困难。在旅游过程中，导游员应该经常与航空公司联系，查找丢失行李的下落。如果游客离开本地的时候还是找不到行李，导游员应该将失主下一站的旅游计划和联系方式告知航空公司，以便保持联系继续查找行李的下落。如果游客的行李确已丢失，导游员可告诉失主，在旅游结束以后凭航空公司开具的有关证明向该公司办理索赔。

（二）游客在饭店发现行李丢失

游客在饭店发现自己丢失了行李的事情多发生在游客初次下榻饭店的时候。一般来说，导游员在离开飞机场或火车站的时候，已经清点过游客的行李，并就这些行李和司机做过认真的清点和交接，是不会出大问题的。如果在查看过程中发现个别游客的行李没有送到房间里，应该劝慰游客不要着急，导游员也不要惊慌，由于只是个别游客的行李未送到，并不是整个旅游团的行李出了问题，查找和解决问题的难度和影响都会相对小一些。查找行李应该实行"先内后外"的方法，先从饭店内部找起，如果行李在饭店里面，有可能是游客之间拿错了行李。如果在饭店内部没有找到行李，就到饭店的行李部核查，并询问服务员，检查行李是否因进行几个旅游团"拼包"装载，而导致送错了地方。如果最终还是找不到行李，导游员应该与饭店方面一起做好丢失登记工作，以便将来办理保险赔偿事宜。同时，导游员应该为找不到行李的游客提供必要的帮助，尽量减少游客由于丢失行李而造成的生活困难。

四、应对游览过程中可能遇到的变故

俗话说，"在家千日好，出门一时难"，导游员和游客在旅游过程中难免会遇到一些突如其来的事情，遇到始料不及的困难，甚至由此造成进退两难的局面，对此，导游员要有必要的心理准备、技术准备和应急准备。

（一）旅游条件的变故

1. 应对天气变化

导游员的接待计划是根据旅游地的四季变化规律和特征制订的，能够依据天气预报播报的阴晴雨雪对旅游行程进行合理的计划和调节，一般情况下不会遇到诸如大雪封山、狂风暴雨等一类的严重问题。对于新导游员来说，带团之前要特别了解当地当天的天气情况，尽量提前做好各方面的准备，要有应急应变的措施。

但是，对于带团在外的导游员来说，"天有不测风云"这句话总是时有效力的。尤其是在雨季，游览观光的行程由于遇到突然变坏的天气而受到影响，这是难以避免的事情。一旦遇到下雨，尤其是遇到疾风暴雨冰雹一类的强对流天气，导游员首先要因地制宜设法防止游客被冷雨浇湿而患上感冒，保护游客的健康和安全。如果是在城区或是在建筑物比较集中的景区内，导游员可以安排游客就近进入商场或是建筑物内避雨，如果是在比较空旷的景区内，应设法协助游客购买雨具或一次性雨衣，或是及时与司机联系安排游客上车避雨。导游员在安排游客避雨的时候要提高安全意识，特别要注意防止游客因避雨而遭到雷击，为此，导游员应该专门学习一些野外避雨和防范雷击的知识。

面对游览过程中遇到风雨变化的影响，导游员要有乐观的精神和积极的态度，要学会适度掌握避雨和导游的关系，一旦天气好转，应该及时继续行程。有时候细雨不断，只要游客装备了雨具，导游员应该引导游客照常观光游览。导游员不仅要能够进行晴天的讲解，还要能够进行雨中的讲解，要善于引导游客从天气变故中体味出另一种美的感受。

导游员应对游程中的风风雨雨是一个系统工程。游程结束，风雨过后，导游员不要认为万事大吉，要认真慎重地做好善后工作。用餐时，导游员应该设法为游客安排一些姜茶或其他祛风寒的饮食，还要提醒游客在晚上入睡之前洗个热水澡，适当服用一些防治感冒的药物。

2. 应对价格变化

导游员在带团之前要问问自己，如果遇到诸如景点门票价格上涨一类的事情该怎么办？应该说，碰到价格上涨的事情是无可奈何的，只有补齐了价格的差额，人家才会让你通过；问题在于导游员向游客补收价格差额的时候，一定要抓住游客的心理。游客对这种突如其来的变故肯定会心生不满，但是游客并不一定只是关注事情本身，他们往往更多地关注着事情的原因，只要导游员把事情的原因向游客讲解清楚，使他们真正了解这种涨价是有关部门的正常管理行为，是有法律依据和行政依据的，绝大多数游客会通情达理地听从导游员的安排，补交齐价格的差额。新导游员处理这种事情，要坚决按照规定执行，把它当做一件平平常常的事情来办，不要有顾虑。当然，理直不一定总要气壮，要耐心向游客解释清楚，态度要平和，方法要灵活。

3. 应对动物性致伤

导游员在游览过程中始终要关注游客的健康和安全，特别是带领游客到自然风景区游览的时候，要提醒游客注意防止被蜂、蝇、蛇、蝎等动物叮咬受伤。上述动物性致伤事件多发生在夏季的野外，游客的衣着比较少，伤人的动物比较活跃，导游员要格外注意这样的环境和条件，提早采取防范措施。首先，新导游员在出发之前，应该充分了解游览区内有哪些动物可能给游客造成伤害，做到心中有数；其次，要郑重告知游客采取必要的防护措施，比如要穿上长衣服，尽量不要接近草木茂密等易于虫蛇栖身的地方，提醒游客注意安全；再次，导游员在带团之前还应有意识地学习一些基本的卫生常识和简单的急救措施，一旦遇到游客被虫蛇叮咬受伤的事情，在一时找不到医护人员的情况下，可以及时采取措施进行急救，或是控制住伤情为急救争取时间。

万一有游客不幸被虫蛇叮咬受伤，导游员一定要沉着镇定，迅速采取救治措施。如果附近有医院，要立即送往医院治疗。如果游客中有医护人员，可以请他们救治。如果不具备上述条件，导游员就要承担起救治的责任。游客被蜂、蝎蜇伤，可用净水冲洗伤口，将毒刺、毒汁清除。游客被蛇咬伤四肢，可用一条绳子在伤口上方五六厘米的地方扎住，用净水冲洗伤口，再用嘴将蛇毒吸出。游客受到此类伤害，不论伤情表面看上去如何，导游员都要动员游客尽快去医院检查和治疗。此外，导游员要及时向旅行社汇报情况，同时注意安抚和照顾好其他游客。

（二）旅途中的变故

1. 应对道路堵塞

导游员和游客在旅游过程中最常见的头疼事就是遇到堵车。一旦遇到堵车，进退不得，时间一长，游客抱怨，司机着急，导游员闹心，处理不好，产生不良的连锁反应，就有可能影响整个游程，导游员对此要有充分的认识和准备。保证游程顺利进行的有效办法是保证行车拥有充裕的时间，然而时间是计划使用的，不可能为一段转移的行程将时间的提前量无限放大。该怎么办？导游员要综合各种情况来想办法。

（1）要周密计划。在大城市中，两个地点之间往往存在两条或更多的道路，距离不同，交通拥堵的程度也不同，特别是在一天中的不同时段，不同道路上拥堵情况的差异更是明显。导游员计划行车线路，要顺应和利用这种规律性的现象，尽量选择保险的行车线路。

（2）要及时调整。任何计划都难免有百密一疏的情况，如果实际情况与计划的期望不符，导游员要善于判断情况，不失时机地改变行车线路。大城市的交通台广播会定时播报不同路段的路况信息，导游员要学会眼观六路、耳听八方、避密就疏、防范堵车。

（3）要果断处置。万一遇到严重堵车，旅游车身陷堵车的"长龙阵"中，导游员要积极想方设法摆脱困境，要向旅行社汇报并请求支援，或向交通管理部门报警求救。如果时间紧张，路况一时难以恢复正常，导游员应该考虑其他解决办法，绝不能坐以待毙。例如，导游员要准确计算到达目的地的路程和时间，和司机、全陪、领队商量对策，可以根据情况选择全程步行，或是选择半程步行，即联系好汽车在附近交通畅通的路段等候，然后带领游客赶往那里换乘。在克服因堵车造成困难的整个过程中，有经验的导游员会以镇定自若的态度和乐观向上的精神做好安抚游客的工作，引导游客增强信心，和自己一起积极克服困难，新导游员需要在这方面加强学习。

2. 应对交通事故

随时准备应对可能发生的交通事故，导游员要有认真的精神和科学的态度，居安思危才能有备无患。发生交通事故是人们不愿意看到的，严重的交通事故不仅会影响游程的顺利进行，还会危及游客的人身及财产安全。面对可能发生的交通事故，导游员要保持高度的警惕，积极预防，同时还要学会掌握万一发生交通事故时应对紧急情况的基本措施。

导致交通事故发生的原因可以分为两大类：一类是由人为因素造成，如司机的错误或过失、行人的错误或过失等；另一类是由客观因素造成，如汽车出了故障、道路出了问题、天气变化的原因等。控制引起交通事故的原因，并不都是导游员力所能及的事情，然而导游员还是要在力所能及的范围里积极采取预防措施。比如，提醒司机安全驾驶，提醒游客注意交通安全。新导游员应该养成认真做这类事情的好习惯。

万一发生交通事故，导游员只要没有完全丧失工作能力，就要坚守岗位，履行职责，对游客负责到底。面对事故，导游员首先要沉着镇定，不要慌乱，要抓紧做好以下几件事情：①迅速检查和抢救伤员，特别是重伤员，要设法尽快将他们送到最近的医院进行抢救；②保护好事故现场，尽快拨通122交通事故报警电话，及时向警方报告事故现场的情况；③迅速向旅行社汇报，请求指示；④做好安抚游客的工作，在情况允许的条件下，继续执行旅游接待计划，带领游客观光游览；⑤事故调查清楚以后要向游客做出交代；⑥写出事故的详细经过并向旅行社汇报。此外，导游员如果有伤，要及时安排自己到医院检查治疗，不要耽误病情，影响了自己的身体健康，也影响了后面的工作。

3. 应对行车途中的变故

旅游车上发生变故或故障，影响正常行驶，是十分扫兴的事情，处理不当，也会影响旅游团的行程，导游员需要妥善准备应对的措施。发生此类问题有 2 种情形：①旅游车发生了机械故障，不能继续行驶；②车内的人出现变故，如游客身体不适、司机走错了方向、导游员讲解引起游客不满意、游客之间因利益纠纷引发争执等，影响了正常行驶。遇到影响行车的变故，导游员要区别不同的情况，采取不同的应对办法，积极化解矛盾，疏导情绪，解决问题。

对待游客乘车不适的问题，导游员要尽量做到防范在先。例如：提前询问游客有无乘车不适的历史，为其安排合适的座位并准备对症的药物，尽量减轻游客身体不适的症状和程度；为游客准备塑料袋，防止造成车内的污染；一旦发生游客身体不适、呕吐（造成车内污染），要及时掌握游客不适的程度，准确判断其是否有必要终止游览，并迅速将车内环境清扫干净。

对待司机可能走错方向的问题，导游员也需要防范在先，如果司机真的走错了方向，耽误了旅游团的行程，导游员不能说自己没有责任。前面已经说过，导游员对于旅游团的行程，不仅事前要进行周密的计划安排，而且要和司机进行沟通，彼此对于行程都应该做到心中有数。对于不熟悉旅游线路的司机，导游员要做好向导，为司机指示正确的行车线路。新导游员不仅要熟悉旅游行车线路，而且应该养成留心观察司机行车线路和方向的习惯，一旦发现问题，应该及时和司机进行沟通，避免发生走错方向的错误。

如果遇到汽车出现机械故障的问题，导游员要尽快摸清故障的程度和恢复正常所需要的时间，针对不同的情况采取不同的措施。如果问题不大，司机有把握修复，导游员要稳定住游客的情绪，积极配合司机。等待的过程是长短不一的，导游员要想方设法使游客在这段时间里过得充实有趣，要尽量避免游客因无聊产生烦躁。为此，新导游员平时要准备一些生动有趣的小节目，特别是那些可以组织游客共同参与的节目，以备不时之需。

（三）接待工作中的变故

1. 食物中毒

游客食物中毒一般是由于食用了不洁食品或饮水所致。在旅游过程中，特别是在夏季，游客发生食物中毒的危险性比较高，导游员要特别注意加以预防，同时要掌握正确的应对措施。预防食物中毒，导游员要严格把守"病从口入"这道关，特别要警惕和预防游客集体食物中毒的事件的发生，要做到：①用餐一定要到旅游定点餐厅；②发现游客的用餐环境不合乎卫生要求，如苍蝇多、桌椅或餐具不干净等，要向餐厅负责人提出更换餐厅的要求；③发现食物有不洁或变质的情况，立即通知游客停止食用，请餐厅负责人向游客做出解释、赔礼道歉，并为游客更换食品；④导游员要经常提醒游客不要从路旁的小摊贩上购买食品及饮水。

对待食物中毒事件，导游员一定要沉着镇定，细致认真，采取正确的应对措施。首先，对食物中毒的一般症状要做到心中有数，如游客中有无多人同时出现类似的症状，且有无食用过相同食物的情况，并据此检查中毒游客的人数。其次，设法使中毒游客吐出食物，让其多喝净水，加速排毒，并迅速将其送往附近医院治疗。再次，请医生开具诊断证明，以利于追查造成食物中毒的原因。最后，及时向旅行社汇报。

2．中暑

游客中暑，是夏季旅游过程中容易发生的事情，导游员要从事前积极预防和事后正确应对两个方面做好准备。除了高温燥热的因素，导游员应该从客我两方面关注可能引发游客中暑的原因。从游客方面来说，体质比较弱、活动量过大、饮水不充足等，都容易发生中暑。从导游员方面来说，天气、旅游线路、游览活动安排得不科学、不协调，造成有些体弱的游客吃不消，也是引发游客中暑的重要原因。导游员对这两个方面的原因都应该予以重视，根据具体情况采取防范措施。

一旦发现游客中暑，导游员要将中暑的游客迅速抬至树荫下或其他阴凉通风处，及时补充水分；解开其衣领，使其平躺下，对着其口鼻轻轻扇风；找来患者的亲友或领队、全陪，为其服用解暑的药物。如果中暑游客病情严重，要请全陪或领队及时将患者送往医院治疗，并及时向旅行社汇报。同时，导游员要稳定住其他游客的情绪，并认真观察游客的身体情况和精神状态；倘若天气燥热，路面温度过高，可适时安排游客乘凉、休息、补充饮水，不要勉强赶路，以防止再次出现游客中暑的事情，陷入欲速则不达的局面。

3．走失

在游程中如果走失一个游客，除走失者将陷于困境之外，也会对其他游客的情绪造成消极影响，干扰全团的行程，导游员对此要予以高度重视。造成游客走失的原因可能来自游客一方，也可能来自导游员一方，无论是由什么原因造成了游客走失，导游员都应该切实负起责任，及时设法补救。

出发之前，导游员一定要把行进线路、集合的时间和地点交代清楚，并在此后的行程中进行必要的重复交代和提醒。在人员比较多，出现岔路口，容易发生游客走失的路段，导游员要和领队、全陪分工合作，防止游客走失。对于新导游员来说，经过人多而复杂的路段以后，可以采用及时清点游客人数的方法，加强对行进队伍的控制。一旦发现有游客走失，导游员要立即询问团里的其他游客，准确了解游客走失之前的详细情况，以及他们最后见到走失者的时间、地点和走失者的去向，根据各方面提供的线索进行分析，协同领队、全陪顺着原游览线路分头寻找。与此同时，地陪导游员还要带领游客继续观光游览，并及时向旅行社汇报。如果沿原路返回找不到走失者，可以向景区管理者求救，使用景区的扩音器进行广播寻人。导游员还可以与游客住宿的饭店联系，查询走失游客是否已经返回饭店。如果各方面都找不到走失者，就要向公安部门报案。走失游客找回之后，导游员要及时对其予以安慰，要对游客因走失而遭遇的困难和麻烦表示同情，对自己照顾不周做出赔礼道歉；即使责任在于游客，也不要当场责备游客，激化矛盾。待游客情绪平稳以后，导游员可以询问情况，解析原因，以之为前车之鉴，教育更多游客提高警惕，引以为戒。

五、因游客引发的变故

（一）应对"旦夕祸福"

1．游客受伤

导游员防范、处置游客在观光游览过程中意外受伤的情况，除了要注意前面已经说过的虫蛇叮咬，还要注意崴脚、骨折、擦伤等情况。意外往往是在人们不经意间发生的。导游员遇到游览环境中地形比较复杂、道路崎岖不平的情况，要特别提醒游客留神眼前，当心脚下。游客在攀高、下坡的时候，不慎崴了脚，或是伤了皮肉，严重的甚至造成骨折，多数是由于自己不小心造成的。游客一旦受伤，不仅会给本人造成身心痛苦和经济损失，还会给旅游团的行程带来不良影响。新导游员要格外关注这种并非完全始料不及的意外情况。

防患于未然是最重要的。导游员带领游客所走的游览线路是相对固定的，在容易发生意外情况的地段，应该适时放慢行进速度，提醒游客注意自身安全。年龄大的游客容易发生骨折，对于这些游客来说，发生此类意外并非完全由于不当心，往往还有心有余而力不足的原因；导游员对于上了年纪的游客，更要注意安全，在上台阶、迈门槛的时候要予以适当关照。中年及青年的游客，因游兴所致，有时也会忽视安全，做出一些类似于小孩儿顽皮、年少轻狂的举动，容易在不经意间使自己受伤，导游员要及时提醒他们注意安全。

处置游客受伤的情况，导游员要沉着应对。一旦发现游客摔倒受伤，导游员要立即检查和询问游客的伤情，及时送到医院救治。一时不能送医院救治的，导游员要做必要的处置。如果游客有外伤，要及时止血、清理和包扎伤口，防止感染。如果发现游客骨折，要将游客慢慢放平，不要让骨折的部位吃力；有条件时，可以用木棍、树枝之类硬直的东西替游客固定住骨折的部位，等待医生的救治。发生游客受伤的事故时，导游员要及时向旅行社报告，并视游客的伤情决定是否需要求救。新导游员要慎重对待游客受伤的问题，为了保证万无一失，将伤者送医院检查救治最为保险（此事可由领队或全陪来做），要特别注意防止对受伤者所说的感觉和自己的观察做出错误的判断。

2. 游客患病

游客在旅途中患病，常见的情况可分为 2 种：①旧病复发，游客因为环境、气候、旅途劳累、兴奋等主客观因素致使慢性疾病急性发作，如突发心脏病、胆囊炎等；②突然发病，常见的有感冒、发烧、呕吐、腹泻或感觉不适等。导游员无论遇到哪一种情况，都要予以重视，既不要漫不经心，也不要惊慌失措。如果游客在游览观光过程中突发心脏病之类急性重症，导游员要本着对游客的生命负责的态度，协同领队、全陪尽快请医护人员进行救治，或将病人送往医院救治，并及时向旅行社报告情况。新导游员要掌握一些急救知识。对突发心脏病的游客，要使其平躺下来，适度抬起病人的颈项，松开上衣领扣，保证呼吸顺畅。在等待救治时，导游员可请病人的亲属或领队在病人身上找出急救药物为其服下。千万不要用背的方式移动病人。

对游客可能发生的其他疾病，导游员要善于观察，引导游客进行积极预防和及时治疗。游客出门在外，生活节奏和平常相比往往有很大变化，加上水土不服、饮食不周、休息不足、情绪起伏等原因，体质下降，很容易引发疾病。在旅途中，导游员发现游客患病或身体不适，应立即采取措施。如果旅游团内有医护人员，可请其为病人进行检查、救治；若没有医护人员，而游客的病情比较严重，要征得病人的亲友或领队同意，尽快将其送往附近的医院进行检查和治疗。游客离开旅游团赴医院治疗时，其亲友和领队应该陪同前往，倘若病情危重需要抢救，其亲友和领队更须不离左右。如果发现游客是高危险性传染病患者，要劝其退出旅游团，采取措施，防止传染，并及时向有关部门报告。导游员要认真安排好团里的其他游客，就患病游客的事情及时和其他游客进行必要沟通，提醒游客注意自己的身体健康，确保继续完成旅游接待计划的活动项目。病人被送入医院以后，导游员要前往医院探视和慰问，并及时向旅行社汇报病人的病情和治疗情况，请示下一步的行动指示。同时，导游员对事情的过程及重要细节应认真详细地做好记录，为日后向旅行社及有关部门提供情况做好准备。

3. 游客死亡

游客在旅途中死亡是极为少见的事情，却也是令人无奈和遗憾的事情，导游员要掌握正确的应对措施。游客死亡的事件有 2 种不同的性质，一种是正常死亡，另一种是非正常死亡。游客死亡究竟属于哪一种性质，要依据有关部门的认定。导游员要根据有关部门对游客死亡性质的事实认定区别对待，协同有关部门做好善后事宜。万一发生了游客死亡的事情，导游员要沉着应对，认真做好 2 件事：①稳定游客的情绪，以便继续完成旅游接待计划；②及时向旅行社汇报并设法通知有关人员和部门。

如果游客属于正常死亡，导游员应及时设法通知死者家属，提醒领队通知有关部门及死亡游客所属国驻华使、领馆；妥善保管好游客的死亡诊断书，并将复印件分别交给死者家属、领队和旅行社；妥善保管好死者的遗物，交由家属或领队带回。按照有关规定，死者的遗体一般应就地火化。《火化申请书》由死者家属或领队填写后交导游员一方保留。如果死者家属要求将死者遗体运送回国，须由死者家属或领队提出申请，经有关部门批准，获得装殓证明书、检疫证明、运带灵柩（骨灰）许可证、遗体灵柩通行护照等有关文件以后方可成行。

如果游客死亡被怀疑属于非正常死亡，导游员要注意保护好现场，及时向公安机关报警，以及向旅行社汇报。万一发生了游客非正常死亡的事情，导游员要特别关注游客的反应，要想方设法安抚其他游客的情绪，尽量减少因此不幸事件所引发的负面影响，保证旅游接待计划的顺利进行。

（二）应对游客引起的事端

1. 游客的不当言论

随着中国对外开放的日益扩大，国外游客对于我国社会的了解、认识也随之扩大和加深，游客在和导游员的交往中，对所见所闻的事情也会进行越来越多的评价。少数国外游客公开发表一些违背事实的、错误的、不友好的，甚至是怀有敌意的言论，是在所难免的。例如，面对个别国外游客针对诸如中国统一和安全的问题、宗教政策问题、少数民族政策问题以及其他一些重要问题，随意发表违背事实、违反中国法律、伤害中国人民感情的言论，导游员既要有充分的精神准备，也要有正确有效的应对措施。

导游员面对国外游客发表的不当言论，要学会做科学分析，要有法治意识。判别游客的不当言论的内容，首先要分清这些言论是否违反中国的法律和制度。如果游客的言论并不违法，导游员应该本着求同存异、互谅互让的态度和游客进行沟通。如果游客发表的言论违反了中国的法律，导游员应该予以制止和纠正。对待少数游客违反中国法律的言论，也要注意区分 2 种不同的性质：一种是由于不了解，或是不完全了解中国的法律和国情造成的；另一种则是明知故犯，甚至是有意挑衅。对待前一种情况，导游员在予以及时制止和纠正的同时，要向游客耐心说明真实的情况，提醒游客注意遵守中国的法律，防止违法言论的扩散。对待后一种情况，导游员在进行制止的同时，要向游客提出严肃批评甚至警告，必要时要向有关部门报告。为了更好地应对游客的不当言论，更好地从事接待服务工作，导游员需要加强学习。要学习政治，掌握国家的法律和政策，提高政治敏锐性，提高理论水平和政策水平；要学习历史，掌握相关问题的背景知识，丰富讲解的内涵、挖掘讲解的深度；还要注意加强各种文化知识和技能的学习与运用。

2. 游客的违法行为

在游览观光的过程中，少数游客会做出一些不当的甚至违法的行为，这是比散布不当言论更加有害的事情，导游员务必对此予以高度的重视和妥善的处理。例如，有些国外游客将一些中国法律禁止的书籍、画册、音像制品或其他宣传品带入境内，并利用游览观光的机会进行散发。这些东西的内容，有的是关于政治的，有的是关于宗教的，也有的是关于中国其他社会问题的，它们的共同特点是诋毁或攻击中国的社会制度、法律，诋毁或攻击中国政府及其制定的政策。又如，有些游客会参与诸如赌博、嫖娼等法律禁止的活动，有些游客会到未对旅游者开放的地区进行活动，有些游客会进行买卖违禁物品甚至走私等违法活动，甚至提出要导游员予以协助，邀请导游员一起参加等。这些事情虽然只发生在极少数游客身上，然而它们的危害却是很大的，影响也是很坏的，新导游员对此类事情要保持高度的警惕性和责任心，一经发现，要坚决制止，及时报告。

3. 游客引发的矛盾

游客在观光游览过程中有时也会引发一些矛盾，影响自己的情绪，也影响游览观光的进程，导游员要针对此类问题做好防范和疏导工作。常见的矛盾主要是游客因为自己的愿望或要求未能得到满足而与景点工作人员发生矛盾。例如：有些寺庙禁止在室内烧香，而一些游客为表示对佛的虔诚非要在室内烧香，因而与前来制止的僧侣或庙方其他人员发生争执；还有一些景区禁止游客在室内照相，游客不满意自己的行为受到限制，因而与那里的工作人员发生口角，甚至引发更大的冲突……面对这种情况，导游员要根据法律和制度的规定及要求行事。新导游员在带领游客进入景点之前，要仔细了解景点内的特殊规定，并就此种规定提前向游客做出详细的说明，提醒游客自觉遵守景点的有关规定。有时候，游客认为引起冲突的原因并不在于对方执行制度或规定，而在于对方在与自己交涉时采取了不合适的态度。面对这种情况，导游员首先要设法稳定住游客的情绪，规劝游客无条件地执行景点的规定，尽量求同存异、化解矛盾；如有必要，可在事后向有关方面如实反映对方的不当之处和游客的意见及要求。

（三）应对其他灾害

1. 火灾

在旅游过程中可能遇到的各种灾害中，防范和处置火灾是导游员要特别予以注意的。因为火灾来势迅猛，破坏力和杀伤力又特别大，人们往往由于避之不及而受到伤害。应对火灾也需要采取预防为主的办法，导游员无论是在车厢里、景点中，还是在饭店内，都要提高警惕，注意观察，有针对性地提醒游客注意排除各种火灾隐患。万一发生火灾，导游员千万不要慌乱，不要手足无措，一定要镇定自若，迅速组织游客离开火场，及时向旅行社及有关部门报警求救。导游员在组织游客向安全地方疏散的过程中，要注意照顾老人、妇女和儿童，防止挤伤和踩伤游客。在行驶的火车上或高层建筑中做疏散时，要阻止游客因情急而跳车、跳窗逃生。如果在饭店里遇到火灾，导游员在组织游客疏散、转移时，要提醒游客用湿毛巾捂住口鼻，穿越浓烟时要低身前进，以防止因浓烟熏呛而窒息。如遭遇大火封住房门，可用衣被堵塞门缝，防止烟、火进来，同时泼水降温，并呼叫求援。火灾过后，导游员要对因灾害陷于生活困难的游客进行帮助，并尽快准备开始后面的接待活动。对火灾事故的经过，导游员要向旅行社做出详细报告。

2. 刑事犯罪

处理游客遭遇刑事犯罪侵扰的事情，也是新导游员要做的一项准备工作。导游员要提醒游客注意安全，提高安全防范意识，晚上尽量不要单独到偏僻的地方活动，更不要去不健康的娱乐场所，不给犯罪分子以可乘之机。导游员要加强责任意识，一旦发现有歹徒对游客进行偷窃或抢劫等犯罪活动，要敢于挺身而出，维护游客的合法权益，并动员游客同心协力制服犯罪分子，将其送交公安机关。万一游客遭遇偷窃或抢劫，造成了人身伤害和财产损失，导游员要立即报警，并向受害人详细询问事情的经过，歹徒的性别、年龄及长相特征，做好记录，提供给公安机关作为破案参考。对于受害的游客，导游员要尽量予以安慰，帮助其解决好生活上的困难。

如果游客失去了身份证、护照，可帮助其按照有关规定补办相关手续。同时，导游员要照顾好其他游客的情绪，提醒游客注意自身安全，尽量减少因此造成的负面影响，保证后面的活动正常进行。事后，导游员要就事情的经过及处理办法向旅行社做出详细汇报。

3. 不可抗力造成的变故

在旅游过程中，诸如气候突变、道路坍塌、航班延迟、火车误点、景区中突如其来的安全事故等，是无法完全避免的。导游员对于这类由不可抗力造成的变故应有足够的认识，一定要在自己的准备工作中加入居安思危的思想意识和紧急应变的技术措施。一旦遇到上述紧急情况，导游员一定要提醒自己努力做到：①不急不躁，沉着应对；②稳定游客，控制局面；③弄清情况，及时汇报；④根据指示，妥善操作；⑤尽我所能，负责到底。

>>> 任务一　游客走丢之后

✎ 任务情境

一天，北京的导游员朱小姐接待了一个十多人的日本团。她将客人带到慕田峪长城后，向大家再一次宣布了集合地点和时间。接近集合时间时，客人们陆续来到缆车处。朱小姐清点人数，发现少了一位，等了十几分钟仍不见客人的踪影。她便返回长城去寻找，但却徒劳而返。日本随员见状，也返身去找，但仍未找到。朱小姐此时心里非常着急，但却努力克制住自己，没将着急的神情表露出来，惟恐影响大家的情绪。她先将客人带回停车场上了车，然后再一次爬上长城，四处寻找，仍不见那客人的踪影，只好去慕田峪长城管理处，找到负责人，说明情况，请他们利用广播呼叫。她又给慕田峪派出所打电话，请求帮助。一会，来了几位干警，每人拿着一个步话机，分头上长城去找寻。正当大家忙得不可开交的时候，只见那位客人跌跌撞撞地赶了回来。顿时，所有的客人都欢呼起来，朱小姐紧揪着的心也放了下来，急忙问他发生了什么事情。他带着哭腔说，因为走错了路，一直找不到缆车入口处，也没找到石阶路，就从山上连滚带滑地赶了下来。朱小姐安慰了他一番，就赶紧带大家乘车去预订好的餐厅去用餐，吃完饭已经是下午3时40分了，朱小姐仍然带领大家完成了当天的日程活动，并强调大家遵守上车的集合时间。客人们笑着回答，不用她叮嘱，下次一定不会有人再延误时间了。

任务描述

导游在接待人数较多的旅游团时，最头疼的事就是客人走失，因此，要在游览前做好防范工作，请在班级内模拟游览前导游应做的防范工作。

任务分析

要在游览前做好的防范工作如下：

（1）在前往景点途中，要请客人查看已经发给他们的地图，向他们讲明当天的活动路线、每个景点游览的时间，让大家对所参观的景点有个初步的了解。

（2）进入景点后，在景点的全景地图前，除了讲解景点的内容，还要强调行进路线和重点标志性景观，提醒客人一旦走失要立即到终点等候，并告诉客人到终点的大致时间。

（3）多次向客人强调集合的时间和地点，并请他们记住下一个活动地点和自己所住的饭店（一般饭店都给外宾发放地点名片）。如超过集合时间过多，又无法与导游员取得联系，可坐出租车赶到下一个活动地点或饭店等候。

（4）游览过程中，导游员要注意控制自己的行进速度、随时清点客人人数，并注意观察客人举动，给爱好摄影的客人留出照相的时间。有些导游员只顾举着旗子埋头行进，队伍拉得很长，致使有人掉队。

（5）如果在交通不便的景点丢失了客人，一定要联系当地有关单位协助找寻，尽量在找到客人后再进行其他活动。

在导游员接待中，不丢失客人是确保工作质量的标准之一。导游员不能有丝毫的懈怠和麻痹的思想。一旦丢失了客人，要保持镇定，以最快最佳的方式找到客人，以稳定大家的情绪。

>>> 任务二 游客中暑的预防和处理

任务情境

2014年8月，西安旅游团一行23人参加由陕西盛唐旅行社组织的山东八日旅游团，主要行程包括参观济南、泰山、曲阜、青岛等地的著名景观。

时值盛夏，旅行团一行于8月5日乘火车离开西安赴山东济南，由于山东中西部地区长时间缺少降水，气温持续在35℃左右。旅游团抵达济南后，由于当地酒店规定的结账时间为中午12点，所以导游员小冯先直接带领旅游团吃早餐，然后将游客的行李放在旅游车上即带领旅游团进行参观游览。为了完成旅游行程计划，导游员小冯带领游客在济南进行了长时间、长距离的参观游览活动，同时为游客提供了非常精彩的导游讲解服务。当天下午，在参观大明湖公园时，一名老人和一名儿童相继发生轻度和中度中暑，导游员小冯及时妥当与全陪小钱对中暑游客进行了救治和处理，并由全陪小钱陪同中暑游客回酒店休息。

任务描述

（1）地方陪同导游人员小冯在了解当地气候情况的前提下，应对游客做哪些提醒和准备工作以预防中暑？

（2）发生游客中暑后，导游人员应如何对中暑患者实施紧急救治？

任务分析

本情境中，旅游团抵达的当天，导游员小冯因为考虑酒店的入住规定，在接到旅游团队后先带领游客吃早餐，然后立即开始在济南的参观游览活动。因要按计划完成旅游接待计划，不能遗漏参观景点，导游员小冯未考虑济南当时的天气状况，带领游客进行了长时间的参观和游览，导致游客发生中暑。其主要的失误在于没有注意到特殊的气候因素，没有做好中暑的预防工作。

正确的做法是在旅游团队用完早餐后，如条件允许可先带旅游团回酒店，办理入住手续，稍事休息后再带领团队继续参观游览。

>>> 任务三　翻车之后

任务情境

某年夏天，北京的导游员赵先生接待了一个 10 人的欧洲旅游团。团内的客人年龄都比较大，行动比较缓慢。在参观长城回来的路上，由于下雨路滑，车速较快，旅游车突然翻倒了。赵先生镇定后，顾不得自己身上的疼痛，忙和司机抢救游客。他们把一个个客人扶出车外，然后检查每人的受伤情况。万幸的是，大家只是受了些惊吓，其中只有几位受了点轻伤。赵先生安慰客人以后，忙和旅行社联系，派新的旅游车来接客人。可就在此时，团内的一位老人躺倒在地，小便失禁，瞳孔放大，身体挺直，就像死去一样。赵先生忙让病人的家属不要搬动他，而用湿手绢擦他的额头。他慢慢地恢复了知觉，能小声说话了。急救过客人后，赵先生马上将新情况向旅行社汇报。一会儿，来了两辆车，一辆车拉着部分客人去继续旅游，赵先生和病员乘另一辆车去医院急诊。经医院检查病员一切正常，这位失去知觉的老人也不过是由于脑部突然受到震荡而引起假死。赵先生此时才感到心上的一块石头落了地。他明白，这次翻车，虽然没有受重伤的客人，但却是一次突发事件，一旦处理不当，后果是极其严重的。为了把这次事故所造成的损失和影响减小到最低的程度，他决定用自己热情的态度和周到的服务来消除客人心中的余悸。经过联系，当晚旅行社的领导亲自出面，设宴为大家压惊，向大家赠送了礼品，并询问客人有什么具体要求。游客们见自己受到如此重视，感到很宽慰，没有提出过多的要求。

第二天，赵先生又根据大家要求，特意多安排了一些活动。这样，游客们的心情逐渐轻松了下来，有人还就翻车事件开起了玩笑，认为那是一生中的一次遇险经历。赵先生也用"大难不死，必有后福"的俗话来安慰大家，活跃了旅游的气氛。

客人回国后，纷纷给赵先生来信，肯定了他在这次事故中的处理方法，对他的接待感到满意。

任务描述

翻车后，导游员做法非常得当，请模拟该导游做法，在班级内演示现场情况。

任务分析

本情境中的翻车使游客受伤就属于突发事件。导游员在遇到此类事件时，一定要镇定并积极处理。具体的处理方法是：

（1）以防为主，避免事故，或把事故发生降低到最少。尽管突发事件难以预料，但预防措施得当的话，仍可避免或减轻突发事件的不良程度。本情境中如果司机考虑到下雨路滑的因素，降低车速，就会避免这次翻车事故。

（2）保持镇定，迅速处理伤病员。一旦发生了游客受伤、生病的事件，导游员应首先保持镇定，并及时安慰客人，稳定全团的情绪。其次，及时检查客人的伤病情况，对其采取一些有效的急救措施。这就要求导游员具备一些基本的急救知识和方法，如止血、包扎和人工呼吸等。最后，尽快将伤病员送往医院急救。

（3）安慰游客，消除他们的心理障碍。旅游团内出现伤病员，必然会影响到全团旅游者的情绪和旅游活动的日程安排。因此要求导游员以比接待其他旅游团更大的努力和热情来服务。如多安慰客人，稳定他们的情绪，多安排娱乐性强的旅游活动以消除他们的惊吓等。

游客在旅游中受伤和生病会对整个旅游活动产生不利的影响。但只要导游员努力，处理得当，将缓解客人的心理紧张，使其在精神上得到较好的医治。这一点，比身体上的医治，显得尤为重要。

>>> 任务四　处理饭店中险情

任务情境

北京导游员小傅接待了一个来自加拿大的团队。晚上住进了××饭店。正当小傅带领客人在餐厅用餐时，楼层服务员按晚间服务规程为客房开夜床。服务员来到其中一位加拿大游客住的3010房间，看见床上有几个式样相同的，有点像爆竹，又有点像玩具手枪的小玩意儿，随手拿起1个，琢磨不透这是什么物件，见中间有个像开关的装置，便好奇地推了一下，没想到这物件"砰"地一声轰响，随即从上端喷出一团火，径直朝房顶飞去，又马上反弹回来，掉在床上，烧了一个大洞，他赶紧用湿毛巾将火捂灭。服务员急忙向饭店保卫部门报告，保卫部门向公安部门报了案。公安部门传唤了这位客人，客人最后如实作了交代。原来这是装有一定爆炸材料的信号弹，用于旅游途中迷路时发射救生信号用的。公安局立即没收了这几枚信号弹，并依据有关部门的规定，对这名客人进行罚款处理。事后，饭店对擅自翻动客人物品，险些酿成火灾的当班服务员也给予了相应处理。可是那位客人在交了罚款之后，竟然说导游也有责任，并向旅游社投诉，要求导游员承担一部分罚款。导游员小傅莫名其妙，觉得自己非常冤枉。

任务描述

请分析导游员小傅是否真的有责任？为什么？

任务分析

在本情境中发生的事故，导游小傅也是有责任的。在住进饭店之前，他应该提醒旅游者不要携带易燃易爆物品。小傅在工作上疏忽了这个细节，险些酿成大祸。

火灾事故的危害极大，一旦发生，轻者会给旅游者带来惊吓，影响旅游活动的顺利进行，重者将给旅游者的生命和财产造成重大损失。导游员在旅游活动中要消除各种火灾隐患，防止火灾事故的发生。导游员应该做好以下几个方面的工作：

（1）提醒旅游者不要携带易燃易爆物品，不乱扔烟头，遵守景点、饭店和交通运输部门的消防规定。

（2）熟悉饭店楼层的太平门、安全出口、消防楼梯的位置和安全转移路线，并向旅游者介绍，确保旅游者在火灾发生时能尽快疏散。

（3）导游人员一定要牢记火警电话119，掌握领队和全体旅游者的房间号码，以便发生火情时能及时处理。

任务五 游客突发心脏病，导游员该怎么办

任务情境

某年6月的一天上午，导游员小赵在带领一个老年旅游团前往山西五台山的旅途中，一位游客突发心脏病，病情危急。导游员从病人口袋里找到常备药让其服下，扶病人坐到前排座位上，然后请司机将旅游车直接开到医院。到医院后，导游让全陪留下照顾病人，自己继续带旅游团前往景点进行游览。

任务描述

请依据《导游服务规范》指出导游员小赵的做法有哪些不妥之处？

任务分析

首先，导游员不可以自己在病人身上找药（可由病人亲属或团中成员寻找）；其次，不

能让病人坐到前排（应让其平躺在座位上，头略微抬高）；再次，不应用旅游车送病人（可先找出租车，若找不到，应先征得全陪和其他游客的同意方可让旅游车开往医院）；最后，导游员没及时通知旅行社让其派人来医院协助全陪照顾病人。

≫≫ 任务六　旅游团遭遇恐怖袭击

✎ 任务情境

我们反对一切恐怖活动，我们也不怕恐怖活动，关于这一点导游员的态度必须是明确的。恐怖活动有大有小，大到爆炸杀人，小到抢劫财物及扣押人质等。

✎ 任务描述

采用角色扮演方法，让学生模拟导游员演示此种情况下的应对策略。

✎ 任务分析

首先要冷静，不要慌，要在保护好游客生命财产安全的前提下及时报案，还要向旅行社汇报，并且安抚好全团游客。旅游团若在案发现场，导游员要起到"绝对权威的"领导者角色，要及时抢救重伤员，还要照顾好其他游客，积极配合反恐武装人员的工作以及听从他们的安排和指挥，努力使全团人员以最快的速度、最安全有效的方法撤出危险地带，确保游客的生命和财产的安全，其次，导游员还要向有关部门以及旅行社汇报，并按其指示和要求做好旅游团的善后事宜。

≫≫ 任务七　游客被蝎、蜂蜇伤，被蛇咬伤

✎ 任务情境

在参观游览过程中，游客不幸被蝎、蜂蜇伤，被蛇咬伤的事虽有发生，但属极少数，而游客受伤绝大部分时间是在春夏季节，一般发生在林区、农村和旷野地区。作为导游员要了解和熟悉一些基本的卫生常识和急救措施，万一遇到上述情况，可以及时地采取措施进行治疗和抢救。

✎ 任务描述

一旦发现有这种情况，导游员具体处理方法是什么？

✎ 任务分析

游客不幸被蝎、蜂蜇伤，被蛇咬伤后，导游员要迅速问清情况，然后在旅游团队内询问

有无医护人员，并请其为受伤游客进行护理或抢救。若没有，导游员就得亲自动手为其治疗。如果游客是被蝎、蜂蜇伤的，那么导游员可用干净的水或肥皂水将伤口冲洗干净，然后把毒刺、毒汁清除。不管游客伤情如何，导游员要动员和说服游客去医院进行治疗。

如果游客是被蛇咬伤的，那导游员要赶紧用绳子绑在游客伤口上方（大约 5～6 厘米左右），但不要切断血液循环，然后用干净的水冲洗伤口，再用嘴将毒液吸出吐掉，同时，要用最快的速度把游客送往医院进行抢救。事后，导游员要向旅行社汇报，请他们派人前往医院看望受伤的游客，自己要做安抚其他游客的工作，继续完成其他各项活动内容。

项 目 八

送客人到机场（车站）

【知识目标】

掌握导游人员在送站阶段应做的工作及流程。

掌握票证核实和确立的方法。

能熟练带领团队办理登机手续等。

掌握欢送词致词方法。

【技能目标】

能熟练地带领团队办理登机手续。

会致欢送词。

会处理送站时几种特殊情况。

>>> **理论准备**

一、工作要从离开饭店之前做起

（一）掌握好时间节奏

导游员掌握时间要从掌握游客的心理入手。游程临近结束的时候，游客的心理已经悄然发生了变化，他们开始更多地沉浸于归途的各种准备，对于导游员的引导和提示，往往没有先前那样重视了，因而容易引发各种失误，影响预定计划的实施。导游员要适应和掌握游客的心理变化，有针对性地做好工作。在送别游客的前一天下午，导游员要妥善安排好游客的活动，晚上一般不安排活动，要在时间、精力等方面为游客留有适当的余地，为他们准备行装提供良好条件。晚上分手之前，导游员要将第二天集合的时间、地点和注意事项准确、完整地告诉游客。为了保证不留死角，导游员应逐个房间地走一遍，当面向每一位游客交代清楚，同时可提示游客早一点休息，保证明天有一个良好的体力和精神。早晨集合的时间可以适当安排得早一点，为游客办理离店手续留出足够的时间。导游员要提前到达饭店，协助游客办理离店手续，做好出发前的准备工作。

（二）确认行李、协助客人结清账目

导游员在最后一天的工作计划中，要把协助游客确认行李和与饭店结清账目两件大事列为重中之重，予以高度重视和妥善处理。

游客的行李在托运之前，要集中放置到饭店大堂中，导游员待行李集中之后，要请游客查验一遍，在他们对自己要托运的行李逐一进行确认的同时，请领队进行确认。清点过游客的行李之后，导游员要将行李与司机进行交接。在行李装车的时候，导游员要到现场，再一次清点并核实行李的数目，以保证不出差错。

游客在离开饭店之前，要和饭店结清个人消费的账单。导游员应在前一天晚上提醒游客检查一下自己有无尚未结清的账单，协助游客在离开饭店之前提前付清这些账单。游客容易遗忘的账单，多是一些金额较小的消费，比如电话费、洗衣费、客房点餐费以及其他记账消费的费用，游客不付清这些费用，是不能离开饭店的。导游员要注意在饭店和游客之间进行沟通，及时提醒游客，避免临行前由于个别游客结账而耽误了团队出发的时间。

（三）提醒客人随身带好贵重物品和证件

导游员应要求自己把送别游客的工作做得细致入微，在交代注意事项的时候，除了提醒游客注意准确掌握集合的时间、付清饭店的账单以及查验托运的行李之外，还要特别提醒游客注意一定要将护照等证件、机票（车、船票）随身携带、妥善保管；尤其是针对一些缺乏旅游经验的游客，要格外予以强调。导游员要特别注意防止出现个别游客由于不明情况或粗心大意而将护照等证件、机票打进行李托运走了的事情。为此，导游员在带领游客离开饭店之前，要有意识地来一个"回马枪"，再一次提示游客认真检查一下自己是否带齐了所有的物品，有没有遗忘什么。要防范游客因百密一疏而遗忘了重要的物品，导游员要把用"回马枪"的战术变成自己的职业习惯。对于有些习惯随身携带贵重物品的游客，导游员要特别提醒他们提高警惕，妥善保管好自己的财物。

导游员准备欢送词要做到大方得体、认真细致，避免虎头蛇尾、功亏一篑。要使自己的欢送词能给游客留下深刻的印象，收到满意的效果，导游员要对欢送词的内容、结构和语言做一番精心设计。

二、精心准备欢送词

（一）欢快愉悦的游览回忆

导游员怎样才能把几天来美好的经历说得更有分量，更能撩拨人心，是需要认真揣摩和推敲的。导游员可以选择游览观光过程中最精彩动人的场面进行回顾，重提和游客一起度过的那些值得回忆的宝贵时光，把游客的思绪拉回那一幅幅难得再见的画面之中，勾起他们的美好回忆，营造出依依惜别的感情氛围。游客不同，感兴趣的事情也不同，导游员要尽可能照顾到游客的不同兴奋点，使每一位游客都能体验到这次参加旅游活动获得的成

就感，都能在导游员的欢送词中感受到一份针对自己的回忆和祝福。游客此时将踏上返程的旅途，他们可能有着不同的心情，对这段旅游生活以及导游员的接待服务工作可能有着不同的认识和评价，导游员要有效地利用致欢送词的形式，表达自己的送别之情，用一种积极友善的感情气氛感染游客，演奏好此时此地客我关系的主旋律，使感觉满意的游客能够留下更深一层的美好记忆，使感觉不满意的游客能够增加一分谅解和宽容，使留有遗憾的游客能够暂时抛开苦恼，使大家在旅途中能够拥有一个好心情。

（二）真实诚恳的工作总结

导游员的欢送词要使用浪漫主义和现实主义相结合的手法来做。欢送词除了要营造和送别相适宜的感情氛围，还要简要回顾和总结几天来的旅游活动，是一项和欢迎词进行对照的严肃的工作。导游员在欢迎词中对游客所做的各项承诺是否已经兑现，旅游接待计划中安排的各项活动实际执行得怎样，此时此地均需要面对游客坦率真诚地做出陈述。导游员在带团过程中出现一些问题是在所难免的，要积极、正确地面对这些问题。欢送词不应该报喜不报忧，对已经发生的问题也不必回避，可以向游客如实做一点解释，要善于做自我批评；同时也要注意把握喜和忧的比例，要注意分寸，不要破坏了送别气氛的主旋律，说什么不说什么，什么多说什么少说，怎样来说，要认真选择和安排妥当。对于自己在接待服务工作中的不足之处，以及由此可能给游客带来的种种不便，导游员要利用致欢送词的机会向游客表示由衷的歉意，恳请游客的谅解。同时，导游员要以自己和司机的名义，对全体游客在几天的游程中对接待工作予以的理解和支持，对从游客身上学到的品格和知识以及所受到的启发，表示衷心的感谢。

（三）自我评价的职业记录

导游员的欢送词既是为游客做的，也是为自己做的，它包含着导游员对自己的接待服务工作的自我评价，是一份应该认真做好的职业记录。导游员对于致欢送词，不仅要重视效果，也需要重视准备过程。欢送词好不好做，做得好不好，不止是经验和技术的问题，它还从一个方面反映出了导游员整体的职业水平和工作效果。导游员的接待服务工作如果做不好，欢送词是无论如何也做不好的。因此，导游员重视欢送词，要从今后更好地做工作的高度着眼，总结过去，开辟未来。

三、满意踏上归途

（一）保证准时

导游员要特别注意保证游客准时踏上归途，切不要耽误了游客的宝贵时间。有的时候，游客并不是从饭店出发去飞机场或火车站，而是参观完最后一个景点，或是用餐之后，从那里直接踏上归途。面对这种情景，导游员要特别注意提前、统筹安排好时间。为此，导游员在做计划的时候，就要提前斟酌好最后一天的接待计划。如果游客是从景点出发去飞机场或火车站，导游员要妥善计算好游览景点以及从景点出发到达飞机场或火车站的时间，既要保证最后一站观光游览的质量，又要保证准时送走游客。如果游客是用餐之后直接离开，导游员对最后一餐的食谱要用心选择，一般来说，此时不宜安排制作比较复杂或耗时较长的菜肴，以免由于用餐超时而影响游客准时踏上归途。导游员还要注意研究和选择那些在关键的时段不易堵车的路段行走，并应提前准备好万一遇到堵车情况的补救办法。

（二）和司机配合好

导游员与司机的配合要贯穿整个带团工作的全过程。导游员安排送别游客的工作，要和司机做好沟通，要和当初迎接游客的时候一样认真细致地做准备，尽量把每一个细节和可能发生的变故提前想到，提前准备好应急的对策。

（三）组织客人填好《旅游服务质量评价意见卡》

组织游客填好《旅游服务质量评价意见卡》（以下简称《意见卡》），是导游员在送游客的汽车上要做的一件重要工作。导游员要把《意见卡》分发给游客，向他们诚恳简洁地说明游客填写《意见卡》的用途和意义，请大家认真填写。新导游员面对游客填写《意见卡》的时候，难免会有些紧张，要保持平常心；要客观地面对自己工作中的优点和缺点，诚恳地征询游客对自己接待服务工作的意见和建议；要尊重和相信游客的观察力和判断力，不必刻意去做诱导或回避的工作。

四、送客人登机、上车

下车以前，导游员要将下车以后游客要做的事情准确、详细地向游客作出说明：先做什么后做什么、什么事情要到什么地方去做、需要注意哪些事项，都要逐一交代清楚。对乘坐飞机离开的游客，由于要交代的事情比较多而且细致，更要认真仔细。导游员遇有游客询问，要认真进行回答和解释，要不怕麻烦，不嫌啰唆，直到游客明白为止。导游员应该算清楚这样一笔账：只有向游客解释清楚相关的事情和相关的细节，使游客知道自己该做什么和怎样来做，积极配合，才能保证游客安全、顺利地踏上旅途，而安全顺利地送走游客，和耐心细致、不厌其烦地向游客解释或回答几个问题相比，实在是一件效率极高的事情，何乐而不为呢！

（一）托运行李及登机手续

导游员要掌握并熟悉办理托运行李及登机手续的事宜，如有必要，须协助游客办理相关手续。对于乘坐飞机的游客，导游员要区别对待，国际航班不需要导游员协助办理托运行李及登机手续，如果是国内航班，导游员要协助游客办理行李托运及登机手续。对于乘坐火车、汽车、轮船的游客，导游员要根据现场的要求和游客的情况，尽量为游客提供方便，保证他们安全顺利地踏上旅途。

（二）交接护照、机票、登机卡等证件

导游员在将护照、机票、登机卡、行李条等证件交给游客或领队的时候，一定要认真细致，有条不紊。特别是送国际航班，相关的证件和票据是交给领队还是直接交到游客的手中，要根据具体情况而定，但是在交接过程中，导游员一定要做到准确无误。交接证件

和机票，要对照本人，逐一发放，或是当面数清楚证件和机票的数目，集中交给领队。交接行李条，要对照行李数目，和游客本人或领队当面交接清楚。有些飞机票使用方法特殊，要连续多次使用，导游员对于使用这种飞机票的游客要特别交代清楚，提醒他们保管好飞机票，不要使用一次以后就丢弃或遗失，以免影响了后面的旅行。

（三）交纳机场税

游客乘坐飞机要按照规定交纳机场税，但是交纳的方式有所不同。有些旅游团需要游客自行交纳机场税，导游员要将游客带到指定的柜台，以方便游客交纳机场税。对于游客按章交纳机场税的规定，导游员要向游客解释清楚，提醒游客注意，12 岁以下的儿童不用交纳机场税。

五、引领客人到安全检查口

引领客人到安全检查口，意味着导游员和游客即将分别。对于导游员来说，几天前在此地翘首盼望游客到来时的复杂心情，此时可能又回来了，也许会在不经意间又做了一次深呼吸，以调整自己的心态。新导游员送游客到安全检查口，要保持始终如一的精神状态，妥善得体地与游客告别。面对告别的场面，该说些什么话，说到什么分寸，导游员要提前精心准备好。对于导游员来说，有必要提前设计好告别时的动作，是握手还是拱手，是鞠躬还是点头，不要认为这是些小事就轻易忽略了它们，要注意养成以适宜的姿势辅助讲话的职业习惯。导游员要永远面对游客，无论游客是面朝着你近前来，还是背朝着你远离去，你要始终把他们置于自己的目光里。无论是在飞机场、火车站、汽车站，还是在轮船码头，在送别游客的时候，导游员都要站在和游客分手的原地，一直目送游客走出自己的视野，以表达对游客、对自己的职业的深深敬意。

六、继续未了之事

在送走旅游团之后，导游员要抓紧处理好有关的事项：一是了结未了之事；二是汇报、交接和总结工作；三是为迎接下一个旅游团做好准备。

（一）办妥客人委托之事

游客离开之前，委托导游员为自己办理一些未了之事，这是游客对导游员的信任。导游员如果能遇到这样的委托，更是难能可贵、荣幸之至，一定要认真办好，不负重托。

1．上交《意见卡》

送走旅游团后，导游员要将游客填写的《意见卡》上交旅行社。新导游员要坦然面对游客在《意见卡》上对自己做出的评价，也要正确对待旅行社对自己的表扬和批评，汇报带团情况。

2．结清账目

下团之后，导游员要尽快将带团过程中的各种票据整理出来，及时到旅行社的财务部门结清所有账目。

3. 汇报工作

导游员应该养成按时填写《带团日志》的好习惯，将带团每一天中发生的事情（特别是重大的事情）记录下来，以备日后的核查和参考。送走旅游团以后，导游员要将《带团日志》整理出来，就带团过程的基本状况，采用书面形式向旅行社做出汇报。如果旅游团中发生过比较大的问题，导游员要向旅行社主管领导做出详细的专门汇报。

（二）准备迎接下一个旅游团

1. 调整心理

导游员在下团以后，往往要经历一个调整过程。导游员在带团的时候，每天要处理许多复杂的问题，全神贯注于游客和接待服务工作，承担着多种压力，要思考大量问题，体力和精力消耗都比较大，但是自己往往并不觉察。一旦送走游客，环境改变，压力消失，导游员会马上感觉到先前隐匿起来的种种不舒服，形成一种比较大的反差。这时，导游员通常会感觉精力集中不起来，脑子也突然运转不灵了，仿佛陷入了带团时经历的种种事情和节奏不能自拔，其他的事情，不是想不起来就是输不进去。导游员要学会把心理压力和不舒服的感觉及时释放出来，不要憋在心里。自我调整要从每一天结束工作以后做起，而不必等到送走旅游团之后再做，因为遇到旅游旺季，导游员往往要连续带团，得不到充足的休整时间。因此，导游员的调整工作并不一定非要占用专门的时间，而是要利用工作的间隙，充分休息，恢复体力；同时也可以尝试着做一些自己喜欢的事情，转移精力，放松精神。结束一天的工作来一次小调整，送走一个旅游团来一次大调整；一面恢复体力，一面调节心理和情绪，同时进行思考。新导游员要学会这种高效率的自我调整。

2. 总结经验

导游员的总结工作应该从两个方面着手，不仅要做自我点评，还要找行家做咨询。要把接待服务工作中遇到的重要事情摆出来做分析，哪些事情做得让游客满意，取得了成功，原因是什么？游客对哪些事情还不满意，引发不满意的是客观原因，还是主观原因？解决问题要辨明主要原因，对症下药。导游员做总结要主动听取同行的意见，要善于从别人的评价中找到问题的症结，发现自己的不足。新导游员要善于总结经验教训，既要谦虚又要有自信，带一次团就要进步一次。

3. 再接再厉

导游员的工作总是周而复始的，一个旅游团送走了，另一个旅游团就要来了。《周易》第六十四卦叫做"未济"，取的是天地万物生生不息的意思，新导游员要深入体会这种思想。一方面，导游员在刚开始带团的时候，容易感到身心疲劳和种种不适应，希望带过一个旅游团之后适度休息调整一段时间，这也是正常的。另一方面，导游员要树立连续作战的精神，当工作需要的时候，能够做到连续带团。导游员连续带团是快速提高自己综合素质的好途径，在一开始的这段时间里，往往带一个团就能够进一大步，可以尽快使自己在身体方面、在职业技术和职业道德方面、在带团的实践经验方面，都实现比较大的进步。

任务一　机场送站前的准备

任务情境

某广东旅游团于 2014 年 8 月 10 日抵京进行为期五天的北京之旅，下榻燕京饭店。结束五天四晚的旅游行程后，将于第五天（8 月 14 日）下午 17:35 乘坐国航 CAI309 航班返回广州。在旅游团离京的前两天，导游员小冯带领旅游团游览了世纪坛、军事博物馆、中央电视塔等景观，期间他抽出时间到位于北京西单的民航大楼对团队的客票进行了确认工作。旅游团离京的前一天，小冯带领旅游团游览了北海、恭王府、雍和宫、国子监等景观，在结束当天的旅游行程返回酒店的途中，小冯除了进行沿途的导游讲解和回顾当天的旅游行程以外，还对大家做了以下提醒工作：

（1）当天返回酒店后，要将个人的行李物品打包收拾好，有需要托运的行李事先整理好；在整理行李的时候，一定不要把个人的身份证件和贵重物品装在行李包中，要随身携带。

（2）如果在酒店房间中有个人消费的，如使用了冰箱和吧台上的饮料和食品、开通长途电话、享受送餐服务或其他收费服务项目等，要在当天晚上到酒店前台结账，以免离店当天发生延误。

（3）与全陪商定后，告知每一位游客最后一天的旅游行程安排，如叫早时间、早餐时间、集合时间和出发时间等。

（4）保存和带好个人身份证件和机票。

（5）告知一些相关的民航物品携带的规定。

旅游团回到酒店后，小冯到前台与酒店约定了第二天早上叫早的时间，同时与酒店行李部门联系，约定了收行李的时间，之后离开。

旅游团离京的当天，小冯按时到达酒店，陪同客人用早餐，之后协助旅游团办理退房手续，将收齐的客人手中的房间钥匙交与前台，等候酒店楼层服务员查完房间，确认没有问题后，带领旅游团集体登车。与此同时，酒店行李部将游客的行李收齐后经三方交接装入旅游车的行李仓。登车后，小冯并没有急于出发，而是首先清点人数，确认所有游客都上车后，再次提醒客人检查和回想是否有遗落在酒店中的物品，在得到大家的一致回应后，方可示意司机师傅开车，开始当天的行程。

上午参观天坛。按照民航的有关规定，旅游团在 16:00 之前抵达机场就可以。午餐后，下午没有行程安排，客人提出要求增加旅游项目，小冯在征得所有游客的同意之后，带领旅游团到位于北京东北三环附近的雅秀市场，给大家 2 个小时的自由活动和购物时间，下车前约定 15:00 准时集合登车去北京首都国际机场。

任务描述

让学生扮演地陪，演示离开前的提醒工作。

任务分析

送别是接待工作的尾声。如果说迎接时给游客的第一印象是重要的。那么，送别给游客留下的最后印象则是深刻的、持久的。因此，不管旅行活动中顺利与否，我们都要做到善始善终，防止虎头蛇尾。特别强调的是，送别时琐碎的事情很多，来不得半点马虎，否则也会出问题。

>>> 任务二　机场送站

任务情境

15：00点游客准时在车上集合，导游员小冯为旅游团进行了最后阶段的服务，包括沿途的导游、分发和请游客签署意见卡、致欢送词等。

旅游车抵达机场后，导游员指引司机将旅游车开至3号航站楼。旅游车停稳后，小冯先下车，在旅游车行李仓边协助游客拿自己的行李。之后，小冯带领旅游团到中国国际航空公司的业务办理柜台办理集体登机手续，换登机牌，交运托运行李。北京首都国际机场的旅客出发是在航站楼的二层楼，小冯带领取到行李的游客进入3号航站楼的送站大厅，在业务办理大厅的门口上方有一块醒目的时刻提示牌，根据上面的提示，导游员带领大家来到H区。小冯让大家在一旁休息等候，他和全陪携带着客人的机票、身份证件到国航柜台办理集体登机手续，同时将需要托运的行李交由民航办理托运。办好登机手续后，他们回到游客休息的地方，由全陪向游客分发机票、登机牌、个人身份证件等物品，行李牌由全陪统一保管。

待一切均办理完成后，提醒大家要持机票、身份证件和登机牌进行安检，游客依次进入安全检查区域，同时小冯与大家挥手告别。等所有游客均通过安检进入飞机候机厅后，方才转身离开。

任务描述

（1）导游人员在送行前的业务有哪些？
（2）在机场送行过程中，导游员应做哪些具体工作？

任务分析

（1）导游员要熟悉机场的情况、办理登机手续的位置和程序，以及需要的证件材料、安检的位置、候机厅的位置、机场相关设施情况和民航要求等。
（2）本情境设计的实训内容为送行阶段的服务。送别时，导游应注意衣着比平时要更庄重些，表情要有惜别之情。

>>> 任务三 应对恶劣天气造成的误机

✍ 任务情境

2014 年 8 月，某旅游团在京参加常规四夜五天的旅游，在京期间，北京地区的天气持续高温，并连降暴雨。送团的当天，从早上就开始降暴雨，持续时间达 2 个小时以上，当导游带领旅游团离开酒店前往机场准备乘机返程时，依然下着瓢泼大雨。

旅游车出发时距离飞机起飞还有 3 个小时的时间，在正常条件下大概半小时即可到达，因下雨，导游员考虑到天气和道路交通的特殊情况，比以往提前了近一个小时出发。一路上，由于降雨，车开得非常慢。当旅游车驶上机场高速路时，发现车辆也很多，而且行驶速度也不快。一路上，导游员调侃地和游客进行着交流，想通过讲解缓解游客在雨天所产生的阴霾。当旅游车走到机场高速路天竺桥时，突然停了下来，这时全车的人都发现，旅游车前已经堵了很远的车，都静静地停着，而车外的雨还在不停地下。等了好一会，车上的游客和导游、司机开始有点紧张了，因为前面没有一丝活动的迹象。迫不得已，导游员打着伞下车到前方观察动向，不久返回，告诉大家由于前面的立交桥下严重积水，所有车辆都不能通过，只得在此等候积水退去。往旅游车的后边看，有更多的车已经堵死了退路，时间一分一秒地过去，眼看着一个小时的时间很快就过去了。导游员和游客也越来越紧张，因为距离停止办理登机手续的时间越来越近了，大家都想到了一个后果——延误航班。又等候一个多小时，堵塞的车辆才缓慢地走动起来，在经过积水立交桥时，人们看到有三台抽水机被抽调过来紧急排水，立交桥下还有一辆熄火的小轿车停在积水中，可此时大家关注的已经不是立交桥的积水和熄火的小汽车了。

✍ 任务描述

对于送站过程中发生天气灾害，导致堵车，导游应如何应对处理？

✍ 任务分析

（1）作为地陪，必须掌握当地气候特点。北京气候春季短暂多风沙，夏季炎热多雨（尤其多雷阵雨），秋季秋高气爽，冬季漫长、寒冷而干燥。

（2）交通情况的好与坏直接影响旅游计划的实施。因此，地方陪同导游人员要十分熟悉北京的道路交通状况，对于易发生拥堵的路段事先要有预防和警示。

（3）在本情境中，导游员对北京地区的气候特点和道路状况比较了解，在送团前做了充分的准备和预防工作，提前 3 个小时从酒店出发前往机场。如在平时，旅游车会提前 2 个小时以上抵达机场，完全有充分的时间供游客办理登机手续和等候起飞。按照机场的要求，国内航班游客提前一个半小时到达机场，飞机起飞前半小时停止办理登机手续。

>>> 任务四　在机场办理改签

任务情境

旅游车在堵塞刚刚疏通后以最快的速度到达了机场2号航站楼，导游看了一下手表，距离飞机起飞只剩下十分钟的时间了。抱着最后的一线希望，导游跑到航空公司的登机办理柜台，将路上出现的种种情况向服务人员进行说明，并出示了旅游团的机票和旅游者的身份证件，希望航空公司能给予办理登机手续。但是为时已晚，航空公司已经停办登机手续，飞机也将在几分钟后起飞。

导游员看到这种情况后，拨通了旅行社计调部门的电话，将所发生的情况向旅行社做了汇报。根据旅行社有关部门的指示，导游员持旅游团的机票和游客的身份证件连忙来到航空公司设在机场的服务柜台，询问有没有临近的航班。经查询，3小时以后将有同一家航空公司的飞机飞往同一个城市，导游员及时地办理了改签手续。之后，返回到候机大厅，将情况向旅游团的全体游客做了说明。看着导游员的奔波，游客都非常理解导游员的工作，对事件的处理表示非常满意。

任务描述

在航班延误后，应如何稳定客人的情绪？

任务分析

（1）导游员要有十足的敬业精神，要敢于面对问题、善于处理问题。在此情境中，导游员在以下几个方面所做的是正确的：

1）送团前，考虑到天气和路面交通的问题，在去机场前留出了充分的时间前往机场。

2）发现道路上车行缓慢时，能够及时地与客人沟通，缓解游客的紧张心理。

3）出现路面积水、造成交通堵塞时，能积极察看原因，并积极想办法。

4）因天气原因（或称不可抗力因素）造成误机事故发生后，导游员及时地向旅行社进行汇报，并按照旅行社有关部门的指示，及时地为游客改签机票，使损失减小到最低。

（2）误机事故的处理原则和处理方法有：

1）立即报告接待旅行社。当发生误机情况时，地陪应立即报告接待社；在得到接待社指示或同意后，立即与各方联系，争取旅游团乘下一班航班或改乘其他交通工具前往下一站；如旅游团当天走不了，就要解决滞留期间的食宿和交通车辆以及交通票证等事宜；及时通知下一站接待社。

2）承担责任。事故责任者应该诚恳地向旅游者赔礼道歉，提供热情周到的服务。旅行社领导应该出面向旅游者道歉并予以安慰。

3）处理善后事宜。旅游团因导游方面的原因延误离站，费用由当地接待社承担；对旅游者的经济补偿经双方协商处理，事故责任人的赔偿金额由旅行社决定。问题严重者，由当地行政管理部门吊销其导游证。

>>> 任务五　预订航班因故取消

任务情境

　　张先生做导游员已经有十几年了，现在已经是杭州市某旅行社最出色的导游员之一，他讲了一件自己刚开始带团时遇到的事情。

　　"1998 年，我带一个台湾团去游览庐山，整个游程，游客都非常满意。按照计划，游览结束以后，客人将从庐山乘车到九江机场，中午从那里飞往上海，第二天下午再从上海飞往香港。没想到，我们到达九江机场以后竟被告知，预订的航班因故取消了，而且游客第二天上午也不能飞往上海。假如真是这样，将使该旅游团不能按时出境，而一旦因此给游客造成损失，旅行社也将连带蒙受损失，后果将是很严重的。"

任务描述

　　假如你就是该导游员，你该如何处理此事？

任务分析

　　在导游生涯中，本情境所例举之事虽是极少发生，但这类事情所蕴含的矛盾关系，却还是普遍存在和经常出现的。导游员应在先安抚住游客之后，立即与机场方面进行认真交涉。详细说明实际情况，尤其郑重指出：万一游客不能按时出境，只好由航空公司对由此产生的损失负责了，并提出最迟要在第二天上午安排团队飞往上海，机场一般会尽力安排，当晚还要要求机场安排游客到宾馆休息。

>>> 任务六　做好带团总结

任务情境

　　假设你是导游员小冯，针对任务五中的团队，把团队送走后，需要写带团总结。

任务描述

　　地陪在整理完带团记录后，应该撰写带团总结。

任务分析

　　带团总结包括如下基本内容：旅游团基本情况；旅游者在旅游期间的表现；各项服务的落实安排情况；旅游事故处理情况；旅游者对本人接待工作的评价及建议；自己的工作体会和今后做好工作的打算。

参 考 文 献

[1]   国家旅游局人事劳动教育司. 导游业务[M]. 北京：旅游教育出版社，2005.

[2]   蒋文中. 导游语言艺术一本通[M]. 北京：旅游教育出版社，2007.

[3]   陈蔚德. 导游讲解实务[M]. 北京：旅游教育出版社，2004.

[4]   王连义. 导游技巧与艺术[M]. 北京：旅游教育出版社，2002.

[5]   魏星. 导游语言艺术[M]. 北京：中国旅游出版社，2002.

[6]   王建民. 管理沟通学理论与实务[M]. 北京：中国人民大学出版社，2006.

[7]   魏星. 导游翻译语言修炼[M]. 北京：中国旅游出版社，2004.

[8]   韩荔华. 实用导游语言技巧[M]. 北京：旅游教育出版社，2002.

[9]   吕军，庄小丽. 旅游语言训练教程[M]. 北京：中国地质大学出版社，2000.

[10] 韩荔华. 导游语言概论[M]. 北京：旅游教育出版社，2000.

[11] 贝思德教育机构. 导游口才训练教程[M]. 西安：西北大学出版社，2002.

[12] 彭淑清. 景点导游[M]. 北京：旅游教育出版社，2006.

[13] 欧阳友权. 口才学[M]. 长沙：中南大学出版社，1996.

[14] 国家旅游局. 走遍中国——中国优秀导游词精选（综合篇）[M]. 北京：旅游教育出版社，1997.

[15] 黄明亮，刘德兵. 导游业务实训教程[M]. 北京：科学出版社，2007.

[16] 陈刚. 旅游翻译与涉外导游[M]. 北京：中国对外翻译出版公司，2004.

[17] 黄明亮，刘德兵. 导游业务实训教程[M]. 北京：科学出版社，2007.

[18] 周晓梅. 导游带团技能一本通[M]. 北京：旅游教育出版社，2007.

[19] 赵冉冉. 导游应急处理一本通[M]. 北京：旅游教育出版社，2008.

[20] 侯志强. 导游服务实训教程[M]. 福州：福建人民出版社，2003.

[21] 熊剑平，李志飞，张贞冰. 导游学[M]. 北京：科学出版社，2007.

[22] 梁杰. 导游服务成功秘诀[M]. 北京：中国旅游出版社，2006.

[23] 周彩屏. 模拟导游实训[M]. 北京：中国劳动和社会保障出版社，2008.

[24] 赵慧军. 管理沟通[M]. 北京：首都经济贸易大学出版社，2009.